Pferdegestützte Therapie und Förderung

Band 2 – Therapiepferde

Auswahl, Haltung, Ausbildung, Training und Einsatz von Pferden

als Partner in der Pferdegestützten Therapie und Pädagogik

Annette Gomolla & Victoria Zirpel

Pferdegestützte Therapie und Förderung

Band 2: Therapiepferde

Edition IPTh-Fachbücher
Konstanz 2025

© 2025 Annette Gomolla & Victoria Zirpel

Verlag: BoD · Books on Demand GmbH, Überseering 33, 22297 Hamburg, bod@bod.de

Druck: Libri Plureos GmbH, Friedensallee 273, 22763 Hamburg

Satz und Gestaltung: IPTh

ISBN: 978-3-7693-9978-3

Prolog

„Gemeinsames Leben besteht in der Begegnung mit anderen Lebewesen. In einer Welt, die sich aus Begegnungen entfaltet, kann es Freiheit von Verantwortung nicht geben. (...)

In der Begegnung mit dem anderen entsteht das Subjekt erst, in jeder Begegnung neu. Die Begegnung mit einem anderen Ich ermöglicht eine Bewegung, die das eine Ich als verändert zu sich zurückkehren lässt – angereichert durch die Begegnung mit dem anderen Ich."

Diese Formulierung von Karr (2015, S.119) in ihrem Buch „Verbundenheit – Zum wechselseitigen Bezogensein von Menschen und Tieren" entspricht unserer Grundhaltung gegenüber den uns anvertrauten Pferden, die wir nicht nur bei uns leben lassen, sondern in unsere menschliche Arbeitswelt einbeziehen. Das im Kontakt-Sein mit nicht-menschlichen Tieren sehen wir als unverzichtbaren Teil unseres Daseins. Durch unser menschliches Denken und Reflektieren und unsere umfassende Nutzung der Welt mit ihren Lebensformen sind wir in besonderer Verantwortung. Wie sehr bewundern wir die besonderen Eigenschaften der Pferde, erfreuen uns im Zusammensein mit ihnen, stellen den Kontakt zwischen ihnen und anderen Menschen her – die stetige Nutzbarmachung in unserer anthropozentrischen[1] Perspektive ist ein weites Diskussionsfeld.

In der Grundhaltung verfolgen wir einen den Menschen integrierenden Naturbegriff, „in dem Natur dem Menschen nicht als Objekt gegenübersteht" und der „übliche Akt der Objektivierung anderer Spezies" (ebd. S. 129) so gut als möglich aufgehoben ist. „Sobald (Tiere von Menschen) (...) nicht mehr aus der Perspektive der Überlegenheit und Abgetrenntheit betrachtetet werden, wird eine Begegnung zwischen Subjekten möglich" (ebd). Die Mensch-Tier-Dichotomie zu überwinden ist ein bedeutsamer Schritt für Fachkräfte, die Tiere zu ihrem Nutzen einsetzen. Sie sollten in besonderem Maße in Verantwortung sein, einer Kategorisierung in wichtige und beliebte Tiere und denen geringerer Bedeutung, ebenso wie der geschichtlich-gesellschaftlichen Trennung und Hierarchisierung der Spezies menschlicher und nicht-menschlicher Tiere entgegen zu treten.

---

[1] »Anthropozentrismus« bedeutet, dass der Mensch sich im Mittelpunkt sieht und für sich den größten Wert unter den Lebewesen zumisst.

Inhalt

KAPITEL 1

1. Einleitung

Die Pferdegestützten Interventionen (PI) sind eine vielfältige und facettenreiche Landschaft geworden. Zu den Pferdegestützten Interventionen zählen Reittherapie, Reitpädagogik, Hippotherapie, pädagogische Förderung mit dem Pferd, ergotherapeutische Behandlung mit dem Pferd, Pferdegestützte Psychotherapie, Pferdegestützte systemische Pädagogik, Pferdegestütztes Coaching – die Begrifflichkeiten ließen sich noch um einige Zeilen erweitern. Ebenso vielseitig wie die unterschiedlichen therapeutischen und pädagogischen Ansätze sind die sich daraus ergebenden Einsatzfelder des Pferdes. Somit ergeben sich auch unterschiedliche Schulungsinhalte, die das Training der Pferde umfassen sollte, die in diesen Interventionsformen eingesetzt werden.

Hier ein kurzer Einblick in die unterschiedlichen Schwerpunkte, die sich aus dem jeweiligen Einsatzbereich ergeben:
Wenn ein Kind aufgrund motorischer und sensorischer Entwicklungsrückstände in ein reittherapeutisches Setting kommt, so muss das eingesetzte Pferd Kindern zugewandt, besonders ruhig und ausgeglichen sein, verschiedene Übungen mit unterschiedlichen taktilen Reizen tolerieren und gegebenenfalls für Voltigierübungen trainiert sein.
Wenn hingegen ein Klient mit einer Depression in die Pferdegestützte Psychotherapie kommt, geht es inhaltlich in der Intervention vielleicht eher um eine authentische Begegnung zwischen Mensch und Pferd auf der Weide. Das Pferd muss sich in seiner Lebensumwelt wohl und sicher fühlen, es sollte positiv auf Menschen zugehen und zeigen, was ihm gefällt und was nicht, wobei es natürlich stets respektvoll im Kontakt mit Menschen sein muss. In einer darauf folgenden Sequenz wird es vielleicht in einem Round Pen frei laufen gelassen und soll auf den Energiezustand des/der Klient*in im freien Kontakt reagieren.
Ein völlig anderes, mögliches Einsatzfeld könnte eine reitpädagogische Einheit in Form einer Abenteuer-Wanderung mit einer Kindergruppe und einem einzelnen Pferd sein. Dieses Pferd wiederum muss für seinen Einsatz absolut geländesicher sein, es muss tolerieren, dass verschiedene Kinder es führen und reiten und gelernt haben, sich willig von seiner gewohnten Gruppe zu trennen, um sich auch als Einzelpferd in einer fremden Umgebung sicher händeln zu lassen.

Diese unterschiedlichen Einsatzbereiche erfordern Pferde, die sehr vielfältige Aufgaben übernehmen können und stellen für das Pferd eine besondere Beanspruchung dar. Sie bergen viele für das Pferd schwierige, ungewohnte und anstrengende Situationen, denen es trotzdem mit Ruhe und Gelassenheit, aber auch einer gewissen Sensibilität begegnen sollte. Gerade in diesen Situationen ist es wichtig, dass das Pferd seinem menschlichen Partner vertraut, um an ihm orientiert gemeinsam schwierige Situationen zu bewältigen.

Deshalb sollte in der Ausbildung des Pferdes für den therapeutischen und pädagogischen Einsatzbereich die Basis von Vertrauen zwischen Mensch und Pferd im Mittelpunkt stehen. Die Fachkraft sollte dem Pferd mit Ruhe, Sicherheit und Klarheit begegnen, so dass das Pferd in allen Situationen vertrauensvoll und sich sicher fühlend im Kontakt mit dem Menschen bleiben kann.

Fachkräfte der Pferdegestützten Interventionen müssen neben guten Therapeut*innen und Pädagog*innen auch sehr gute Pferdeleute sein. So sind sie in ihrer Arbeit auch Ausbilder*innen für Pferde, die auf den Einsatz vorbereitet werden und müssen für ein aufrechterhaltendes Training sorgen. Selbstverständlich kann sich jede Fachkraft für die Ausbildung des Pferdes auch durch Pferdetrainer*innen oder Reitlehrer*innen professionelle Hilfe holen. Wichtig ist zudem eine Art „Therapiepferde-Supervision". Fachkräfte sollten in regelmäßigen Abständen externe Personen von außen auf ihre Pferde schauen lassen und konstruktiv an ihrem Verhalten gegenüber den Pferden, Ausbildungs- und Trainingsinhalten weiterarbeiten.

So wie auch gute Therapeut*innen und Pädagog*innen nie „fertig" sind und immer noch Weiterentwicklung und Lernfelder vor sich haben, ist dies ebenfalls bei Pferden der Fall, die in therapeutischen und pädagogischen Settings eingesetzt werden. Pferde entwickeln sich aufgrund ihres Alters, biologischer Bedingungen, Herdenzusammensetzungen, Trainingsinhalten und Einsatzweisen immer weiter. Diese Veränderungen und Entwicklungen sollten fachlich unterstützt und begleitet werden.

Dieses Buch wird sich auf die Auswahl, Haltung, Ausbildung und das weiterführende Training von Pferden ausrichten, die in therapeutischen und pädagogischen Bereichen eingesetzt werden. Dabei wird sowohl der Schwerpunkt auf den Einsatz des Pferdes im Einzelsetting als auch in Klein- und Großgruppen gelegt. Für Fachkräfte, die ihre Pferde für den Einsatz im Reitunterricht oder dem Behindertenreitsport vorbereiten wollen, eignet sich dieses Buch nicht, da Pferde für diese Einsatzbereiche andere Kompetenzen erlernen sollten, die in diesem Buch nicht besprochen werden.

Pferde in den Pferdegestützten Interventionen werden in der Regel als Therapiepferde bezeichnet, obwohl sie nicht ausschließlich in therapeutische Prozesse mit einbezogen werden, sondern auch in pädagogischen Settings ihren Einsatz finden. Pferde, die die von einer Fachkraft geplanten und angeleiteten, therapeutische Prozesse begleiten, müssten korrekterweise als Therapiebegleitpferde bezeichnet werden. Innerhalb der pädagogischen, pferdegestützten Interventionen hat sich leider bisher kein entsprechender Begriff für das eingesetzte Pferd etabliert. „Begleitpferd in Therapie und Pädagogik" wäre eine sinnvolle Benennung. Im Laufe des Buches werden wir herausarbeiten, wieviel Eigenständigkeit die Pferde in therapeutischen und pädagogischen Prozessen zugeschrieben bekommen können. Häufig übernehmen die Pferde einen Teil der therapeutischen oder pädagogischen Intervention, sodass man sie als Co-Therapeuten oder Co-Pädagogen bezeichnen könnte. Allerdings sind die Impulse, die das Pferd in den Prozess mit einfließen lässt, natürlich aus seinem artspezifischen Verhalten heraus gezeigt und nicht geplant und reflektiert, wie dies bei einer therapeutischen oder pädagogischen Fachkraft der Fall ist. Wir geben an dieser Stelle den Impuls zur Diskussion über die Begrifflichkeiten, werden aber aufgrund der bisher geläufigen Bezeichnung vom Therapiepferd sprechen.

Das Buch gibt zu Beginn einen Überblick zum aktuellen Wissen über das Verhalten von Pferden, denn ein umfangreiches Verständnis über Pferdeverhalten ist die Grundlage eines guten Einsatzes von Pferden in therapeutischen und pädagogischen Interventionen sowie zur Hypothesenbildung, was die Reaktionen des Pferdes gegenüber uns Menschen und Klient*innen bedeuten könnten.

Neben der Auswahl geeigneter Tiere und der konkreten Vorbereitung für den Einsatz und das Handling innerhalb dessen, werden wir auch auf die Ausbildung des Therapiepferdes eingehen. Viele Ratgeber und Bücher zum Thema „Ausbildung von Pferden" sind bereits veröffentlicht. Das Angebot an Hilfestellungen ist sehr groß und für die Fachkraft, die bei der Ausbildung ihres Pferdes für den Einsatz auf der Suche nach Hilfe ist, oft unüberschaubar.

Dieses Buch soll sich nicht auf die Grundausbildung eines Reitpferdes beziehen, sondern richtet seinen Fokus explizit auf den Einsatz von Pferden im therapeutischen und pädagogischen Setting und den daraus resultierenden Schwerpunkten in der Ausbildung. Unser Anliegen ist es einerseits, Ziele der Therapiepferdeausbildung zu definieren und der Fachkraft für Pferdegestützte Interventionen eine Übersicht in der weiten Landschaft der Pferdeausbildungsmöglichkeiten zu verschaffen. Andererseits wollen wir auch Bezug nehmen auf das bereits bestehende, breite Angebot verschiedener Pferdetrainer*innen und konkrete Hinweise geben, wo zu welchem Schwerpunktthema gut aufbereitete Literatur zu finden ist.

Zudem wollen wir unsere eigenen Erfahrungen aus der praktischen Arbeit mit einfließen lassen und diese durch quantitative Forschungsergebnisse neuerer Zeit ergänzen. Wichtig ist es uns, auch praktische Umsetzungsmöglichkeiten in der Therapiepferdeausbildung aufzuzeigen, um eben nicht nur den theoretischen Überblick über die Ziele zu vermitteln, sondern auch eine mögliche „Wegbeschreibung" hin zum Ziel zu liefern. Hierfür werden wir im Verlauf immer wieder konkrete Beispiele nennen und Schritt-für-Schritt-Erklärungen einfließen lassen. Dennoch ist an dieser Stelle wichtig darauf hinzuweisen, dass es in der Natur der Sache liegt, dass das Pferd ein Lebewesen und somit als Individuum zu betrachten ist. In konkreten Ausbildungssituationen kann es zwar hilfreich sein, ein Buch zu genau dieser Situation im Regal stehen zu haben, nicht immer ist es aber ausreichend, sich über das Ausbildungsziel und den Weg dorthin in einem Buch informiert zu haben. Jedes Pferd muss im individuellen Kontext betrachtet werden und im Zweifelsfall sollte immer Hilfe in Form eines/r professionellen Trainer*in hinzugezogen werden.

Wir haben versucht, in diesem Buch vieles zusammen zu tragen, was wir in den letzten zwanzig Jahren in der Arbeit mit den Pferden gelernt haben. Wir erheben keinen Anspruch auf Vollständigkeit und sehen es als Zusammenschau dessen, was wir zur Zeit wissen und für Fachkräfte als hilfreich erachten. Wir möchten vor allem die Diskussion anregen und herausarbeiten, dass ein spezifischer Umgang und eine umfangreiche Ausbildung der Pferde für den Einsatzbereich von Bedeutung ist und als „State of the art" angesehen werden sollte.

KAPITEL 2

2. Grundlegendes und vertiefendes Wissen zu artspezifischen Verhaltensweisen

Unser heutiges Hauspferd hat mit seinem Vorfahren, dem Eohippus, das vor ca. 55 Mio. Jahren den Globus besiedelte und ein Waldbewohner war, kaum mehr etwas gemein. Er war Pflanzenfresser, ernährte sich jedoch hauptsächlich von Blättern und gehörte zur Beute verschiedener Jäger. Das Urpferdchen war als Einzelgänger unterwegs, da der Wald viele Versteckmöglichkeiten bot, so dass der Schutz durch eine Herde nicht notwendig war. Mit dem Rückgang der Wälder und der Entstehung großflächiger Steppen entwickelte sich das Pferd vor ca. 25 Millionen Jahren zum Steppenbewohner und ernährte sich vorwiegend von Gras. Die Entwicklung zum sogenannten Merychippus brachte neben anatomischen Veränderungen auch verhaltensmäßige Anpassungen an den neuen Lebensraum mit sich. Der Merychippus war aufgrund nun fehlender Versteckmöglichkeiten auf den Schutz durch eine Herde und damit auf die Entwicklung komplexen Sozialverhaltens angewiesen. Der Herdenverband war zum frühzeitigen Erkennen eines Räubers notwendig. Nur so war es jedem einzelnen Tier möglich, allen seinen Bedürfnissen in ausreichender Form ungestört nachzugehen (Zeitler-Feicht, S.12ff).

Die Urahnen unserer heutigen Hauspferde haben sich ursprünglich in Nordamerika entwickelt. Man geht davon aus, dass sich die sogenannten caballinen Pferde dann vor etwa einer Million Jahren über die eiszeitliche Bering-Landbrücke nach Eurasien ausbreiteten, die wiederholt auch anderen Tierarten als Verbindung gedient hat. Anschließend bildeten die Pferde auf dem neuen Kontinent im Verlauf der Jahrtausende eine Population, die sich zunehmend genetisch von den in Nordamerika verbliebenen Tieren zu unterscheiden begann. Während die in Eurasien lebenden Pferde sich weiter ausbreiteten und ihre Nachfahren schließlich vom Menschen domestiziert wurden, verschwanden die Pferde Amerikas vor etwa 11.000 Jahren aus bisher ungeklärten Gründen (Orlando et al., 2013).

Unsere heutigen, domestizierten **Hauspferde** sind soziale Herden- und Fluchttiere, und aus diesem Wissen heraus sollten ihre artspezifischen Verhaltensweisen verstanden und interpretiert werden. Besonders wichtig für das Verständnis unserer heutigen Pferde ist die Berücksichtigung der verschiedenen rassespezifischen Verhaltensweisen, da sich die Rasse eines Pferdes wesentlich auf den Charakter des Tieres und somit den individuellen Ausbildungsweg, den Umgang mit dem Pferd und schlussendlich den Einsatzmöglichkeiten in therapeutischen sowie pädagogischen Settings auswirkt. Neben den rassetypischen Merkmalen spielt ebenso das Geschlecht des Pferdes sowie die individuellen Charaktereigenschaften und weitere individuelle Faktoren eine Rolle, worauf in den folgenden Abschnitten näher eingegangen wird.

2.1 Das Pferd als soziales Herdentier mit artspezifischen und individuellen Merkmalen

Zur Beobachtung von Herdenverhalten werden wildlebende Tiere beobachtet, die nur noch in wenigen Gebieten weltweit vorkommen. Dabei handelt es sich nicht um Wildpferde, sondern um freilebende Hauspferde, denn es gibt weltweit keine Wildpferde mehr, nur noch verwilderte Hauspferde. Die genaue Entwicklung der heute existierenden Rassen ist noch immer unklar (Orlando et al., 2013, Zeitler-Feicht, 2015, S.17).

2.1.1 Die Struktur einer Herde

In freier Wildbahn existieren Pferdeherden von mehreren hundert Pferden. Sie sind wiederum unterteilt in **Junggesellenverbände** und Familienverbände (Mills & Nankervis, 2004). In Junggesellenverbänden schließen sich Junghengste, die (noch) keinen eigenen **Familienverband** (Harem) anführen, zusammen. Junggesellenverbände können sehr viele Tiere umfassen und sind locker organisiert. Familienverbände bestehen immer aus einem bis zu fünf Hengsten mit ihren Stuten und Nachkömmlingen. Familienverbände bestehen aus bis zu siebzehn Tieren. Etwa 15% der Tiere wechseln innerhalb eines Jahres die Herde, es kommt daher immer wieder zu Fluktuation (Krüger et al., 2020).

Transferüberlegung: In welcher Art von Herde würde unser Pferd in freier Wildbahn leben? Würde es sich eher einem Junggesellenverband anschließen?

Die Aufgabe des Hengstes der Herde besteht darin die Stuten beisammen zu halten und seine Herde gegen Konkurrenten zu verteidigen. Er läuft bei Flucht hinten und treibt die langsameren Tiere an. Der **Hengst** hat die spezielle Aufgabe, die Herde von der Gefahr weg zu treiben oder gegen andere zu verteidigen. Hengste pflegen eine lange Beziehung zu ihren Stuten und Nachkömmlingen. Sie spielen mit den Fohlen und sind gegenüber Verhalten der Fohlen toleranter als die Stuten. Dabei sind männliche Fohlen aktiver, mit ihrem Vater zu interagieren, als weibliche Fohlen (Sandlova et al., 2020). Hengste haben in der Herde die Aufgabe, andere Hengste davon abzuhalten, die Stuten zu decken. Seine eigenen Kopulationen bei allen Stuten seiner Herde führt dazu, dass das agonistische Verhalten in der Herde (Konkurrenzverhalten mit Aggressionen) gering gehalten wird (Granquist et al., 2012).

Die Aufgabe der **Stuten** besteht maßgeblich in der Fortpflanzung und Versorgung des Nachwuchses. Da sie einen Großteil des Familienverbandes bzw. des Harems ausmachen, sind sie mit allen für die Herde wichtigen Aufgaben betraut, wie das wechselseitige Wache halten oder die Nahrungs- und Wassersuche.

2.1.2 Beziehungen zwischen Stute, Nachkommen und Hengst

Stuten sind elf Monate trächtig und bekommen in der Regel ein Fohlen als Nachwuchs, Zwillingsgeburten sind äußerst selten. Frei lebende Stuten bekommen nicht zwingend jedes, sondern teilweise nur jedes zweite oder dritte Jahr Nachwuchs. Ihr Fertilitätsoptimum liegt bei sieben bis acht Jahren, ab dem Alter von 15 Jahren wird mit einer Abnahme der Fruchtbarkeit gerechnet. Sie werden in der Regel bis zu ihrem 20.Lebensjahr trächtig. Damit ist ihre **Fertilität** im Vergleich zu einigen andern Säugetieren eher gering mit einer überschaubaren Anzahl an Nachkommen. Stuten gelten als „saisonal-polyöstrisch", was bedeutet, dass sie ihr Zyklus nur zwischen April und Oktober auftritt. 80% aller Stuten gehen in eine „Winterpause", wobei die Überganszeiten in Bezug auf Anfang und Dauer variieren können. Der Zyklus einer Stute dauert 21 Tage, wobei die Dauer der Rosse zwischen drei und neun Tagen betragen kann. Zur Ovulation (zum Einsprung) kommt es etwa 24 Stunden vor Rosseende.

Ein Fohlen wird etwa 10 Monate von der Mutterstute gesäugt. Auch nach dieser Zeit bleibt der Nachwuchs in der Nähe bis zu einem Alter von mindestens zwei Jahren. In einer Studie von Stanley und Shultz (2021) wurde gezeigt, dass Stuten in der beobachteten Herde eine engere Beziehung zu ihren männlichen Nachkommen zeigten, diese häufiger und auch länger säugten. Allerdings konnten anderen Studien dies nicht belegen bzw. eine Studie zeigte, dass Stuten in guter körperlicher Konstitution sich mehr um die männlichen Nachkommen kümmerten und Stuten in schlechterer Verfassung eher um die weiblichen Nachkommen (Cameron & Linklater, 2000). In der Studie von Stanley und Shulzt wurde beschrieben, dass das längere Trinken bei der Mutter ihrer Ansicht nach durch das Hengstfohlen gesteuert wird und darüber erklärbar ist, dass das Hengstfohlen mit mehr Aggression und Gefahren zu tun hat, wenn es sich von der Mutter und damit gegebenenfalls auch von der heimischen Herde entfernt. Daher suchen es eventuell länger den Rückbezug zur Mutterstute. Grundsätzlich wird mit Zunahme des Alters der Entfernungsradius der Nachkommen zur Mutter größer.

In den Monaten April bis August kann in Herden ein vermehrtes Aggressionsverhalten von Stuten gegenüber anderen jungen Pferden beobachtet werden, in einer Phase, in der sie ihre neuen Fohlen gebären und besonders viel Kontakt- und Bindungsaufnahme leisten (Stanley & Shultz, 2021).

Auch der Rang der Mutter scheint die Beziehung zum Fohlen zu beeinflussen. So konnten Heitor und Vicente (2007) in einer Herde beobachten, dass ranghöhere Stuten ihre Fohlen in der späten Stillphase (nach einigen Monaten) häufiger saugen ließen als rangniedrige Stuten. Zugleich war der räumliche Abstand zwischen Fohlen und ihren ranghohen Müttern höher als bei rangniedrigen Müttern.

Transferüberlegung: Aus welcher Aufzucht kommt unser Therapiepferd? Welche Position hatte die Mutterstute? Welches Erziehungsverhalten hat es erlebt?

Stuten unterscheiden sich nicht bezüglich ihrer Stellung in der Gruppe in ihrem Protektionsverhalten: rangniedrige wie ranghohe Stuten verteidigen ihre Nachkommen. Jedoch erleben Fohlen ranghoher Stuten in den ersten Lebensmonaten weniger Aggression von anderen Pferden der Herde als Nachkommen eher rangniedriger Tiere.

Beim Schutz der Fohlen (**Protektion**) scheinen beide, Mutterstute und Hengst, eine Aufgabe zu übernehmen. In einer Untersuchung von Watts und Kolleg*innen (2019) konnte in einer Herde frei lebender Pferde in Australien gezeigt werden, dass die Stuten ihre Fohlen beschützen, wenn sie befürchten, dass ein fremder Hengst das Fohlen verletzten könnte. Die Stute kann das Fohlen vom angreifenden Hengst wegtreiben und auf Abstand zusammen mit dem Fohlen gehen oder sich zwischen das Fohlen und den Angreifer stellen und ihn „abblocken". Die Hengste reagierten im Unterschied mit Schutzverhalten (mehr Nähe zu den Fohlen), wenn sie einen Dingo (australischer Wildhund) als Gefahr ausgemacht hatten.

Anmerkung: Schutzverhalten bei Wallachen ist nicht erforscht, sowie auch viele andere Verhaltensweisen zwar für Stuten und Hengste bekannt sind, jedoch wissenschaftliche Nachweise zu Wallachen fehlen.

Die Bindung zwischen Mutterstute und Fohlen wird in den ersten Lebensstunden und Wochen aufgebaut. Die Prägung erfolgt in den ersten zwei Tagen (Zeitler-Feicht, 2015, S. 70). Eine Studie von Houpt (2002) zeigt auf, dass das Bindungsverhalten über mehr als zwei Wochen etabliert wird. Bei Stuten kann es dabei zu Problemverhalten gegenüber ihrem Fohlen kommen. So sind bekannt: ambivalentes Verhalten dem Fohlen gegenüber, Angst vor dem Fohlen, übermäßiges Beschützen, Attackieren des Fohlens, Stehlen bzw. Adoptieren des Fohlens einer anderen Stute. In der Pferdezucht wird insbesondere bei arabischen Pferden ein gehäuftes Verstoßen der Fohlen beobachtet, was mit einem veränderten Hormonhaushalt der Stuten begründet wird (Juarbe-Diaz et al., 1998).

Zum Vater nehmen Fohlen in der Regel erst in der zweiten oder dritten Woche Kontakt auf. Die Interaktionen beinhalten Schnuppern und Lecken. Das in diesen Kontakten beobachtbare Schmatzen und Zähneklappern wird häufig als Unterwürfigkeitsgeste zur Besänftigung beschrieben, könnte allerdings auch eine Übersprungshandlung sein, welche durch die Aufregung hervorgerufen wird (Crowell-Davis et al., 1985), in der Entfernung von der Mutter zu sein und einem möglicherweise unfreundlichen Tier zu begegnen.

Transferüberlegung: Wenn wir mit Wallachen arbeiten, stellt sich die Frage, welche Eigenschaften und Verhaltensweisen hätte er als Hengst gehabt? Wäre er in der Lage, eine Leitposition einzunehmen? Hätte er eine eigene Herde oder würde er sich lieber einem Familienverband anschließen?

2.1.3 Sozialverhalten unter Pferden

Innerhalb einer Pferdeherde bestehen häufig Dreiecksbeziehungen (Krüger et al., 2020). Dies bedeutet, dass ein erstes Pferd ein anderes Pferd dominiert, dies wiederum ein Drittes und dieses sich dominant gegenüber dem ersten Pferd zeigt. Hierdurch kommt es zu sehr komplexen Strukturen in einer Herde, jedoch bietet es Flexibilität im Gefüge für das einzelne Pferd und nie eine wirklich unterste Position. Anders sieht es in kleinere Herden mit bis zu acht Tieren aus. Hier besteht häufig eine klare Hierarchieabfolge, so dass ein Pferd ein weiteres dominiert, dieses das dritte und so weiter. Ein Pferd ist dominant, indem es Ressourcen wie Futter, Wasser und Schlafplätze für sich beansprucht. Je nach Gruppenzusammensetzung hat ein ranghohes Pferd einen hohen Aufwand, diese von ihm beanspruchten Ressourcen stetig zu verteidigen. Das rangniedrigste Pferd kann Konfrontationen aus dem Weg gehen und ordnet sich unter. Wenn allen Pferden genügend Ressourcen zur Verfügung stehen, haben meist die Pferde mittleren Rangs eine erhöhte Stressbelastung, da sie Druck von oben erhalten und ebenso solchen an die niedrigeren weitergeben (ebd.).

Abb.1 Eine kleine Gruppe im Laufstall, es besteht eine deutliche Hierarchiebildung, vor allem, wenn es um das Futter geht und die Beanspruchung von Raum; dennoch bestehen Freundschaftsbeziehungen

Abb. 2 Eine größere Herde derselben Rasse - hier entsteht Nähe und eine gute Verständigung in der Gruppe; Pferde mit klaren Führungsqualitäten übernehmen die Führung auch in neuen Gruppen

Die Linearität in einer Gruppe wird aufgebrochen durch Paarbeziehungen, also dyadischen Beziehungen. Pferde etablieren starke soziale Bande ("Freundschaften") durch **soziopositives Verhalten** wie freundliche Annäherung, gemeinsames Fressen, Fellpflege, Schutz des anderen und Teilung von Ressourcen. Pferde gleichen Rangs können solche Bande aufbauen ebenso wie Pferde unterschiedlichen Rangs (ebd.). Pferde pflegen langjährige Freundschaften und Hengste haben ebenso langjährige Beziehung zu ihren Stuten. Es wird davon ausgegangen, dass Pferde über ihr Leben hinweg ein bis höchstens drei bevorzugte Sozialpartner haben (Snorrason et al., 2003).

Insgesamt streben Pferde nach sozialer Ruhe. Sie unterhalten freundschaftliche Kontakte zu etwa einem Drittel der Gruppe (Wolter et al., 2018). In Harems wird auch beobachtet, dass zwei Hengste Allianzen aufbauen und gemeinsam das Harem führen (Rubenstein, 1982). Es scheint als gelinge es Hengsten gemeinsam besser, eine Gruppenstabilität zu erhalten (Miller, 1981) und eine geringere Fohlensterblichkeit zu sichern (Feh, 1999).
Unter Hengsten kann zudem auch beobachtet werden, dass sie sich als "unbeteiligte Dritte" in Streitigkeiten anderer Hengste einmischen, um Streit zu schlichten (Krueger, 2015). Eine erstaunliche soziale Verhaltensweise, die die Frage aufwirft, weshalb die Tiere dies tun. Gibt es einen Eigennutz im Hinblick auf das Sichern des eigenen Überlebens oder ist das Pferd bestrebt, sozialen Frieden herzustellen aus einem Bedürfnis nach sozialer Ruhe?

Bei Primaten werden **Konfliktlösefähigkeiten** wie Beschwichtigen, Trösten und Wiedergutmachung gefunden und dies wird auch für andere Säugetierarten diskutiert (Flack et al. 2005, 2006). Es muss noch wissenschaftlich untermauert werden, was in der Beobachtung von Pferdegruppen immer wieder deutlich wird: Pferde nähern sich aggressiveren Pferden mit freundlichem, vorsichtigem Ausdruck, um sie eventuell zu beschwichtigen. Sie lassen Pferde, die zuvor von einem anderen Pferd attackiert wurden, in ihre Nähe, eine Art des Tröstens, und sie nehmen auch nach Konfliktsituationen wieder positiven Kontakt zu Gruppenmitgliedern auf, eine Art von Wiedergutmachung (vgl. Krüger & Marr, 2022).

Um Ressourcen einzunehmen oder zu verteidigen, wird **sozionegatives Verhalten** von Pferden gezeigt, wie Ohren anlegen, Kopf nach vorn strecken, Bein heben, Schweif schlagen, Beißen und Treten. Bei Auseinandersetzungen in der Herde geht dem körperlichen Angriff in der Regel eine Drohung voraus, was dem anderen Pferd die Möglichkeit des Rückzuges bietet. Das natürliche Meideverhalten, also das Zurückweichen vor einem aggressiven Tier, zur Vermeidung einer ernsten Auseinandersetzung, wird als „soziale Hemmung" bezeichnet (Mills & Nankervis, 2004).

In freier Wildbahn zeigen Pferde niemals mehr Aggressionen als unbedingt nötig, da aggressives Verhalten das Verletzungsrisiko erhöht. Zu Kämpfen kommt es unter Stuten ausschließlich zur Klärung der Rangordnung. Hengste führen so genannte Kommentkämpfe. Dies sind Übungskämpfe, ähnlich einer spielerischen Auseinandersetzung, durch die sie den Ernstfall erproben und Muskeln, Reaktionen und Koordination trainieren. Zwischen konkurrierenden Hengsten kann es jedoch besonders in der Paarungszeit zu eskalierenden Kämpfen kommen, die mit ernsthaften Folgen für den Verlierer enden können (Mills & Nankervis, 2004).

Zwischen Pferden wird eine so genannte **Individualdistanz** gezeigt. Unter der Individualdistanz versteht man den notwendigen Abstand zwischen zwei Individuen. Die Größe der Individualdistanz, die ein Pferd für sich benötigt, ist abhängig vom Alter, Rasse, der Situation und auch der Position in der Rangordnung sowie dem freundschaftlichen Verhältnis zu einem anderen Pferd. Jüngere Pferde lassen Artgenossen näher an sich heran als ausgewachsene Pferde. Ponys und Kleinpferde haben ebenfalls eine geringere Individualdistanz als beispielsweise Warmblüter. Bei der Nahrungsaufnahme ist die Individualdistanz wesentlich größer als bei der gemeinsamen Ruhe. Rangniedere Tiere halten zu ranghöheren Tieren ebenfalls größeren Abstand als zu gleichgestellten oder eng befreundeten Tieren (ebd.).

2.1.4 Gefüge und Rangordnung innerhalb einer Pferdeherde

Bereits eingegangen wurde auf Dreiecksbeziehung und Paarbeziehungen unter Pferden. Weiterhin wurde herausgestellt, dass kleine Pferdegruppen bis zu acht Individuen eine andere Konstellation zeigen als größere Gruppen. Es soll im weiteren noch einmal auf das Thema Rangordnung eingegangen werden, da die aktuelle Verhaltensforschung vieles in Frage stellt, was lange Zeit als feststehendes Konstrukt gelehrt wurde – die klare Hierarchie und Rangfolge in Pferdeherden.
Pferde im Alter bis zu drei Jahren sind den älteren Pferden in einer Gruppe eher nachgeordnet und es gibt kaum Rangkämpfe mit den Jungtieren. Pferde sind von

Geburt an eher ranghoch oder eher rangniedrig, eventuell wird dies vererbt, wobei eine wissenschaftliche Untermauerung dieser Hypothese noch aussteht. Durch die Verbesserung ihres körperlichen Zustandes können Pferde in ihrer Rangposition aufsteigen, wenn Sie in der Herde eher zum Mittelfeld in der Hierarchie gehören (Lehmann, 2000).

Rangordnung bei Pferden wurde bei frei lebenden Pferden erforscht. Hierbei handelt es sich um Pferde gleicher Rasse. An gemischten Herden mit Individuen unterschiedlicher Rassen wurden bislang keine Studien vorgenommen. Gerade weil die Gruppenhaltung in der modernen Pferdehaltung immer häufiger wird, sollte dies verstärkt in den Fokus der Forschung rücken.
Beeinflussende Faktoren für die Rangordnung sind zum einen physische Faktoren, wie Alter, Geschlecht, Größe, Gewicht und die körperliche Verfassung. Eine wesentlich wichtigere Rolle spielen jedoch psychische Faktoren. Hierzu gehören die Erfahrung, die ein Tier mitbringt (z.B. das Wissen über Weidegründe, Wasserstellen usw.), das Selbstbewusstsein mit dem das Pferd auftritt und seine Reaktionsfähigkeit. Häufig lässt sich beobachten, dass die Ranghöhe der Mutterstute entscheidend für die Entwicklung der Ranghöhe des Fohlens ist. Letzten Endes entscheidet meist eine Kombination aus physischen Faktoren und charakterlichen Eigenschaften des Pferdes über seinen Platz im Ranggefüge. Eine Rangposition kann sich über die Zeit verändern: Zum Beispiel kann sich aufgrund einer Erkrankung der physische Zustand des Leittiers negativ entwickeln und es verliert so über den Verlauf und mit zunehmendem Alter seine Leitfunktion. Nicht selten passiert dann eine „Rollenumkehr" und das frühere Leittier sinkt in der Hierarchie weit nach unten.

In Herden bei Reitpferden kann beobachtet werden (ohne wissenschaftliche Untermauerung), dass ein eher rangniederes Pferd in der Hierarchie aufsteigt, wenn es durch eine gründliche reiterliche Ausbildung mehr Aufrichtung und ein besseres Körpergefühl bekommt und dadurch mehr Souveränität ausstrahlt. Grundsätzlich lässt sich sagen, dass für Pferde ihr fester Platz im Herdengefüge wichtiger ist, als die Höhe des Ranges. Stress entsteht für Pferde durch stetige Rangkämpfe und ständige Reevaluation ihrer Position aufgrund von Unklarheiten in der Zusammensetzung. Insbesondere bei häufigem Wechsel im Gruppengefüge, aber auch wenn ein Leittier mit seiner Position dauerhaft überfordert ist, kann es zu vermehrtem Stress in der Gruppe kommen.

In so gut wie allen Verhaltensforschungen unterschiedlicher Tierarten hat es einen Wandel in der Sichweise auf Tiere und ihr soziales Zusammenleben gegeben. Es konnte gezeigt werden, dass in Wolfsgesellschaften keine festen Rangordnungen bestehen, dass Kämpfe unter Schafen nicht der Klärung der Rangordnung, sondern dem Spielverhalten zugeordnet werden müssen. Die Art der Verhaltensforschung war über Jahrzehnte, wenn nicht Jahrhunderte, geprägt durch patriarchalische und streng hierarchische Gesellschaften, deren Forschungsanordnungen und Hypothesen diesem Gedanken folgten. Männliche Dominanz, klare Rangordnung und Überlebenskämpfe waren Standardprogramme der Verhaltensdeutung und sind mittlerweile überholt (vgl. Karr, 2015, S. 168).

Abb.3 Der Wallach geht besonders gerne auf den Sandplatz.

Die moderne Verhaltensforschung sieht die Pferdeherde als flexibles Gefüge. Es geht nicht mehr um die Sichtweise klarer oder gar starrer Hierarchien. Lange Zeit wurde angenommen, dass ein ranghohes Tier (in der Regel eine Stute) die Herde in Bewegung setzt. Es ist mittlerweile gut dokumentiert, dass auch andere Gruppenmitglieder, die nicht Leittier sind, die Herdenmitglieder dazu bringen, das Gleiche zu tun wie sie und sie zum Beispiel in Bewegung zu versetzen. Sie können zum Beispiel einen Ortswechsel veranlassen oder unbekannte Dinge erkunden. Dabei kann es vorkommen, dass anschließend wieder ein anderes Pferd die Führung übernimmt. Den ranghöheren Tieren wird allerdings häufiger gefolgt als den rangniederen (Krüger, 2020). Es geht in der Herde um die **Aufteilung von Aufgaben** und die Aufgaben können von unterschiedlichen Pferden übernommen werden. Aufgaben sind zum Beispiel „Wächter" sein und nach Gefahren Ausschau halten, die Gruppe in Bewegung setzen (zum Beispiel zur Ruhe- und Schlafstelle), die Erziehung von Fohlen sowie das Erkunden neuer Dinge.

Der Wallach fordert durch sein Stehen am Tor den Menschen auf, den Sandplatz zu öffnen. Er setzt damit häufig das Zeichen für einen Ortswechsel, die Einleitung einer Sequenz des gemeinsamen Wälzens und zumeist am Nachmittag auch gerne eine Spielsequenz. Der Wallach hat in seiner Herde eine eher niedrige Rangposition. Er zeigt keinerlei Führungsanspruch und hat eine harmonisierende Wirkung in der Gruppe. Dennoch leitet er Ortswechsel ein und damit auch Verhaltenssequenzen. Die Gruppe folgt ihm dabei häufig.

2.1.5 Pferde leben in Funktionskreisläufen

Der Tag eines Pferdes ist geprägt durch Abläufe innerhalb der sogenannten Funktionskreisläufe. Unter diesen Begriff fallen: Fress- und Trinkverhalten, Lokomotionsverhalten, Sozialverhalten, Komfortverhalten, Ruheverhalten, Spiel- und Sexualverhalten. Funktionskreisläufe sind nicht durch starre Grenzen voneinander zu differenzieren, sondern sie überschneiden sich.

Als Pflanzenfresser nehmen Pferde natürlicherweise energiearme, rohfaserreiche Nahrung insbesondere in Form verschiedener Gräser zu sich. Ein Pferd in freier Wildbahn verbringt zwischen 12 und 18 Stunden täglich mit der Nahrungsaufnahme (**Fressverhalten**), die sich auf mehrere Haupt- und Zwischenmahlzeiten verteilt. Das Beenden der Nahrungsaufnahme erfolgt nach Ermüdung der Kaumuskulatur des Pferdes. Es wird angenommen, dass Pferde aufgrund fehlender Dehnungsrezeptoren im Magen, kein Sättigungsgefühl kennen. Auf die rohfaserreiche Ernährungsweise ist der gesamte Verdauungsapparat des Pferdes abgestimmt. Extreme Abweichungen in der Fütterung können zu massiven physischen jedoch auch psychischen Problemen führen (Zeitler-Feicht, 2015, S.78).

Typischerweise nehmen Pferde ihre Nahrung direkt vom Boden auf, wobei sie sich langsam im Schritt vorwärts bewegen (Fressverhalten zusammen mit Lokomotionsverhalten). Man sollte daher auf eine bodennahe Fütterung achten. Pferde fressen meist gemeinsam, die Nahrungsaufnahme ist also zudem eine soziale Situation. Jedoch benötigen Pferde abhängig von Alter, Rasse und freundschaftlichen Beziehungen zueinander einen recht großen Individualabstand während der Nahrungsaufnahme (Mills & Nankervis, 2004).

Pferde bewegen sich den Tag über viele Stunden während der Nahrungsaufnahme. Ihr Lokomotionsverhalten umfasst die höheren Gangarten nur im Erkundungs- und Spielverhalten sowie bei der Flucht.

Zum einen sind Pferde Fluchttiere und ihre Anatomie und Physiologie ist daher auf Bewegung ausgelegt. Zum anderen bewohnen Pferde in freier Wildbahn große Streifgebiete und sind ständig auf Wanderschaft zu neuen Weidegründen und Wasserstellen. Pferde sind nicht territorial, die Streifgebiete verschiedener Herden können sich überschneiden.

Nach Mills & Nankervis (2004) sind zwei Begrifflichkeiten für das Verständnis des **Lokomotionsverhaltens** des Pferdes wichtig: Bewegungsbedürfnis und Bewegungsbedarf. Unter dem Bewegungsbedürfnis versteht man die Neigung des Pferdes zur Bewegung. Das Bewegungsbedürfnis eines Pferdes wird von verschiedenen endogenen (inneren) und exogenen (äußeren) Faktoren bestimmt. Dazu gehören z.B. Hunger, der die Herde dazu veranlasst, zu neuen Weidegründen zu ziehen, Durst, Hormone, das Alter eines Pferdes (Jungtiere bewegen sich mehr als ältere Tiere) oder das Geschlecht (der Leithengst umkreist die Herde). Aber auch die Entfernung, die die Herde zu neuen Weidegründen zurücklegen muss, die Anwesenheit von Räubern, die die Tiere zur Flucht veranlassen, andere Herdenmitglieder, die ein Pferd zum Spiel auffordern oder es vertreiben, nehmen Einfluss auf das Bewegungsbedürfnis eines Pferdes. Unter dem Bewegungsbedarf versteht man die erforderliche Bewegung, die ein Pferd zur Gesunderhaltung benötigt. Er wird durch die aus der Evolution resultierenden körperlichen Anpassungen bestimmt. In freier Wildbahn legt ein Pferd durchschnittlich zwischen sechs und elf Kilometer pro Tag zurück, die Hauptgangart ist dabei der Schritt (Zeitler-Feicht, 2015, S.101 ff.).

Pferde sind Beutetiere größerer Raubtiere und haben als Schutzmechanismus die Flucht entwickelt (ebd.). Die Fluchtreaktion des Pferdes ist ein sogenannter angeborener Auslösemechanismus. Dies bedeutet, dass die Reaktion des Pferdes, bei Gefahr zu fliehen, genetisch fixiert ist und dem Pferd nicht abtrainiert werden kann. Die Fluchtreaktion des Pferdes kann durch Erfahrung jedoch modifiziert werden. Das Pferd kann lernen, welche Gegenstände, Situationen, Tiere usw. (z. B. Hunde, Menschen mit Regenschirmen, Autos) ungefährlich sind und wird auf deren Vorkommen nicht mehr mit Flucht reagieren (Aguilar, 2004). Jedoch kann auch bei einem gut trainierten Pferd jederzeit eine Situation auftreten, in dem es sich erschreckt und darauf mit Flucht reagiert.
Pferde sind für die Fluchtreaktion anatomisch und physiologisch gut ausgestattet. Ihr Körperbau erlaubt schnelles Beschleunigen auf hohe Geschwindigkeiten. Muskulatur, Herz-Kreislaufsystem sowie die Atmungsorgane sind ebenfalls auf plötzli-

che und schnelle Bewegungen ausgerichtet.

Die Augen von Pferden stehen seitlich, was einen guten Rundumblick ermöglicht. Pferde sehen gut auf Entfernung und reagieren besonders empfindlich auf Bewegungen am Rande ihres Gesichtsfeldes. Die Ohren sind beweglich und sorgen so mit einem feinen Gehör ebenfalls für ein ständiges Scannen der Umgebung auf Gefahr. Auch der Geruchssinn der Pferde ist besonders fein, so dass der Körpergeruch von Raubtieren auf weite Entfernungen wahrgenommen werden kann (Zeitler-Feicht, 2008).

Nach Mills & Nankervis (2004) ruhen Pferde polyphasisch (**Ruheverhalten**), d. h. in mehreren kurzen Abschnitten von insgesamt ca. 5 – 9 Stunden pro Tag. Pferde können im Stehen und im Liegen ruhen. Im Stehen können Pferde ausschließlich dösen. Sie sind dabei jedoch in der Lage, verschiedene Muskelpartien durch eine passive Fixierung der Gliedmaßen zu entspannen. Im Liegen unterscheidet man das Schlafen in Bauchlage mit aufgestütztem Kopf und das Schlafen in Seitenlage. Beide Formen des Schlafens sind wichtig, da Pferde ausschließlich in Seitenlage in die REM- Schlafphase gelangen (Zeitler-Feicht, 2015, S.95), die für Erholung, Gesundheit und das psychische Wohlbefinden der Tiere ebenso wichtig ist, wie die Tiefschlafphase. Um sich abzulegen, benötigen Pferde geeignete Liegeplätze. Sie bevorzugen trockenen, griffigen Boden, der ein schnelles Aufstehen bei Gefahr erlaubt und den Organismus im Schlaf nicht auskühlen lässt. Wichtig ist ebenfalls eine gute Übersicht. Pferde schlafen natürlicherweise immer auf Anhöhen oder an anderen Plätzen mit guter Sicht, niemals an abgeschlossenen oder unübersichtlichen Plätzen, wo sie durch Raubtiere überrascht werden könnten. Am besten schlafen Pferde in vertrauter Umgebung (Zeitler-Feicht, 2015, S.94 ff.). Junge Pferde schlafen mehr, ältere weniger. Alte Pferde legen sich zum Schlafen oft nicht mehr hin, weil sie Mühe mit dem Aufstehen haben. In einer Herde schlafen nie alle Pferde gleichzeitig. Während die einen schlafen, hält meistens ein Pferd Wache bis es durch ein anderes abgelöst wird. Besonders gerne dösen Pferde an kalten Tagen in der warmen Sonne und in der Sommerhitze an einem schattigen Platz.

Beim weiteren Funktionskreislauf **Komfortverhalten** unterscheidet man zwei Arten (Mills, 2004): Die solitäre Hautpflege dient vor allem der Fellpflege und -reinigung, dazu gehört es beispielsweise, sich selbst zu beknabbern, sich zu scheuern, zu wälzen, sich zu schütteln, mit dem Schweif nach Insekten zu schlagen sowie Hautzucken. Die soziale Fellpflege dient neben der Pflege in erster Linie der Kommunikation und dem Pflegen von Freundschaften (Funktionskreislauf Sozialverhalten). Gegenseitiges Beknabbern wirkt bindungskräftigend und beruhigend, weshalb die Aufforderung häufig auch von rangniederen an ranghöhere Herdenmitglieder gerichtet wird. Alle Formen des Komfortverhaltens und die Möglichkeit der Ausübung, sind für das Wohlfühlen und die psychische Gesundheit des Pferdes unabdingbar. Das Wälzen ist ebenfalls Teil der Komfortverhaltens. Oft wälzen sich mehrere Pferde gleichzeitig oder nacheinander, wenn eines damit angefangen hat (Stimmungsübertragung). Besonders gerne wälzen sich Pferde während des Fellwechsels und nachdem sie geschwitzt haben. Sie trocknen so ihr Fell und massieren sich die Haut. Zudem schützt der Dreck vor Ungeziefer und Mücken. Will sich ein Pferd wälzen, schnuppert und scharrt es am Boden. Darauf folgt ein Drehen im Kreis, während alle vier Beinen leicht einknicken, darauf folgt das Ablegen. Nach dem Wälzen schüttelt sich das Pferd (Zeitler-Feicht, 2015, S.67). Wälzen kann auch zum Stressabbau genutzt werden. Es lässt sich beobachten, dass sich Pferde, die zuvor längerem Druck ausgesetzt waren (z.B. in Trainings- oder Reitsituationen), „zu Boden werfen" und wälzen, um scheinbar den entstandenen Stress abzubauen. Auch das Schütteln nach dem Wälzen übernimmt die Funktion des Stressabbaus (ebd., S.106). Solch ein Verhalten ist auch bei anderen Fluchttieren bekannt, wie z.B. Rehen, die sich nach einer überstandenen Gefahrensituation schütteln.

Spiel-, Neugier- und Erkundungsverhalten ist ebenfalls wichtig für das Verständnis des Pferdeverhaltens im Rahmen der Funktionskreisläufe. Spiel kommt vor allem bei Jungpferden vor (75% der Bewegungsaktivität beim Fohlen), aber auch ausgewachsene Pferde, insbesondere Wallache, spielen immer wieder miteinander. Spielen ist beziehungsstärkend und gleichzeitig (körperliches) Training, vor allem für junge Pferde. Durch das Spiel entwickeln sie ein Bewusstsein für Raum, für ihre eigenen Körpergrenzen, ihre Individualdistanz und ihre Kraft. Sie trainieren Koordination und Muskulatur und lernen soziale Verhaltensweisen. Durch Spiele mit unbelebten Gegenständen lernen sie diese kennen, um unnötige Angst und Flucht zu vermeiden. Spiel ist in der Regel auch ein Ausdruck von Wohlbefinden. Man unterscheidet solitäre Spiele, bei denen Pferde alleine oder an unbelebten Objekten Spielverhalten zeigen und soziale Spiele, bei denen zwei oder mehr Pferde miteinander spielen (Zeitler-Feicht, 2015, S.120 ff). Hausberger und Kollegen (2012) untersuchten das Spielverhalten genauer und fanden heraus, dass Pferde, die viel spielen, ein höheres Stresslevel aufweisen, als solche, die weniger spielen. Es kann davon ausgegangen werden, dass Spiel nicht nur „im entspannten Feld" stattfindet, sondern auch dem Abbau von Aggressionen und Stress dient.

Neugierde und das natürliche Erkundungsverhalten sind die Hauptmotoren für selbstständiges Lernen beim Pferd. Neugierde treibt Pferde dazu an, fremde Gegenstände zu untersuchen und neue Gegenden zu erkunden. Dieses Sammeln von Erfahrung mit der Umwelt und dem eigenen Lebensraum ist wichtig für das Fluchttier Pferd, denn es ermöglicht ihm einerseits die Vermeidung von unnötigen Fluchtsituationen und lässt es auf der anderen Seite Kräfte sparen und das Verletzungsrisiko sinken. Neugierdeverhalten ist daher überlebenswichtig und wird von Pferden, die in Herden eher mehr Aufgaben übernehmen und im Sozialgefüge eher höher stehen, vermehrt gezeigt. Pferde benötigen stets ein reich strukturiertes Umfeld mit viel Kontakt zur Umwelt, denn Reizverarmung führt zu Reizschwellensenkung (Zeitler-Feicht, 2015, S.120 ff). Das bedeutet, dass Pferde, die in besonders eintönigen Haltungsbedingungen leben, sich schneller erschrecken und stärker auf ihnen unbekannte Reize reagieren. Weiterhin wird davon ausgegangen, das auch Pferde darunter leiden, wenn sie nicht gefordert werden und keine Möglichkeit erhalten, sich stetig mit Umweltfaktoren auseinander zu setzen. Es kommt sozusagen zu „Langeweile" für das Pferd. Hieraus kann sich eine negative Grundstimmung beim Pferd entwickeln, die zu depressionsähnlichen Zuständen führen kann (Fureix et al., 2012, Rochais et al., 2016).

Bei allen Beschreibungen wird deutlich, dass sich die Funktionsbereiche überschneiden und dass das Pferd ein soziales Tier ist - denn die Funktionskreisläufe haben immer auch mit dem **Sozialverhalten** zu tun. Das Pferd frisst und läuft in der Gruppe, ruht und spielt mit Artgenossen und erkundet gemeinsam. Hinzu kommt auch das Sexualverhalten, welches in Haltungsbedingungen ohne Hengste zwar nicht so stark zu Tage tritt, jedoch auch von Bedeutung ist und besonders für Stuten einen Teil ihres Verhaltens und Wohlbefindens ausmacht.

2.1.6 Unterschiede im Pferdeverhalten - rassetypisch und individuell

Bei der Einschätzung von Pferdeverhalten ist auf feine Unterschiede bei den verschiedenen Pferderassen zu achten. Sie unterscheiden sich nicht nur morphologisch, sondern auch im Verhalten. Rasseunterschiede sind durch züchterische Maßnahmen vom Menschen entstanden. Weiteren Einfluss haben die über lange Zeit gängige Art der Haltung und die Herkunft der unterschiedlichen Rassen auf deren Verhaltensmerkmale. Nachfolgend wird die gängige Einteilung nach Größe und Statue dargestellt (Mills & Nankervis, 2004).

Ponys (z. B. Shetlandponys, Isländer, Exmoorponys usw.): Ponys zeichnen sich durch eine große Geselligkeit, eine gute Verträglichkeit untereinander und eine geringe Individualdistanz aus. Diese Pferde wurden fast immer in großen Herden recht naturnah gehalten, was diese Merkmale gefördert hat. Des Weiteren zeichnen sich die aus rauerem Klima stammenden Tiere oft durch eine gute Kälte- und Nässetoleranz aus, und sie sind gute Futterverwerter. Ponys gelten als aufmerksam, lebhaft, intelligent, selbstbewusst, neugierig und nervenstark.

Kaltblüter: Kaltblüter zeichnen sich durch gute Verträglichkeit und geringe Individualdistanz aus. Sie sind typischerweise nervenstark und gutmütig. Sie lernen meist etwas langsamer als beispielsweise Ponys, haben allerdings ein besonders gutes Langzeitgedächtnis. Sie sind ebenfalls gute Futterverwerter und zeigen in der Regel ein geringeres Bewegungsbedürfnis als andere Pferderassen.

Warm- und Vollblüter: Viele Warm- und Vollblutrassen (Ausnahme: Araber) zeigen eher eine höhere Individualdistanz. Diese Rassen werden seit Jahrhunderten für Sportzwecke gezüchtet und oft in Einzelhaltung gehalten, wodurch die soziale Verträglichkeit teilweise abnahm. Pferde dieser Rassen zeigen häufig eine hohe Sensibilität, hohe Reaktionsschwelle und ein hohes Bewegungsbedürfnis.

Durch die Zucht sind rassespezifische Verhaltensweisen bei Pferden entstanden, die gehäuft bei Pferden derselben Rasse auftreten. Hier kann auf die jeweiligen Rassebeschreibungen verwiesen werden, die die Zuchtverbände herausgeben und die sich auf die Exterieur- wie auch Interieurbedingungen beziehen. In der Beobachtung zeigt sich immer wieder, dass Pferde unterschiedlicher Rassen „Kommunikationsprobleme" untereinander bekommen können. Islandpferde weisen zum Beispiel geringere Individualabstände auf als Großpferde. Allein durch diesen Unterschied in der **Nähe-Distanz-Regulation** kann es innerhalb einer gemischten Herde zu Auseinandersetzungen kommen.

Weiterhin muss das **Individualverhalten** eines jeden Pferdes betrachtet werden. Verhalten entsteht durch die ständige Interaktion zwischen den genetischen Faktoren eines Tieres und den Umweltfaktoren, welche Einfluss auf das Tier nehmen (Mills & Nankervis, 2004). Das Individualverhalten oder der Charakter eines Pferdes entwickelt sich während des Tierlebens durch die Kurzzeitanpassung dieses Tieres mit einem bestimmten Genpool an seine Umwelt. Für den Charakter eines Pferdes und sein individuelles Verhalten spielen demnach nicht nur vererbte Merkmale und Eigenschaften eine Rolle, sondern auch die Erfahrungen, die das Pferd während seines Lebens sammelt. Der vererbte Genpool eines Pferdes bestimmt sein art- und rassespezifisches Verhalten, sowie verschiedene individuelle Charaktereigenschaften. Außerdem wird das so genannte Instinktverhalten vom Genpool bestimmt, zu dem der Fluchtreflex gehört. Dieses Instinktverhalten ist genetisch fixiert und stellt ein relativ festes Aktionsmuster an Handlungen dar, welches durch einen bestimmten Schlüsselreiz ausgelöst wird. Instinktverhalten ist lediglich in der Feinabstimmung modifizierbar, diesen Anpassungsprozess nennt man Reifung.

2.1.7 Persönlichkeitsfaktoren beim Pferd

Es gibt verschiedene Ansätze, individuelle Persönlichkeitsfaktoren beim Pferd einzuschätzen. Aus der menschlichen Persönlichkeitspsychologie wurde das Modell der „**BIG FIVE**" übernommen. Hierbei handelt es sich um fünf Faktoren, in die Menschen in ihrer Persönlichkeit erfasst werden. Diese umfassen die Faktoren: Offenheit für Erfahrungen (Aufgeschlossenheit), Gewissenhaftigkeit (Perfektionismus), Extraversion (Geselligkeit), Verträglichkeit und Kooperationsbereitschaft sowie Neurotizismus (emotionale Labilität) (vgl. Asendorpf & Neyer, 2012). Der Übertrag dieses Konzepts in die Tierwelt wird von manchen Fachleuten als Vermenschlichung kritisiert. Dennoch macht es für die Einschätzung von Pferden und in der Reflexion des Status des Pferdes innerhalb der Pferdegruppe, in Trainingssituationen und im Rahmen der Haltungsbedingungen Sinn, sich diesem Konzept zu öffnen. In der Konfrontation von Pferden mit unterschiedlichen Situationen können die fünf Faktoren sinnvoll eingeschätzt werden. So haben Borkenau & Ostendorf (1989) fünf Achsen im Sinne der BIG FIVE auf Pferde übertragen:

Neurotizismus
++ ängstlich, nervös, schreckhaft   -- ruhig, gelassen, wenig stressanfällig

Extraversion
++ neugierig, verspielt, energiegeladen   -- zurückhaltend, ruhig, weniger interessiert an der Umwelt

Offenheit für Erfahrungen
++ experimentierfreudig, lernwillig, anpassungsfähig   -- routineliebend, wenig flexibel

Verträglichkeit
++ freundlich, sozialverträglich, leicht im Umgang   -- dominant, aggressiv, eigensinnig

Gewissenhaftigkeit (im Sinne von Trainierbarkeit und Verlässlichkeit)
++ zuverlässig, konzentriert   -- unbeständig, leicht ablenkbar, wenig ausdauernd

Ein Verständnis von individuellem Verhalten sollte von jeder Person, die mit Pferden zusammen ist, hergestellt werden. Dabei kann die Intelligenz bzw. **Innovationsfreude** beim einzelnen Pferd erkannt werden. Innovative Pferde suchen nach eigenen Lösungen und versuchen, ihre Umwelt zu verändern. Sie öffnen Tore oder Kisten, um an Futter zu kommen, sie spielen mit Stöcken, sie bürsten sich gegenseitig mit einem Strigel oder häufen Einstreu an, um sie bequem hinlegen zu können (Krüger & Marr, 2022, S.78). Solche „schlauen" Pferde scheinen auch bestimmte Charaktereigenschaften zu besitzen. In einer kleinen Erhebung von Esch et al. (2019) konnten von 16 Versuchspferden 25% den Mechanismus zur Bedienung eines Futterapparats herausfinden. Die Pferde stellten sich als besonders aktiv, beharrlich und geduldig heraus. Sie reagierten dabei zugleich empfindlicher, hatten höhere Stresshormonwerte sowie eine verstärkte linksseitige, motorische und sensorische Einseitigkeit.

2.2 Ausdrucks-, Kommunikationsverhalten und Befindlichkeiten bei Pferden

Pferde leben in der Gruppe in stetigem Kontakt zueinander und bei ihnen gibt es, wie in jeder Gruppe von Individuen, keine Situationen, in denen nicht interagiert wird.

Für uns Menschen wird dies deutlich, wenn wir zum Beispiel in einem Laufstall einem Pferd die Hufe kratzen möchten. Das Pferd hebt den Huf hoch, schon setzt sich ein anderes Pferd im Stall in Bewegung und nähert sich. Daraufhin setzt das Huf gebende Pferd diesen direkt ab und verändert seine Körperposition zu dem sich nähernden Pferd. Bewegt ein Pferd sich oder verändert seine Körperhaltung, Körperposition oder auch nur Körperspannung, so hat dies Auswirkung auf den Rest der Gruppe.
Im Alltag mit Pferden können wir stetig diese Kommunikation zwischen den Pferden bemerken. Besonders deutlich wird das Sozialverhalten im

Sinne von Kommunikation in Situationen wie dem Kennenlernen zweier sich vorher fremder Pferde. Zeigen die Ohren des Gegenübers nach vorne und sind Mimik und Körperhaltung entspannt, nähert sich ein Pferd dem anderen freundschaftlich. Da es jedoch noch nicht so sicher ist, wie das fremde Pferd reagieren wird, geht es mit lang ausgestrecktem Hals langsam Schritt für Schritt auf das andere zu. Sollte das andere Pferd plötzlich angreifen, braucht es bloß den Kopf einzuziehen, um aus der Gefahrenzone zu kommen. Wenn sie sich nahe genug sind, pusten sich Pferde vorsichtig in die Nüstern, um den Geruch des anderen aufzunehmen. Treten Pferde das allererste Mal in Kontakt zueinander, so beschnuppern sie sich in der Regel dreimal mit kleinen Pausen dazwischen. Nach dem Beschnuppern kann es vorkommen, dass ein Pferd quietscht und mit dem Vorderbein in die Luft tritt. Interessieren sich die Pferde mehr für einander, beschnuppern sie sich am ganzen Körper. Besonders ausgiebig beriechen sie sich – vor allem Stute und Hengst – am und um den Schweif herum. Sind sich Pferde sympathisch, beginnen sie möglicherweise mit Fellpflege.

Die Kommunikation unter Pferden und Interaktion in der Gruppe spielen sich innerhalb der Funktionskreisläufe ab. Es geht bei Pferden in der Regel um die Aufrechterhaltung oder die Erlangung eines „angenehmen" beziehungsweise Vermeidung oder Beendigung eines „unangenehmen" Zustands. Hat das Pferd Hunger oder Durst, dann sucht es solange nach Futter und Wasser, bis das Bedürfnis gestillt ist. Dem Pferd juckt eine Hautstelle, es kratzt sich, wälzt sich oder sucht einen Sozialpartner zur Fellpflege. Das Pferd bewegt sich im Lokomotionsverhalten zusammen mit der Gruppe, es animiert andere, mit ihm zu galoppieren. Es sucht einen Ruheplatz zum Dösen oder Schlafen im Schutz der Gruppe, gerade im richtigen Abstand zu den anderen, um sich sicher und wohl zu fühlen. Alle Verhaltensweisen wirken sich dadurch auch kommunikativ und interaktiv aus, denn es beeinflusst die anderen Gruppenmitglieder und auch diese beziehen sich wiederum auf das Verhalten. Wie auch der Mensch kann das Pferd nicht Nicht-Kommunizieren (Watzlawik, 2011).

Wie auch bei uns Menschen hat die Kommunikation etwas zu tun mit Bedürfnissen und Befindlichkeiten. Dabei kann es sich um grundlegende Bedürfnisse wie Hunger und Durst handeln, oder auch um Stimmungen und emotionale Lagen, wie z.B. Angst.
Ist ein Pferd zum Beispiel gestresst durch ein neues Gruppenmitglied, wird es sein Maul anspannen, die Nüstern werden hart und spannig, die Augen starr. Dies ist ein wichtiger Hinweis

für die anderen Pferde der Gruppe, die daraufhin vielleicht das Pferd meiden oder es besänftigen.

2.2.1 Ausdrucksmöglichkeiten des Pferdes

Pferde kommunizieren über ihre Körpersprache und Lautäußerungen, wie auch über Berührungen und Gerüche miteinander. Bei der Körpersprache als offensichtlichstes Kommunikationsmittel ist das Zusammenspiel aller Körperpartien von Bedeutung. Diese sollen im weiteren genauer vorgestellt werden:

Die **Ohren** sind ein wichtiges und gut lesbares Kommunikationsmittel. Mit zwölf Muskeln werden diese gesteuert und können sich in alle Richtungen drehen. Zeigen sie nach vorne, ist das Pferd aufmerksam. Es hat etwas gesehen oder gehört, das vor ihm liegt.

Zeigen die Ohren aufgestellt nach hinten, hört es nach hinten. Es soll die These aufgestellt werden, dass diese Ohrstellung ebenso bedeutet, dass sich das Pferd auf sich, eine an ihn gestellte Aufgabe und gegebenenfalls den anwesenden Menschen konzentriert. In der Praxis wird diese Ohrstellung vom Pferd besonders bei der Konzentration auf den/die Klient*in und die Geschehnisse in der Intervention gezeigt.

Abb. 4 Das Pferd zeigt keine Ablehnung, sondern Konzentration. Dies kann eine Konzentration auf sich selbst sein oder Dinge/Lebewesen im nahen Kontakt

Sind die Ohren nach hinten eng an den Kopf angelegt, ist das Pferd schlecht gelaunt, hat Schmerzen oder droht. Je flacher das Pferd die Ohren anlegt, desto deutlicher ist die Warnung. Dabei geht der Kopf nach vorn.

Auch bei lauten Geräuschen legen Pferde die Ohren flach an, um ihr Gehör zu schützen.

Hängen die Ohren zur Seite, dann döst das Pferd oder es langweilt sich. Pferde können ihre Ohren in unterschiedliche Richtungen drehen (z.B. eines nach vorne und eines zur Seite), so ist es in der Lage, verschiedene Umweltbedingungen aus verschiedenen Richtungen wahrzunehmen. Bei der Ohrstellung sind individuelle Unterschiede bei Pferden zu beachten.

Die **Augen** sind ein weiterer Hinweis auf die Befindlichkeit des Pferdes. Hat das Pferd glänzende und lebhafte Augen, dann geht es ihm in der Regel gut. Rollt es mit den Augen und man sieht den weißen Teil des Auges, dann regt es sich auf und ist in Panik. Eine steile Falte über den Augen weist in der Regel auf Schmerzen hin. Stumpfe Augen und ein nach innen gekehrter Blick weist auf Krankheit, Schmerzen oder psychisches Leiden hin.

Ein weiteres Erkennungsmerkmal für die Befindlichkeit sind die **Nüstern** und die Maulpartie. Hier werden feine, kleine erste Anzeichen von Stress, Unwohlsein ebenso wie minimale Effekte zu inneren Regungen sichtbar. Regen sich Pferde über etwas auf oder begegnen sie etwas Unbekanntem, dann weiten oder blähen sich die Nüstern. Sie saugen vermehrt Luft ein (eventuell auch zur Geruchsaufnahme) und sind vorbereitet für die Flucht. Falten um die Nüstern können Ablehnung bedeuten. Es kann so ebenfalls Schmerzen anzeigen. Eine entspannte Maulpartie bei geschlossenen Lippen weist auf Zufriedenheit hin, eine hängende Unterlippe auf Entspannung und Dösen. Entstehen in der Maulpartie viele kleine Falten aufgrund erhöhter Spannung weist das auf Ärger oder Unwohlsein bzw. Stress hin. Eine lange Oberlippe kann auf Unsicherheit hindeuten. Ein sehr ähnlicher Gesichtsausdruck kann beim Spielen auftreten. Auch beim Putzen und Fellkraulen wird die Oberlippe lang gemacht und leicht verdreht. Dann genießt das Pferd die Körperpflege. Um einen aussagekräftigen Eindruck von der Befindlichkeit des Pferdes zu erhalten, sollte immer die Gesamtsituation und der Gesamtausdruck angeschaut werden.

Bei Pferden kann es zu Zähneknirschen kommen - ein Zeichen für Stress, wenn gesundheitliche Zahnprobleme ausgeschlossen werden können. Bleckt das Pferd die Zähne ist Vorsicht geboten, da es sich gegen etwas wehrt und eventuell danach beißt.

Ein weiteres deutliches Verhalten des Pferdes im Rahmen des Ausdrucksverhaltens ist das Flehmen. Dabei zieht das Pferd die Oberlippe hoch und streckt den Kopf nach oben. Das Pferd hat einen besonders interessanten Duft gerochen. Durch das Flehmen werden die Nüstern verschlossen und die eingeatmete Luft wird in das Jacobsonsche Organ gesogen und die Duftstoffe konzentrieren sich. Das Jacobsonschen Organ besteht aus zwei Röhrchen von etwa 12 cm Länge im Innern des Kopfes, mit denen das Pferd Gerüche wahrnimmt. Pferde flehmen auch, wenn sie Schmerzen haben, zum Beispiel bei einer Kolik. Hier ist ebenfalls die Gesamtsituation zu deuten.

Das Kauen eines Pferdes, ohne dass sich Futter im Maul befindet, nennt man „**Leerkauen**". Während des Leerkauens wird die Herzfrequenz des Pferdes langsamer (Wickert, 2012), was bedeuten kann, dass es zuvor einen erhöhten Stress hatte oder sich sehr konzentriert hat. Jedenfalls erreicht es während des Kauens einen entspannteren Zustand. Das Leerkauen wird mit „Verarbeitung" von Reizen oder einer Lernsituation in Zusammenhang gebracht, z.B. wenn ein Pferd eine neue Lektion verstanden hat, etwas akzeptiert oder sich an einen neuen Reiz gewöhnt hat.

Ein bei Fohlen und jungen Pferden vermehrt gezeigtes Verhalten ist das Kauen mit offenem Maul, ohne dass das Pferd etwas frisst. Das sogenannte Senkrechtkauen wird als Unterlegenheitsgebärde eingestuft, die die Jungtiere bis zum Alter von etwa vier Jahren gegenüber älteren, sehr dominanten oder drohenden Pferden zeigen. Es wäre demnach eine Beschwichtigungsgeste. In der aktuellen Verhaltensforschung wird es auch als Unsicherheitsreaktion beschrieben.

Neben dem Kopfbereich ist der **Hals** in der kommunikativen Situation zu beachten. Hält das Pferd den Hals angespannt aufgerichtet, so hat es in der Regel etwas im Außen entdeckt, das seine Aufmerksamkeit erregt. Mit gehobenem Kopf hat es einen besseren Überblick. Eine hohe Halshaltung löst die Ausschüttung von Adrenalin aus, einem Hormon, das den Puls beschleunigen lässt und das Tier leistungsfähiger und vorübergehend unempfindlicher auf Schmerz werden lässt. Dadurch ist das Pferd fähig, nötigenfalls sofort zu fliehen, falls es in der Umgebung etwas Gefährliches entdeckt. Senkt das Pferd den Hals, wird kein Adrenalin mehr ausgeschüttet. Aus diesem Grund werden ängstliche und aufgeregte Pferde durch den Menschen zum Senken des Kopfs animiert. Den Kopf nach unten zu drücken oder gar herunterzuziehen im Moment einer Panik ist jedoch der falsche Weg, da das Pferd sich dann eingeengt fühlen kann und gegebenenfalls mit noch mehr Angst reagiert. Dem Pferd muss über lange Trainingsphasen beigebracht werden, auf einen sanften Impuls hin den Kopf abzusenken.

Beim Reiten können Schmerzen und Verspannungen der Grund für eine hohe Kopfhaltung sein, oder es handelt sich um einen Fehler in der reiterlichen Einwirkung.

Ist der Hals aufgerichtet und dabei gebogen und die Stirnlinie liegt fast an der Senkrechten, so zeigt ein Pferd Imponierverhalten. Natürlicherweise ist eine solche Halshaltung eher bei Hengsten und Wallachen zu sehen, als bei Stuten. Dadurch ist beim Reiten die Stellung des Kopfes mit erwünschter gerader Stirnlinie für Hengste und Wallache in der Regel einfacher als für Stuten.

Wird der Kopf vom Pferden gerade nach vorne–unten gestreckt mit angelegten Ohren, so zeigt es eine Drohgeste. Hengste tun es, um andere Pferde zu treiben. Dies ist von einem Strecken des Halses mit gebogener Linie in der Bewegung zum vorwärts-abwärts Strecken unter dem Reiter zu unterscheiden.

Lässt das Pferd in der Regel im Stehen den Hals hängen, dann ist es gegebenenfalls müde oder es döst und zeigt Ruhehaltung. Das tiefe Halten des Halses kann auch eine Unterlegenheitsgeste sein.

Als weiterer Körperbereich beim Pferd ist auf die Stellung der Beine zu achten. Wird ein Hinterbein nur auf der Hufspitze abgestellt, ruht das Pferd und ist entspannt. In dieser Haltung verbraucht das Pferd kaum Energie, da praktisch keine Muskeln arbeiten müssen. Die Sehnen und Bänder tragen das ganze Körpergewicht.

Hat das Pferd ein Hinterbein angehoben, dann kann es sich um eine Drohgebärde handeln und es könnte nach hinten austreten. Tänzelt das Pferd unruhig auf der Stelle, so ist es in der Regel aufgeregt. Ein weiterer Ausdruck von Ungeduld ist das Scharren mit den Vorderbeinen, dies zeigen Pferd in der Regel in Situationen, in denen sie sich nicht bewegen können. Einige Pferde zeigen es auch frei stehend, wenn sie auf Futter warten. Scharren kommt ebenfalls vor, bevor sich Pferde Wälzen und bei der Futtersuche. Auch scharren Pferde, bevor sie ins Wasser gehen. Sie testen so den Untergrund und verscheuchen Schlangen oder andere gefährliche Tiere im Wasser. Ebenso kann Scharren ein Zeichen von Schmerz oder Unwillen sein.

Ein Schlagen des Vorderbeins nach vorne heraus ist ein Imponiergehabe in der Regel von Hengsten und wird bei Pferden im menschlichen Lebensraum als Zeichen von Ungeduld gewertet.

Die Haltung des Schweifs ist ein weiteres Merkmal des Ausdrucksverhaltens. Bei einem ruhigen und entspannten Pferd ist der **Schweif** leicht angehoben und pen-

delt locker. Klemmt das Pferd den Schweif zwischen die Beine, so fühlt es sich un-
wohl und hat gegebenenfalls Angst. Schlägt es mit dem Schweif, möchte es Insekten vertreiben oder ist unzufrieden. Ein angehobener Schweif signalisiert Aufregung und beim Spiel Übermut. Allerdings ist bei der Bewertung der rassetypische
Schweifansatz zu beachten.

2.2.2 Gefühlszustände und Befindlichkeiten bei Pferden

Allgemeine Diskussion aus Wissenschaft und Forschung:
*Es ergibt sich die Frage danach, welche Stimmungszustände sowie Gefühle und Emotionen Tiere
im Allgemeinen und Pferde im Speziellen aufweisen. Gefühle und Empfindungen haben häufig
dieselben Ausdrucksformen. So schreibt bereits Theophrast (185 v. Chr.), ein Schüler Aristoteles,
in einer Abhandlung: „Auch bei den meisten Tieren finden sich Spuren jener seelischen Merkmale, die bei den Menschen deutlicher erkennbare Unterschiede aufweisen: Zahmheit und Wild-
heit, Sanftmut und Ungestüm, Tapferkeit und Feigheit, Furcht und Mut, Zorn und List, ja selbst
Eigenschaften, die sich mit Verstand und Denkkraft vergleichen lassen, sind bei vielen Tieren
anzutreffen. (...) Denn bei den seelischen Eigenschaften bestehen bloß quantitative Unterschiede
der Tiere gegenüber dem Menschen bzw. des Menschen gegenüber den Tieren." (Ullrich & Sommer, 2020, S. 24). Ebenso formuliert Plutarch (100 n.Chr.), dass Tiere menschenähnliche Gefühle
und Affekte wie Furcht, Begierde, Trauer und Freude zeigen (ebd., S.25). Philosophen aller Jahrhunderte haben sich mit den Tieren und ihrer Abgrenzung zum Menschen auseinandergesetzt
und sind zu unterschiedlichen Einsichten gekommen. Die immer wieder aufgezeigten Unterschiede und die Erhöhung des Menschen auf die oberste Stufe der Lebewesen und eine dadurch
vorgenommene Trennung von Natur, Tieren und Mensch führte dazu, dass auch in heutiger Zeit
noch Tieren Gefühle, Emotionen und Stimmungen abgesprochen werden. Der Begriff der Anthropomorphisierung hat sich gebildet, um die Vermenschlichung von Tieren zu beschreiben.
Werden Verhaltensweisen und beobachtbare Gefühlszustände bei Tieren menschlich erklärt
und interpretiert, gilt dies weithin häufig als „Vermenschlichung" und als falsch. Je mehr die
Verhaltensbiologie jedoch über die Denkprozesse bei Tieren wissenschaftlich herausfindet, umso
eher müssen wir von dem Begriff der Anthropomorphisierung zurücktreten und neu hinterfragen, was aus einem anthropozentrischen Denken heraus kategorisiert wird.   In heutiger Zeit können sich die meisten Fachleute darauf einigen, dass Tiere Grundemotionen haben:
Angst, Freude, Trauer, Liebe in Form von starker Bindung und Wut, eventuell eher im Sinne
von Aggression. Komplizierter wird es bei den Emotionen Neid und Eifersucht, jedoch werden
bei Tieren auch Verhaltensweisen solcher Zustände beobachtet. Biologisch gesehen macht Eifersucht durchaus Sinn, denn es ist ein Schutzmechanismus zur Aufrechterhaltung sozialer Bande.*

Eifersucht kommt zum Tragen, wenn sich ein anderes Lebewesen in eine bestehende Beziehung „hineindrängt" und damit das soziale Band droht zu reißen (Krüger & Marr, 2022). Natürlich bleibt die Frage offen, wie das Tier diese Gefühlszustände wahrnimmt. Sind es rein affektive Zustände, also körperlich spürbare, wie zum Beispiel Schmerzen, oder kommt eine psychische und/ oder kognitive Ebene dazu. Auch diese Teilung ist eine konstruierte, denn auch im Menschen gehen bei Emotionen und Stimmungen immer gedankliche und körperliche Prozesse Hand in Hand. Diese Lücke des Verstehens der Tiere werden wir nicht schließen können.

Die Emotionsentwicklung beim Menschen kann als Hilfestellung zur Einordnung der Befindlichkeit bei Säugetieren dienen. Bei tieferer Auseinandersetzung wird jedoch deutlich, dass die kognitive Entwicklung des Menschen im Säuglings- und Kleinkindalter andere Entwicklungsmechanismen vorantreibt als beim Tier. Nach Lewis (2008) weisen Säuglinge zunächst ein bipolares emotionales Erleben (Distress vs. Zufriedenheit) auf, welches sich zunehmend weiter differenziert und aus dem heraus sich die primären Emotionen entwickeln. Zu den Basisemotionen (Izard, 2009), deren universelles Auftreten in verschiedenen Kulturen zu beobachten ist, gehören Freude, Ärger, Traurigkeit, Angst, Überraschung und Interesse. Die ersten unterscheidbaren Emotionen treten in der Zeitspanne zwischen dem dritten bis vierten und zwölften Lebensmonat auf (Lewis, 2008) und werden begleitet von spezifischen vokalen Abfolgen und typischen Bewegungsmustern der Gesichtsmuskulatur. Die Bedeutung der kognitiven Entwicklung wird bei der Emotion Ärger deutlich: Säuglinge zeigen erstmals Ärgerreaktionen, wenn sie aufgrund ihrer kognitiven Entwicklung in der Lage sind, Erwartungen in Bezug auf Handlungsziele auszubilden und sich diese dann nicht erfüllen (Salisch, 2000). Der Ausdruck von Ärger nimmt mit neun Monaten zu. Das Erleben sogenannter selbstbezogener und sozialer Emotionen wie Stolz, Scham, Schuld, Neid oder Verlegenheit setzt nach Lewis (2008) voraus, dass das Kind sich seiner selbst bewusst ist und zur Selbstreflexion fähig ist. Für das Erleben von Stolz, Scham und Schuld ist es darüber hinaus notwendig, sozial anerkannte Verhaltensstandards und -regeln zu kennen, das eigene Verhalten zu diesen Regeln in Beziehung zu setzen und sich selbst die Verantwortung für das erfolgreiche oder fehlende Einhalten dieser Regeln zuzuschreiben. Stolz entwickelt sich bei Kinder in der Regel im zweiten bis dritten Lebensjahr, Schuld einer Studie zufolge vom zweiten bis fünften Lebensjahr (Kochanska et al., 2002). Soziale Emotionen, die sich auf andere Personen beziehen (wie Empathie) treten ebenfalls im zweiten Lebensjahr erstmals auf, wenn Kinder zunehmend in der Lage sind, zwischen ihren eigenen Gefühlen und dem emotionalen Erleben anderer zu differenzieren und die Gefühle anderer zu verstehen (Eisenberg, 2000). Empathie liegt vor, wenn Kinder auf das Erkennen von Gefühlen anderer emotional reagieren und das gleiche oder ein ähnliches Gefühl in sich selbst erleben (ebd.). Bereits Zweijährige können das emotionale Befinden anderer grob beurteilen und darauf eingehen. Empathisches Verhalten nimmt mit dem Vorschulalter zu. Die emotionale Empathie entwickelt sich aus der soge-

nannten „Affekt-ansteckung". Kommt die „Theory of Mind" als Fähigkeit hinzu, spricht man von einer kognitiven Empathie. Sind Kinder letztendlich in der Lage, komplexe soziale Situationen zu begreifen und darauf einzugehen, wird von sozialer Empathie gesprochen, die sich bis ins Jugendalter entwickeln kann.

Welche Gefühlszustände haben nun speziell Pferde? Ohne eine wissenschaftlich genaue Untermauerung kann Angst und Zufriedenheit sowie eventuell Freude und Trauer als Folge von Bindung angenommen werden. Wut im Sinne von Aggression sowie eventuell Eifersucht, als ein ebenfalls im Zusammenhang mit Bindung stehendes Gefühl.

Der Begriff der **Befindlichkeit** mit Unterscheidung in positiv, negativ und neutral ist eine einfachere Aufteilung. Die reine Verhaltensweise muss dabei immer im Kontext eingeordnet werden.

Das Brummeln eines Pferdes vor der Fütterung kann als positive Befindlichkeit gewertet werden. Dahinter steht jedoch für ein Tier, das in freier Wildbahn lebend auf das Dauerfressen ausgerichtet ist und nicht auf Futter warten muss (wie ein Jäger), eine Stresssituation. Es ist daher eine für den Menschen freundliche und damit positive Verhaltensweise, dahinter kann jedoch für das Pferd auch akuter oder chronischer Stress stehen. Ebenso können Verhaltensweisen aus dem Spiel auf verschiedene Art beleuchtet werden. Spielverhalten kann als positive Befindlichkeit gedeutet werden, jedoch scheinen Pferde in Gefangenschaft mit diesen Verhaltensweisen auch Stress abzubauen (siehe oben), der sich zuvor gegebenenfalls durch unzureichende Bewegungsmöglichkeiten oder fehlende Sozialinteraktionen aufgebaut hat. Zudem ist zu bedenken, dass sich Pferde gerne in einem ausbalancierten Gemütszustand befinden. Für sie ist wahrscheinlich positives Wohlbefinden zum Beispiel die Abwesenheit von (sozialem) Stress.

Welche Befindlichkeiten ein Pferd zeigt, kann durch das individuelle Ausdrucksverhalten analysiert werden. Bohnet (2007) beschreibt die Ausdruckselemente des Pferdekörpers wie folgt:
• Stellung des Körpers in Relation zum Partner
• Anspannungsgrad der Körpermuskulatur
• Stellung des Halses in Relation zum Körper und Anspannungsgrad der Halsmuskulatur
• Stellung des Kopfes in Relation zum Hals und zum Körper
• Stellung und Bewegung der Beine
• Stellung und Bewegung des Schweifs

Besonders hervorzuheben sind die mimischen Ausdruckselemente des Pferde, nach Bohnet (ebd.):

- Stellung der Ohren in Relation zum Kopf
- Augenpartie: Lidschluss, Bewegung der Augen
- Anspannungsgrad der Nüstern
- Anspannungsgrad der Oberlippe
- Stellung des Maulspalts
- Öffnung des Mauls
- Anspannungsgrad der Wangenmuskulatur

Aus den Beobachtungsmerkmalen lassen sich sogenannte „Displays" erstellen, die eine Befindlichkeit des Pferdes beschreiben können. Es werden die Displays Entspanntheit, Aufmerksamkeit, Irritation, Furcht/Angst, Panik, defensive und offensive Aggression beschrieben.

Im Jahr 2015 veröffentlichten Wathan et al. eine Methode zur Kodierung der pferdischen Mimik analog zur Kodierung menschlicher Gesichtsausdrücke. Das Gesichtsbewegungs- Kodiersystem (FACS) wurde 1978 von Ekman und Friesen (2002) aufgesetzt und dient seither in Forschung und Wissenschaft als Verfahren zur Beschreibung von Gesichtsausdrücken. Eine Übertragung ins Tierreich wurde bereits unternommen für Schimpansen, Rhesusaffen, Orang-Utans und eben Pferden. Das Hauptanwendungsgebiet des FACS ist die Emotionspsychologie. Jede sichtbare Bewegung der Muskeln im Gesicht werden zu Bewegungseinheiten zusammengesetzt (z.B. beim Menschen Zusammenziehen der Augenbrauen, Rümpfen der Nase, äußerer Teil der Oberlippe schräg nach außen ziehen), diese erzeugen in Kombination einen spezifischen Ausdruck, der damit eine Befindlichkeit erkennen lässt (z.B. Freude beim Menschen = angehobene Wangen, Anheben der Mundwinkel, Zusammenkneifen der Augen).

Laut Ekman gibt es 44 solcher Einheiten im menschlichen Gesichtsausdruck, die den Basisemotionen Wut, Freude, Trauer, Ekel, Verachtung, Angst und Überraschung zugeordnet werden können. Das EquiFACS (Equine Facial Action Coding System) für Pferde klassifiziert, wie sein menschliches Pendant alle möglichen Ausdrücke, zu denen ein Pferd auf Grund seiner Gesichtsmuskulatur in der Lage ist (Wathan et al. 2015). Insgesamt 17 voneinander unabhängige Bewegungseinheiten werden beim Pferd beschrieben.

Die Mimik zu lesen ist von besonderer Bedeutung, da hier kleine Stimmungsänderungen angezeigt werden. Denn nicht immer wird das Vollbild aus den von Bohnet benannten Displays gezeigt, sondern nur Anteile aus diesen, die in die Richtung der Stimmung verweisen. Besonders die kleinen Änderungen in der Mimik und Kopfregion sind daher für den Menschen ein wichtiges Verstehenselement in der Kommunikation und der Beurteilung der Befindlichkeit des Pferdes.

2.2.3 Lautäußerungen und Atmung als Kommunikationsmittel bei Pferden

Die Stimme ist auch für ein Pferd ein Kommunikationsmittel, welches sie jedoch im Vergleich zum Menschen sparsam einsetzen. Nichtsdestotrotz verständigen sie sich damit differenzierter, als man meinen könnte: Forscher der ETH Zürich haben herausgefunden, dass Pferde zweistimmig wiehern und so mitteilen, wie sie sich fühlen und wie stark diese Emotionen sind (Briefer et. al, 2015).
Je höher und lauter die tiefere Grundfrequenz beim **Wiehern**, desto aufgeregter (positiv oder negativ) ist das Pferd. Befindet sich das Pferd in guter Stimmung, z.B. wenn es ein bekanntes Pferd begrüßt, ist die zweite – die höhere – Grundfrequenz tiefer als wenn es aus Angst wiehert. Ängstliche Pferde wiehern höher und länger. Bei einem fröhlichen Wiehern senkt das Pferd meist den Kopf, während es in Angst oder Panik den Kopf hoch erhoben trägt.

Es finden sich in der Literatur unterschiedliche Beschreibungen der Lautäußerungen bei Pferden. Von Krüger & Marr (2022, S.85) werden folgende Angaben gemacht:
- Wiehern: Begrüßung, Separation, Erwartung angenehmer oder unangenehmer Situationen und Frustration
- Quietschen: aggressive Auseinandersetzungen und Abwehrverhalten
- Schreien: sehr ernste Aggression
- Stöhnen: Diskomfort und körperlicher Anstrengung
- Pusten: olfaktorische Untersuchung
- Schnarchen: kurz vor Alarm, Luftnot sowie beim Schlafen
- Schnorcheln: in Spielsituationen
- Brummeln: enger sozialer Kontakt, nahe Begrüßungen, Signal der Paarungsbereitschaft

Pferde wiehern zur Begrüßung eines bekannten Pferdes, sie rufen ebenso nach Artgenossen, wenn sie sich von einer Gruppe entfernen bzw. ein Pferd aus der Herde ruft ihnen nach. Es handelt sich dabei eher um Angstwiehern, da die Sicherheit der Gruppe nicht mehr gegeben ist. Das Ortungswiehern ist ein kräftiger und langanhaltender Laut, der zur Standortbestimmung der Herdenmitglieder dient. In der Regel wird er von einem anderen Pferd beantwortet. Stuten rufen ihre Fohlen durch Wiehern und die Fohlen können ihre Mütter am Wiehern wiedererkennen. Unter Hengsten kommt es im Kampf auch zu Kampf- und Warnschreien.

Ein weiteres Geräusch ist das sogenannte **Grummeln**. Dies ist leiser und in der Frequenz tiefer als das Wiehern. Üblicherweise wird es auf kurzen Distanzen als Willkommenssignal und Aufforderung zum Näherkommen eingesetzt. Sind Pferde gut miteinander vertraut, brummeln sie leise zur Begrüßung. Dieses Verhalten wird auch gegenüber dem Menschen beobachtet. Am häufigsten findet sich die Stimmäußerung zwischen Mutterstute und Fohlen.

Neben dem Wiehern nutzen Pferde auch das **Atmen** und **Schnauben** kommunikativ. Ein gesundes erwachsenes Pferd macht in Ruhe 8–16 Atemzüge pro Minute, dabei atmet es 6-8 Liter Luft ein und wieder aus. Die Oberfläche der Lunge bei Pferd ist extrem groß, eine der größten im Tierreich. Das Lungenvolumen beträgt bei einem Pferd von circa 500 kg 40-55 Liter. Der Atmungsapparat teilt sich in zwei Bereiche: die oberen Atemwege umfassen die äußere Nase (Nüstern), die Nasenlöcher, die paarige Nasenhöhle, die Nasennebenhöhlen, den Nasenrachen und den Kehlkopf. Pferde besitzen zudem Luftsäcke, deren Funktion allerdings noch nicht geklärt ist. Die Luftröhre, Lungen, Bronchien und Alveolen zählt man zu den unteren Atemwegen. Anders als wir Menschen können Pferde nicht durch ihr Maul atmen. Sie atmen ausschließlich durch die Nase, das heißt, sie ziehen die Luft durch die Nüstern in die Nasenhöhle.

In der Nasenhöhle wird die Luft gefiltert und gesäubert. Der Rachen ist über den Kehlkopf des Pferdes mit der Luftröhre verbunden, wobei der Kehlkopf den Luftstrom in die Lungen kontrolliert. Die Luftröhre teilt sich oberhalb des Herzens in zwei Bronchien auf, die wiederum in jeweils eine Lunge führen.

Die linke Lunge des Pferdes ist etwas kleiner als die rechte Lunge, weil sie Platz für das Herz lassen muss. Für die Mechanik des Atmungssystems sind als Muskeln zuständig: das Zwerchfell (Bauchatmung), die Zwischenrippenmuskeln (Brustatmung) sowie einige Bauchmuskeln als Atemhilfsmuskulatur. Das Zwerchfell ist der Haupteinatmungsmuskel des Pferdes. Gesteuert wird die Atmung vom vegetativen Nervensystem, das für autonom ablaufende Prozesse im Körper zuständig ist. Geraten Pferde in Stress, übernimmt der Sympathikus die Führung. Dabei handelt es sich um ein Nervengeflecht im Rückenmark, welches für Aktivierung zuständig ist. Er fährt die Durchblutung hoch und erhöht die Atemfrequenz. Bronchien und auch die Nüstern weiten sich, die Atmung wird flacher.

Die Atemkapazität lässt sich beim Pferd, dem heutigen Wissensstand nach, nicht trainieren. Die Luftmenge, die ein untrainiertes Pferd bei einem bestimmten Tempo einatmen kann, scheint sich nach einer Trainingszeit von 6 Monaten nicht zu verändern. Sie ist von Geburt an vorgegeben. Eine Leistungssteigerung kann nur durch das Herz erfolgen. So ist die Herzfrequenz eines trainierten Pferdes beispielsweise bei gleicher Anstrengung niedriger, als die des untrainierten Pferdes. Körperliches Training kräftigt die Wände des Herzens, so dass sauerstoffreiches Blut effektiver durch den Körper gepumpt werden kann.

Eine Besonderheit der pferdischen Atmung ist das **Schnauben**. Das Schnauben hat verschiedene Funktionen, rein körperliche und ebenso psychische und kommunikative. Eine wichtige physische Funktion ist das Säubern der oberen Atemwege durch kräftiges, meist kurzes Schnauben. So können Pollen oder Staub und Schleim entfernt werden (vgl. Yeon, et al, 2023; Kiley et al., 1972). Während des Trainings, besonders in höheren Gangarten oder beim Toben und Spielen, atmen Pferde tief ein, um den benötigten Sauerstoff aufzunehmen. Dabei nutzen sie ihr Lungenvolumen aus, wodurch angesammeltes Sekret ausgestoßen werden kann und durch ein Schnauben entfernt wird.

Weiterhin kann das Schnauben zur körperlichen Aktivierung beitragen. Es scheint durch ein kurzes Ausatmen zu einer Lockerung des Zwerchfells zu kommen, welches neben der Bauchmuskulatur wesentlich für die Atmung zuständig ist.

Das rhythmische Schnauben im Galopp wird ebenfalls von einigen Pferden gezeigt. In jedem Galopp-Sprung erfolgt ein kompletter Atem-Zyklus. Beim Sprung atmet das Pferd ein, bei der Landung aus. Dabei rutschen die inneren Organe gegen das Zwerchfell und die Lunge, dadurch kann es zu einem Atemgeräusch kommen.

Besonders Vollblüter haben eine dünne Nasenscheidewand, die dabei in Schwingung gerät und ein „schnorchelndes" Geräusch zu hören ist.

Neben diesen Schnaubarten zeigt das Pferd besonders häufig durch die Lockerung im Laufen sowie auch in ruhigen Momenten ein gezieltes und langes Schnauben, welches als „Abschnauben" benannt wird. Dieses dient der Lockerung des Atemtrakts und wirkt sich ebenso muskulär entspannend auf den Kiefer, Hals und den gesamten

Körper aus. Die körperliche Lockerung scheint mit einer psychischen Entspannung einherzugehen. Das Schnauben hat dabei eine stressreduzierende Wirkung. Manchmal kann ein Schnauben auch mit Schmerzen zusammenhängen, welche eventuell „weggeatmet" werden. Hier werden eher kürzere Schnauber beobachtet.

Das **Schnauben hat** neben der physiologischen **eine kommunikative und somit soziale Funktion**. Schnaubt ein Pferd entspannt ab, so signalisiert es den anderen Herdenmitgliedern, dass alles in Ordnung ist und Aktivierung abgebaut werden kann. Ebenso kann ein kräftiges, stoßartiges Schnauben (Schnorcheln) signalisieren, dass etwas nicht in Ordnung ist. Das Pferd saugt bei dieser Art des Schnaubens sehr viel Luft ein, saugt also auch Geruchsstoffen intensiv in die Nüstern hinein, um eventuell gefährliche Gerüche aufzunehmen. Dieses laute Schnauben aktiviert die Herdenmitglieder und lässt auch sie in einen Modus der erhöhten Alarmbereitschaft wechseln. Das Schnauben kann somit neben dem körperlichen Spannungszustand, Körperhaltung und Bewegung der Pferde in der Herde als wichtiges Kommunikationssignal und Synchronisations-Vermittler verstanden werden. Das Pferd drückt durch seine Art des Schnaubens etwas für die anderen Herdenmitglieder aus.

Sharon Wilsie unterscheidet in ihrem Buch „Sprachkurs Pferd" (2017) neun verschiedene **Atemtypen**:
• Begrüßungsatem: Schnauben aus der Entfernung heraus in Richtung eines anderen Pferdes oder eines Menschen, dabei ist das letzte Ausatmen meist länger.
• Willkommensatem: ein anderes Pferd oder ein Mensch wird willkommen geheißen, ein feines Weiten der Nüstern und gleichzeitig ein bewusster und sanfter Atemzug, ein Pferd „atmet" die Person ein und lädt in seinen Raum ein.
• interessierter Atem: ein Pferd zieht den Atem mehrmals kurz ein, um sein Interesse zu zeigen, so als ob es einen angenehmen Duft erschnuppern möchte.
• nährender Atem: es hört sich wie ein „Schnauben nach innen" an, Stuten benutzen diese Atmung, um ihre neugeborenen Fohlen zum Aufstehen oder Trinken zu bewegen.
• entspannender Atem: ein langes, sanftes, freundliches Auspusten, um sich gegenseitig zu entspannen, Pferde tauschen ständig Atem aus und reinigen dabei ihre Nüstern.
• Gähnen, großer Seufzer, Zitteratem: Diese Atmung benutzen Pferde um zu entspannen, sie „schnauben" eine Erfahrung fort, machen dabei die Nüstern frei und schütteln zusätzlich den Kopf: sie gähnen, um loszulassen, seufzen zustimmend

oder atmen zweimal kurz ein und anschließend lange aus („Zitteratem").

• Wächteratmen: Ein kräftiges, schnaubendes Ausatmen, verbunden mit einem Angstgefühl prusten und schnauben Pferde in Richtung einer vermutlichen Gefahr.

• Trompeten: Es klingt wie das Tröten eines Elefanten, Pferde tun dies selten, aber es kommt vor, wenn sie von Freunden getrennt werden oder etwas Unbekanntes ihnen Angst macht.

• bewusstes Atmen: Ein entspanntes Pferd atmet tief, sodass sich sein Bauch ausdehnt.

In einer Studie von Stomp et al. (2018) wurde die Hypothese aufgestellt, dass bei Pferden das Schnauben mit einem positiven emotionalen Zustand zusammenhängt bzw. Gefühlszustände damit moduliert werden. Dabei unterscheiden sie in Schnauben, Schnorcheln und Blähen, wobei nur das Schnauben mit dem positiven Gemütszustand in Verbindung gebracht wird. In der Studie wurden Pferde aus unterschiedlichen Haltungsbedingungen und mit unterschiedlichen psychischen Grundbefindlichkeiten beobachtet. Die Häufigkeit des Schnaubens unterschied sich bei den Pferden nicht im Hinblick auf Geschlecht oder Alter. Der Ort machte einen signifikanten Unterschied. So schnaubten Pferde, die aus Boxenhaltung kamen, auf der Weide mehr als in ihrer Box. Am meisten Schnauben wurde während der Fressphasen aufgezeichnet. Schnauben wurde nie in Kombination mit einer Verhaltensauffälligkeit, wie das Anstarren einer Wand, stereotypen Bewegungen oder aggressivem Verhalten gezeigt, sondern neben dem Fressen noch bei langsamer Bewegung oder in ruhiger Beobachtung in der Box stehend. Die Pferde hatten beim Schnauben immer die Ohren nach vorn oder seitwärts ausgerichtet. Weiterhin wurde nach dem Wälzen geschnaubt. Bei Wechsel der Weide wurde bis zu zehnmal mehr geschnaubt. In der Studie wurden Pferde einbezogen, die in Boxenhaltung mit nur einer Stunde außerhalb des individuellen Stalls gehalten wurden, einer Gruppe, die in Boxenhaltung jedoch mit 6 Stunden Weidezeit lebten und einer Gruppe, die in Gruppenhaltung auf der Weide untergebracht waren. Die Pferde, die nur in der Box lebten, schnaubten insgesamt signifikant seltener im Vergleich zu den anderen beiden Gruppen. Weiterhin zeigte die Studie den Befund, dass eine hohe Schnaubrate auf der Weide mit einem niedrigeren Aggressionsverhalten zwischen den Pferden und zum Menschen zusammenhing, ebenso wie mit einer geringeren Rate an Verhaltensauffälligkeit bei den Pferden, die im Stall untergebracht waren. Das Forscherteam schlussfolgert aus den Befunden eine positive Befindlichkeit bei Pferden, wenn sie schnauben.

2.3 Regulationsmechanismen beim Pferd: Bewegung, Körperkontakt und Atmung als zentrale Elemente

Die Mechanismen der Regulation von Stress, Befindlichkeiten und gegebenenfalls Emotionen bei Pferden sind von besonderer Bedeutung für die Pferdegestützte Therapie und Pädagogik, da Pferde in diesem Einsatzbereich sehr vielen Stimmungen und psychischer Unreguliertheit bei den mit ihnen interagierenden Menschen ausgesetzt sind.

Pferde können ihre Befindlichkeit auf unterschiedliche Arten modulieren. Grundsätzlich sind Pferde bestrebt, sich in einen ausgeglichenen Zustand zu bringen, indem sie ihre Grundbedürfnisse erfüllen (Trinken, Fressen, Wälzen, Kratzen, Schlafen, Bewegung etc.). Sie zeigen regulierende Verhaltensweisen im Bezug auf Artgenossen (wie zum Beispiel sich Raum verschaffen durch kurzes aggressives Verhalten gegenüber einem Artgenossen) und nutzen verschiedene Regulationsmechanismen (über Atmung und Bewegung).

Pferde zeigen verschiedene Verhaltensweisen zur Regulation, wenn Sie zum Beispiel räumlich in Bedrängnis geraten oder sehr begrenzte Haltungsbedingungen Stress bereiten. Häufig nutzen sie hierzu **Bewegung** - sie verschaffen sich Platz gegenüber Artgenossen durch (kurze) aggressive Attacken oder sie zeigen stereotype Bewegungsmuster (z.B. Weben oder Koppen). Dabei ist zu bedenken, dass Bewegung in der Gruppe, in welcher zeitgleich auch Kommunikation zu Artgenossen stattfindet, die natürliche Regulation darstellt. Das Pferd bewegt sich in der Natur nur selten allein, sondern aktiviert in der Regel Artgenossen. Auch schnellere Gangarten werden zumeist zusammen mit anderen Pferden gezeigt.

Als weitere Regulation und auch Selbstberuhigungstechnik nutzt das Pferd das Kauen auf Gegenständen, Bewegung des Kiefers, Schütteln des Kopfs oder auch Schlagen mit dem Schweif. Diese Verhaltensweisen werden von Pferden gezeigt, wenn sie Stresssituationen ausgesetzt sind. Sie können kurzfristig zu einer Regulation beitragen, grundsätzlich wird das Pferd jedoch vermeiden, wieder in eine solche Auslösesituation zu geraten.

Pferde geben sich innerhalb der Gruppe **gegenseitig Hilfestellung in der Regulation**. Sie suchen beispielsweise die Nähe ihrer Artgenossen, besonders die der befreundeten Pferde. Dabei wird teilweise auch direkter Körperkontakt gesucht.

Als weitere Strategie zur Regulation nutzen Pferde sogenannte „**Übersprungshandlungen**". Sie lenken sich ab, indem sie sich auf andere Dinge fokussieren (schauen aus dem Fenster der Reithalle, erschrecken sich vor einem „Gespenst", Scharren auf dem Boden, schlagen mit dem Kopf, gähnen) oder zeigen eine Verhaltensweise (z.B. einen Seitengang oder „Spanischen Schritt"), die sie gut können. Dies wird nicht nur gezeigt, wenn besonders anstrengende Aufgaben abgefragt werden, sondern vor allem dann, wenn das Pferd die Aufgabe nicht versteht (Krüger & Marr, 2022, S.173). Das Pferd versucht, mit der Situation umzugehen und zeigt dabei Verhalten, welches scheinbar nicht zur Situation passt. Wichtig ist, diese Übersprungshandlungen zu erkennen und das Pferd aus seiner misslichen Situation heraus zu holen. Die Aufgabe sollte geändert und die Situation zukünftig überdacht werden, in denen diese Reaktionen auftreten.

Als das für die Pferdegestützte Therapie und Pädagogik bedeutsamste Element der Regulation beim Pferd soll die **Atmung** ausgeführt werden, auf die im letzten Kapitel bereits eingegangen wurde. In einer Studie von Scopa et al. (2018) wurde untersucht, wie Pferde auf einen neuen, beängstigenden Reiz reagieren, um wieder in einen homöostatischen Zustand zu gelangen. Es wurden Schnauben und Schnorcheln, Leerkauen, Schütteln und Flucht als Merkmale in diesem „Stresstest" erhoben sowie die Herzrate und die Herzratenvariablität als physiologische Marker für Stress. In der Studie zeigte das Schnauben eine Veränderung auf die physiologischen Marker im Sinne einer Entspannung und das Schnauben veränderte sich über die Zeit. Ebenfalls wurde das Leerkauen bei den Pferden von den Wissenschaftlern als stressverarbeitend gewertet. Als Herzratenvariabilität wird die Variation der Zeiten zwischen aufeinanderfolgenden regulären Herzschlägen bezeichnet. Sie wird als Indikator für die Fähigkeit gesehen, den Organismus an körperliche und mentale Anforderungen anzupassen und gilt als physiologischer Marker für Stress versus Entspannung.

Wie im vorherigen Kapitel beschrieben, gibt es verschiedene Arten des Atmens und Schnaubens bei Pferden. Es kann davon ausgegangen werden, dass Pferde über langes, tiefes Schnauben in einen ruhigeren Zustand kommen und sich selbst durch diese Form von Schnauben regulieren.

2.4 Wahrnehmung, Denkprozesse, Gedächtnis und Aufmerksamkeit beim Pferd

Um Pferde und ihr Verhalten besser verstehen und einschätzen zu können, sollte man ihre Sinneswahrnehmung berücksichtigen. Hierzu liegen bereits viele Befunde vor. Das Gedächtnis bei Pferden und ihre Denkprozesse werden erst in jüngerer Zeit intensiver erforscht. Für die Pferdegestützten Interventionen sind zudem noch die Aufmerksamkeitprozesse von besonderer Bedeutung.

2.4.1 Sinnesorgane und Wahrnehmungsverarbeitung bei Pferden

Hören: Pferde besitzen ein sehr gutes Gehör. Sie hören allerdings die tiefsten Töne nicht, die wir hören können, dafür nehmen sie Töne im Ultraschallbereich wahr, also hohe Töne. Ihre Ohren sind sehr beweglich, sodass sie diese unabhängig voneinander in praktisch alle Richtungen drehen können.

Sehen: Sehen ist für ein Fluchttier überlebenswichtig und damit eine besonders bedeutende Wahrnehmungsqualität. Pferde sehen in der Dunkelheit mehr als wir. Das Pferd kann Entfernungen weniger gut einschätzen, als der Mensch, denn sie verfügen durch die seitlich liegenden Augen über ein anderes Sichtfeld als der Mensch. Ein Pferd hat beinahe Rundumsicht, es kann ein mögliches Raubtier schon von weitem erkennen.
Am schärfsten sehen Pferde Dinge, die sich kurz vor ihrer Nase befinden. Dreidimensional können Pferden nur in einem Winkel von etwa 70° sehen, wenn das Objekt mit beiden Augen wahrgenommen werden kann. Pferde haben zur Farbwahrnehmung nur zwei Zapfenarten im Auge. Die Farbe rot können sie nicht erkennen. Die anderen Farben nehmen sie als Pastelltöne zwischen braun, gelb, blau und grau wahr. Zapfen, die für die Aufnahme der Helligkeit zuständig sind, besitzen Pferden mehr als Menschen und können so in der Nacht deutlich besser sehen. Allerdings braucht das Auge des Pferdes länger, um sich an Dunkelheit zu gewöhnen. Daher geht es ungern vom Hellen ins Dunkle, da der dunklere Ort zuerst als schwarz wahrgenommen wird.

Riechen: Pferde haben einen sehr feinen Geruchssinn und dieser spielt für das

Pferd eine bedeutende Rolle. Die Riechschleimhaut ist sehr groß und übersät mit Rezeptoren, zudem können die großen Nüstern Gerüche aus verschiedenen Richtungen wahrnehmen und sie orten. Es wird vermutet, dass Pferde z.B. Wasserstellen auf bis zu zwei Kilometer Entfernung riechen können. Gerüche haben einen sehr großen Einfluss auf ihr Gefühlsleben. So kann ein Geruch bei einem Pferd Angst auslösen und die Sympathie zwischen Pferden wird insbesondere vom Geruch bestimmt. Der Geruch dient wesentlich zur Identifikation einzelner Gruppenmitglieder und daher beriechen sich Pferde zur Begrüßung intensiv. Geruchsspuren geben wichtige Informationen über Geschlecht, Hormonstatus oder Gesundheit. Besonders Exkremente (Kot, Urin) anderer Pferde werden daher sehr intensiv untersucht. Beim Aufnehmen von Duftspuren wird häufig geflehmt. So werden die Duftstoffe besonders schnell in das Gehirn geleitet und im limbisches System verarbeitet. Im Falle von Feinden (Raubfeinde oder Konkurrenten der gleichen Art) können Duftspuren Informationen über die Art des Feindes zu Distanz und Richtung geben und so ergänzend zu möglichen Geräuschen oder dem bloßen Anblick wirken. Weiterhin schützt der Geruchssinn natürlich vor Giftstoffen. Pferde können Blutgeruch erkennen und reagieren mit Abwehr darauf.

Tasten und **Schmecken**: Das Pferdemaul ist sehr sensibel und nicht nur für die Nahrungsaufnahme und das Schmecken zuständig, sondern gleichfalls für das Tasten. Das Maul ist sozusagen die Hand des Pferdes. Tasthaare helfen dem Pferd, selbst sehr kleine Fremdkörper aus seinem Futter heraus zu sortieren. Das Pferd schmeckt, so wie der Mensch, süß, salzig, sauer und bitter.

Taktile Reize: Die erwähnten Lippen und Tasthaare sind die sensibelste Region am Pferdekörper mit besonders vielen Rezeptoren. Selbstverständlich liegen auch am restlichen Körper Rezeptoren in der Haut, so dass Pferde Druck, Berührung, Dehnung, Vibration, Temperatur und Schmerzreize wahrnehmen. Auch bei Pferden kann es zu einer Störung in der Wahrnehmungsverarbeitung kommen, so können sie auf einzelne Informationen besonders sensibel (hypersensibel) oder gar nicht oder kaum (hyposensibel) reagieren.

2.4.2 Aufmerksamkeit und Konzentration, Gedächtnis, Objektpermanenz und Ich-Identität bei Pferden

Über die Kognition bei Pferden, also die Denkprozesse, ist wissenschaftlich bisher noch nicht so viel bekannt, hier besteht deutlicher Forschungsbedarf (Brubaker & Udell, 2016). Für die Pferdegestützten Interventionen sind die Faktoren Abstraktionsgrad beziehungsweise Übertragbarkeit von Lerninhalten, Gedächtnis, vorausschauendes Denken sowie Ich-Verständnis besonders interessant. Weiterhin ist die Aufmerksamkeitsfähigkeit und Konzentration ein wesentliches Element für ein Tier, welches vom Menschen in Aufgaben eingebunden wird.

Bei der Ausbildung von Pferden ist es grundsätzlich wichtig, die Konzentrationsfähigkeit des Pferdes zu beachten. Arbeitet man über die **Konzentration** bzw. die mögliche Aufmerksamkeitsspanne des Pferdes hinaus, wird dieses nicht mehr in der Lage sein, zu lernen. Ein Pferd kann sich je nach Alter und Ausbildungsstand zwischen zehn und zwanzig Minuten konzentrieren, danach sollte eine Pause folgen oder die Arbeit beendet werden (Kreinberg, 2007). So wie Überforderung zu einem Abbau der Aufmerksamkeit und Konzentration führt, so kann dies auch bei Unterforderung geschehen. Ein Pferd, das sich langweilt, ist ebenfalls nicht länger konzentriert. Konzentrationsfähigkeit bzw. Aufmerksamkeit lässt sich beim Pferd schulen, so dass die Phasen für Daueraufmerksamkeit verlängert werden können.

Pferde sind in der Lage, Erfahrungen aus einer Situation auf eine folgende zu übertragen, wobei sie natürlich kleine Änderungen der Situation wahrnehmen und dann entsprechend auf das Detail anders reagieren können. Inwieweit Pferde abstrahieren und von einer Situation auf eine andere übertragen können, ist wissenschaftlich noch nicht geklärt. Selbstverständlich können bei allen Säugetieren Ähnlichkeiten in Situationen das gleiche Verhalten auslösen, sonst wären Tiere nicht überlebensfähig. Somit kann von einer gewissen Übertragung von einer auf andere Situationen ausgegangen werden. Wesentlich ist in diesem Zusammenhang das Kurz- und Langzeitgedächtnis sowie die Objektpermanenz.

In einer Studie von Hanggi (2001) konnten Pferde ein dreidimensionalen Objekt wiedererkennen, auch, wenn es nur auf einem Foto präsentiert wurde. Weiterhin zeigte eine Studie von Christensen et al. (2011), dass Pferden dieselbe Farbe wiedererkannten und darauf reagierten, auch wenn die Form des Objekts sich unterschied. Die Wiedererkennung gelang bei unterschiedlicher Farbe und gleicher

Form nicht.

Die Ergebnisse verschiedener Studien zum **Kurzzeitgedächtnis** fallen nicht einheitlich aus, es scheint, als würden Pferde für 10 bis 30 Sekunden Dinge von Interesse (Futter) im Gedächtnis behalten. Das **Langzeitgedächtnis** scheint gut zu funktionieren. So konnten verschiedene Studien eine Langzeitgedächtnisleistung von 2 Monaten, 6 Monaten (McGreevy, 2004) bis zu 10 Jahren (Haggi & Ingersol, 2009) aufzeigen. Es kann davon ausgegangen werden, dass Pferde daher problemlos Artgenossen, andere Lebewesen, Gegenstände und auch Orte nach vielen Jahren wiedererkennen.

Im Pferdetraining wird immer wieder darauf hingewiesen, dass Pferde Gegenstände von beiden Seiten sehen sollten, da ihre Gehirnhälften nicht so gut verschaltet sind wie beim Menschen. Ebenso, wie im menschlichen Gehirn, verbindet das Corpus callosum die rechte und linke Hemisphäre des Gehirns beim Pferd. Eine Studie von Hanggi (2005), bei der Pferden ein Auge verbunden wurde und sie lernten, einen Gegenstand unter mehreren Objekten zu erkennen, erkannten diesen später mit dem anderen Auge gleich gut, wie mit dem unverbundenem Auge. Es findet also ein Informationsaustausch zwischen den beiden Hemisphären statt. Trotzdem erschrecken sich Pferde oft vor einem Gegenstand, den sie zuvor nur mit einem Auge sehen konnten. Dies könnte an einer anderen Ausrichtung des Gegenstandes liegen, welches für das Pferd dann schon wieder als neu bewertet wird. Eine Präsentation von Reizen auf beiden Seiten ist daher nötig, um wirkliche Gelassenheit auf einen Reiz aufzubauen.

Unter **Objektpermanenz** versteht man die Fähigkeit, eine Repräsentation eines Objekts aufzubauen und im Gedächtnis zu behalten, auch wenn das Objekt nicht mehr sichtbar ist. Nach der Entwicklungstheorie von Jean Piaget dauert Entwicklung der Objektpermanenz beim Kind rund 24 Monate. Gesund entwickelte Kinder suchen nach dem achten Lebensmonat nach Objekten und Lebewesen, die sie nicht mehr sehen (Ginsburg & Opper. 1969). Sie kommen in diesem Stadium der kognitiven Entwicklung noch nicht auf den Gedanken, dass das Gesuchte sich an einem anderen Ort befinden könnte. Erst ab dem 12.Lebensmonat beginnen Kinder auch an anderen Orten zu suchen. In Bezug auf die Entwicklung der Objektpermanenz scheinen sich Pferde auf der Stufe eines achtmonatealten Kindes zu befinden (Baragli et al., 2011). Auch Esel und Hunde zeigen eine eingeschränkte Objektpermanenz. Nur wenige Hunde sind in der Lage, wenn Futter an einem Ort für sie sichtbar versteckt wurde, auch an einem anderen Ort danach zu suchen (Miller et al., 2009, Baragli et al., 2011). Katzen dagegen haben eine gut entwickelte Objektpermanenz, sie haben das Verständnis bereits nach wenigen Lebenswochen, dass ein Beutetier auch noch existiert, wenn sie es nicht sehen. Und sie suchen auch an einem möglichen anderen Ort nach dem versteckten Futter (Tirana & Pasnak, 1981).

Objektpermanenz ist eine kognitive Fähigkeit, die sich auch emotional-sozial auswirkt. Nur mit einer Objektrepräsentanz, die aufrecht erhalten bleibt, kann sichere Bindung entstehen. Das Wissen des Kindes, dass die Eltern auch noch da sind, wenn sie sie nicht sehen, führt zu einem sicheren Bindungserleben. Ist die Objektpermanenz (oder auch nach Sigmund Freud als Objektkonstanz beschrieben) nicht ausreichend aufgebaut, so hat das Kind Verlustangst bei Trennung. Nur eine gut entwickelte Objektkonstanz führt dazu, sich beim zeitweisen Allein Sein nicht einsam zu fühlen. Bei Tieren lassen sich individuell auch Unterschiede in der Objektkonstanz im Sinne von sicherer Gebundenheit an Artgenossen feststellen. Es kann beobachtet werden, dass einzelne TIere nicht ohne die Gruppe bleiben können und andere Individuen damit deutlich weniger Schwierigkeiten zeigen. Eine nicht ausreichend sicher aufgebaute Objektkonstanz wird beim Menschen mit Bindungstraumata in Zusammenhang gebracht. Dieses Konzept wurde bei Tieren noch nicht überprüft.

Als letzter Punkt zu kognitiven Fähigkeiten bei Pferden soll noch auf die **Ich-Identität** eingegangen werden, die in jüngerer Zeit auch bei Pferden diskutiert wird. 2021 lieferte eine Pilotstudie einen ersten Hinweis darauf, dass Pferde sich selbst im Spiegelbild erkennen können (Baragli et al. 2021). In der Studie wurden Pferde mit einem Spiegel konfrontiert. Einige Pferde waren über mehreren Sequenzen hinweg zu unruhig und wieherten das Spiegelbild als „fremdes" Pferd an. Sie wurden aus der Gruppe ausgeschlossen. Die anderen Pferden erkundeten den Spiegel. Die Forscher*innen malten dann ein rotes Kreuz auf die eine Backe des Pferdes, auf die andere kam ein Kreuz mit transparenter Farbe, damit später eingeschätzt werden konnte, ob sie auf die Farbe oder den taktilen Reiz reagiert haben. Die Pferde drehten vor dem Spiegel stehend ihren Kopf so, dass sie das rote Kreuz inspizieren konnten. Einzelne Pferde versuchten sich das Kreuz abzureiben. Die Seite mit dem transparenten Kreuz interessierte die Pferde nicht. Dies ist somit ein erster Hinweis, dass Pferde sich selbst im Spiegel erkennen können. Zur Zeit fehlen weitere Untersuchungen, die den Befund bestätigen.

Besonders Fachkräfte Pferdegestützter Interventionen sollten sich regelmäßig über weitere Befunde zu Denkprozessen bei Pferden, Bewusstsein und Ich-Identität informieren, um noch besser zu verstehen, was ihr Therapiepartner in der Interaktion mit dem Menschen und den gemeinsamen Situationen verstehen kann und wahrnimmt.

2.5 Lernverhalten bei Pferden

Der Mensch und einige andere Tierarten, wie z. B. Primaten und vermutlich auch einige Krähenvögel und Delphine, können durch Einsicht lernen. Dies bedeutet, sie sind in der Lage eine Gesamtsituation zu erfassen und auf eine komplexe Problemlösung zu kommen. Das Lernen durch Einsicht unterscheidet sich vom Lernen durch Versuch und Irrtum. Problemlösung wird nicht durch Ausprobieren, sondern durch Nachdenken erreicht. Köhler führte 1963 einen Versuch mit Schimpansen durch: Eine Banane wurde in das Gehege der Affen gehängt – in einer Höhe, die für die darin lebenden Tiere nicht erreichbar war. Ein Schimpanse versuchte zunächst durch Springen an den Leckerbissen zu gelangen. Nachdem er dieses Verhalten erfolglos aufgab, setzte er sich und beobachtete die Situation: In dem Käfig befanden sich auch einige Kisten. Plötzlich sprang das Tier auf und stellte sich eine Kiste unter die Banane. Köhler unterstellte dem Tier hier eine Problemlösungsphase, die zur Einsicht führte.

Bei Pferden wird zur Zeit noch nicht davon ausgegangen, dass sie zum Lernen durch Einsicht in der Lage sind. Pferde lernen nach Aguilar (2004) ausschließlich durch folgende Lernformen:

a) Gewöhnung oder Habituation
Unter Habituation versteht man folgendes Lernmuster: Wird ein Reiz wiederholt ohne negative Folgen erlebt, nimmt die Reaktionsstärke auf den Reiz ab. Der Organismus gewöhnt sich an den Reiz, möglicherweise zuvor gezeigte Angst oder Unbehagen auf den Reiz baut sich ab. Unter Reizüberflutung (Flooding) versteht man die anhaltende Präsentation eines Angst auslösenden Reizes bis zum Nachlassen der Angst. Diese Methode sollte im Training mit Tieren nur mit genügend Erfahrung angewendet werden und immer die Möglichkeit der Verletzung des Tieres ausschließen. Gerät das Tier in Panik und kommt es dadurch zu Verletzungen, wird die

Angst verstärkt. Weiterhin kann das Tier die Situation mit dem Menschen und mit dem Ort in Verbindung bringen, so dass dies als gefahrvoll abgespeichert wird. Da Pferde ein gutes Langzeitgedächtnis haben, können sie sich noch nach Monaten bis Jahren an die Situation zurückerinnern und dann gegebenenfalls mit Angst oder Abwehr reagieren.

b) Klassische Konditionierung

Bei der klassischen Konditionierung wird ein neutraler Reiz zu einem positiven oder negativen Reiz und löst eine damit verbundene Reaktion aus. Ein unkonditionierter Stimulus (US), z. B. Futter, löst eine unkonditionierte Reaktion (UR) aus, z. B. Speichelfluss. Wird der US wiederholt mit einem konditionierten Stimulus (CS), z.B. Klappern des Futtereimers, kombiniert, löst nach mehrmaliger Wiederholung schon der CS alleine die nun konditionierte Reaktion (CR) aus. Der neue Reiz, der wiederholt z. B. das Futter ankündigt, wird also zum Auslösemechanismus für die Reaktion (schon Klappern des Futtereimers löst Speichelfluss aus).

c) Operante Konditionierung

Unter der operanten Konditionierung versteht man das Lernen einer Verhaltensweise durch positive und negative Verstärkung. Sie stellt die wichtigste Lernform in der Ausbildung bei Tieren dar. Bei der operanten Konditionierung werden gezeigte Verhaltensweisen durch positive Verstärker (z. B. Lob, Leckerli, Wegnehmen von Druck) bekräftigt und durch negative Verstärker (z.B. Strafe) abgeschwächt. Das Pferd kann nur dann eine Verknüpfung zwischen seinem Verhalten und dem Lob oder der Strafe herstellen, wenn diese zeitlich (im Sekundenbereich!) verknüpft sind. Im Umgang mit Pferden sollte daher immer genau überlegt werden, wann das Pferd gelobt oder bestraft wird.
Beispiel: Ein Pferd läuft weg und wird bestraft, sobald der Mensch es eingefangen hat. Dabei würde das „Sich-wieder-einfangen-lassen" bestraft und nicht das „Weglaufen".

d) Nachahmung

Bei der Nachahmung ahmt das Tier optisch oder akustisch wahrgenommene Verhaltensmuster eines Artgenossen nach. Vor allem Nachkommen ahmen in vielen Situationen (z.B. bei der Auswahl geeigneter Futterpflanzen) das Verhalten ihrer Mutter nach. Aber auch in Angstsituationen orientieren sich viele Tiere am Verhalten erfahrener Artgenossen. Nachahmung kommt besonders bei Pferden als soziale Herdentiere eine Bedeutung zu, so schließen sie sich häufig an die Verhaltensweisen ihrer Artgenossen an, da dies für den Zusammenhalt in einer Herde von Bedeutung ist.

e) Prägung

Spezifische Erfahrungen in einer für die Art typischen, sensiblen Phase, führen zu irreversiblen Veränderungen des Verhaltens. Bei Pferden gehört dazu die Objektprägung, bei der das Fohlen in der ersten halben Stunden bis zu den ersten zwei Tagen nach der Geburt (sensible Phase) über akustische, visuelle und olfaktorische Sinneseindrücke seine Mutter und somit die eigene Art kennen lernt. Vorsicht ist bei Handaufzuchten und zu engem Kontakt des Menschen mit dem Fohlen in den ersten Stunden geboten. Hier kann es schnell zu einer Fehlprägung kommen, da sich das Fohlen am ersten großen, dunklen Objekt orientiert, das ihm begegnet. Prägung ist im Gegensatz zu anderen Lernformen irreversibel. So erworbene Verhaltensweisen sind unauslöschbar. Neben der Objektprägung, also z.B. der Prägung auf einen Artgenossen, gibt es beispielsweise auch noch die sexuelle Prägung und die Futterprägung.

KAPITEL 3

3. Verhalten des Pferdes gegenüber dem Menschen

Im vorherigen Kapitel wurde eine Vielzahl von Aspekten für ein besseres Verständnis pferdischer Verhaltensweisen und Grundbedingungen im Rahmen von biologisch vorgegebenen Funktionskreisläufen, der Verarbeitung von Reizen, Lernverhalten und Ausdruckselementen herausgearbeitet. Es soll nun ein weiterer Fokus darauf gelegt werdem, wie Pferde ihr Verhalten und eventuell auch ihre Wahrnehmungs- und Denkstruktur verändern, wenn sie in menschlich geprägten Umgebungen leben, also mit einer menschlichen Zivilisation und für sie unnatürlichen Lebensbedingungen konfrontiert sind. Hinzu kommen die tägliche Auseinandersetzung mit menschlichen Verhaltensweisen und Kommunikationssituationen, die stark vom Menschen gesteuert werden. Ihre Nutzung als Reit- oder Arbeitspferd bringen weitere Anforderungen mit sich. Die von Menschen gemachte Umwelt wirkt sich auf die darin lebenden Tiere aus – wie sich dies auf die Tiere spezifisch auswirkt wurde bisher wenig erforscht. Was immer deutlicher wird ist, dass viele Verhaltensstörungen aus der von Menschen gemachten Umgebung, den Haltungsbedingungen und einem falschen Umgang resultieren.

Für Pferde, die in Therapie und Pädagogik eingesetzt werden, ist es unablässig, dass eine möglichst tiergerechte und an die Verhaltensweisen der Tierart angepasste Umgebung gegeben ist, so dass die grundlegenden Verhaltensweisen, die dem Tier positiv innewohnen, genährt werden.

Für die Pferdegestützten Interventionen ist es interessant, wie sich das Pferd in der **interspezifischen Auseinandersetzung gegenüber dem Menschen** verhält und mit diesem interagiert. Die kommunikativen Verhaltensweisen von Pferden, wie sie in den vorherigen Kapiteln beschrieben wurden, zeigen Pferde intraspezifisch (also innerhalb ihrer Art). Sie zeigen diese selbstverständlich auch gegenüber dem Menschen, denn sie reagieren im Rahmen ihres natürlichen Verhaltensrepertoires. Jedoch zeigen sie nicht alle Verhaltensweisen, wie zwischen Pferden (z.B. quietschen und treten sie nicht, wenn sie einen neuen Menschen kennenlernen, auch nicht, wenn sie mit uns Nase-zu-Nase einen Erstkontakt aufnehmen) und es ist interessant zu verstehen, ob Pferde gegenüber dem Menschen gegebenenfalls auch neue Verhaltensweisen ausbilden oder in welchem „Schema" sie „antworten".

Nehmen wir nicht auch wahr, dass Pferde häufig sehr individuell reagieren, je nachdem, welche Eigenschaften der Mensch mitbringt? Wie begreift das Pferd den Menschen rein in seiner Körperlichkeit, also Statur, Kraft, inneren Energie oder Körperpositionierung? Woran erkennt ein Pferd einen Menschen wieder? Sieht es den Menschen gleichwertig zu Artgenossen, sozusagen als Gruppen- oder Herdenmitglied? Wie nimmt es Gefühle des Menschen wahr? Kann es unsere Mimik lesen?

Viele Fragen können aus der bestehenden Literatur und Forschung heraus nicht beantwortet werden. Das folgende Kapitel trägt den Wissensstand zusammen und stellt weitere Hypothesen und Annahmen auf, die relevant erscheinen für die Arbeit mit Pferden in Therapie und Pädagogik.

3.1 Auswirkungen der Domestikation und Zucht auf Pferde

Mit der Domestikation durch den Menschen vor ca. 7000 Jahren unterlag die Entwicklung des Pferdes nicht weiter der natürlichen Selektion, sondern der Selektion durch den Menschen in Bezug auf verschiedene Zuchtziele. Dadurch kam es zur Entstehung unterschiedlicher Rassen, mit unterschiedlichsten Exterieur- und Interieurmerkmalen (Mills, 2004). Die bereits beschriebenen artspezifischen Verhaltensweisen sind als Grundelemente selbstverständlich in allen Rassen zu finden, jedoch kann die Ausprägung sehr unterschiedlich ausfallen.

Domestikation ist die Isolierung einer Tierart und ihre genetische Beeinflussung. Durch das Leben des Tiers im Nahbereich des Menschen kommt es zur Gewöhnung des Tiers an die Bedingungen. Die Zucht wird vor allem die Modifikation der Flucht- und Verteidigungsreflexe ausgerichtet und auf die Etablierung nutzbarer Verhaltensweisen und äußerer Merkmale.

In der Forschung an Silberfüchsen in den 1960er Jahren durch den russischen Genetiker Dimtri Konstantinowitsch Beljajew wurde zum ersten Mal aufgezeigt, dass die Domestikation sogenannte „Genkaskaden" auslöst. Das sind sequentielle Aktivierungen von Genen oder ganzen Gengruppen, so dass es zu einer Reihe von Veränderungen kommt und nicht nur zu einer einzelnen Mutation. Des Weiteren verfolgte man daraufhin die Theorie, dass der signifikant niedrigere Adrenalinspiegel domestizierter Tiere bestimmte Gene aktiviert, die in freier Wildbahn durch ständigen Stress, also durch hohe Adrenalinspiegel, unterdrückt beziehungsweise deaktiviert sind. So können die Lebensumstände der Tiere in nur wenigen Generationen zu einer deutlichen Veränderungen in der Äußerlichkeit und im Verhalten von Tieren führen. Werden diese nun selektiv weiter gezüchtet, wird sozusagen eine Evolution im Zeitraffer durchgeführt. Interessant ist, dass mit der Aktivierung einzelner Gene, gewisse Verhaltensweisen mit äußeren Merkmalen (z.B. Fellfarbe, Haarwachstum) zusammenhängen können. Bei den Silberfüchsen stellte man neben einer äußerlichen Veränderung fest, dass sie anfingen, mit dem Schwanz zu wedeln, wie Hunde! Neben der Ausprägung bestimmter Merkmale, wie zum Beispiel einer bestimmten Größe oder Farbe, können zugleich andere, auch unerwünschte Merkmale, wie zum Beispiel eine erhöhte Wahrscheinlichkeit für bestimmte Erkrankungen, auftreten.

Die Domestikation der Pferde fand, dem momentanen Wissensstand nach, vor gut 4.500 Jahren im Süden Russlands statt, in der Wolga-Don-Region (Librado et al., 2021). Genetische Studien haben nachgewiesen, dass noch vor ungefähr 5.000 Jahren unter den domestizierten Pferden eine große genetische Vielfalt bestand. Diese nahm jedoch stark ab, als die Menschen damit begannen – basierend auf für sie nutzbaren Eigenschaften wie Ausdauer, Folgsamkeit und Kraft – bestimmte Tiere für die Zucht auszuwählen. Diese Auslese brachte die Pferde hervor, die wir heute kennen. Sie verbreiteten sich dann „explosionsartig" über ganz Eurasien und die anderen Pferdearten verschwanden (ebd.). Es setzten sich demnach die heutigen lebenden „Hauspferde" durch. Auch die frei lebenden Pferde weltweit sind domestizierte Hauspferde.

3.2 Veränderung kognitiver Prozesse und Verhaltensweisen beim Pferd im menschlichen Umfeld

Aus dem Wissen zur Domestikation und Zucht kann gefolgert werden, dass das Pferd sich über die lange Domestikationsphase in gewisser Weise auf das Zusammenleben mit dem Menschen eingestellt hat und die Möglichkeit der interspezifi-

schen bzw. Inter-Spezies-Kommunikation ausgebildet hat. Das Pferd zeigt Interesse am Menschen, was sich aus seinem Neugierverhalten entwickelt haben kann. In einem Fachartikel von Maries & Franzin (2021) wird postuliert: „**Horses appear to be better at perceiving human actions than humans are at perceiving theirs**".
In der Abhängigkeit zum Menschen lernt das Pferd schnell, dass der Zugang zur Nahrung durch den Menschen gesteuert wird. Dies führt zu einer erhöhten Ausrichtung auf den Menschen. Besonders im Zusammenhang mit Nahrung, jedoch auch in Lernsituationen des Erkundens von Reizen, scheinen Pferde den Menschen als Sozialpartner für Nachahmungslernen zu nutzen. Es ist daher nicht nur ein intraspezifisches sondern auch ein **interspezifisches Modellernen** möglich, wobei dies nur bei einzelnen Pferden bisher nachgewiesen werden konnte. Krueger et al. (2014), Schuetz et al. (2016) und Bernauer et al. (2018) zeigten, dass Pferde versuchten, einen Menschen exakt nachzuahmen. Wenn der Mensch seinen Fuß zum Öffnen einer Futterkiste benutzte, nutzen die Pferde ihren Huf, um die Kiste zu öffnen. Wenn der Mensch mit dem Kopf oder der Hand die Kiste öffnete, nutzen die Pferde häufiger ihren Kopf.

Die neurologische Forschung sieht **Spiegelneuronen** als bei Säugetieren (und beim Menschen) für Nachahmung verantwortlich. Sie gewährleisten, dass mit dem Beobachten einer Tätigkeit ein gleichzeitiges, quasi innerliches Nachvollziehen stattfindet (Karr, 2015, S. 253). Genau diese Anregung findet auch statt, wenn Zeichen und Ausdrücke von Gefühlen wahrgenommen werden (Karr, 2015, S. 254). Das Spiegelneuronen-System funktioniert innerhalb einer Spezies, anders wäre komplexes Sozialverhalten und auch Lernen von Sozialpartnern gar nicht erklärbar. Spannend ist es, diese Möglichkeit interspezifisch zu denken. So kann im Pferdetraining beobachtet werden, dass ein Mensch zum Beispiel das Galoppieren imitiert und damit dem Pferd einen Galoppsprung „entlockt". Diese Nachahmung ist über das Spiegelneuronen-System erklärbar oder als Ausdruck der Weitergabe eines Erregungszustandes in der Schnelligkeit. Forschung hierzu liegt nicht vor. Neben der Spiegelung motorischer Prozesse wäre die Spiegelung und somit Übernahme emotionaler Zustände bzw. Befindlichkeiten von Interesse. Auch hierzu liegen nur Überlegungen, jedoch bislang keine gesicherten Befunde vor.

Verschiedene Tiere scheinen Kommunikationssignale des Menschen nutzen zu können, ohne selbst diese Verhaltensweise zeigen zu können. Um eine Interaktion mit dem anderen Lebewesen zu initiieren, haben sie eigene Möglichkeiten entwickelt. Zum Beispiel kann beobachtet werden, dass manche Pferde den Menschen „rekrutieren", um einen Zaun zur Weide zu öffnen. Interessant daran ist, dass eine Rekrutierung für Aufgaben innerhalb einer Pferdegruppe noch nicht nachgewiesen wurde (vgl. Krüber & Marr, 2022, S.29). Es kann auch beobachtet werden, dass Pferde, die an einem Strick geführt werden und die Richtung daher nicht völlig selbst bestimmen dürfen, dem Menschen gegenüber ebenfalls sehr deutlich mit dem Kopf in eine Richtung weisen, wenn sie an einen anderen Ort gehen möchten, auch hierzu liegen keine wissenschaftliche Befunde vor.

Bei der Interaktion zwischen menschlichen und nicht menschlichen Tieren stellt sich immer die Frage, inwieweit das artspezifische Verhalten auf die Interaktion mit dem Menschen übertragen wird bzw. welche Verhaltensweisen Tiere aus ihrem Repertoire auswählen, um mit dem Menschen zu kommunizieren. Welche neuen Verhaltensweisen werden gezeigt und entwickelt, die sie gegenüber ihren Artgenossen gar nicht zeigen? Ein Beispiel für einen solchen Befund ist die Möglichkeit, dass Pferde einfache Symbole für die Interaktion mit dem Menschen erlernen können. So brachte ein Forscherteam Pferden bei, auf Balkensymbole zu deuten, um eine Decke an- oder ausgezogen zu bekommen (Mejdell et al, 2012). So brachten Forscher den in der Studie untersuchten Pferden bei, auf einem Computerbildschirm dargebotene Objekte einander zuzuordnen (Hanggi & Ingersoll, 2009). Shetland-Ponys waren in einer weiteren Untersuchung in der Lage, bis zu fünf Objekten einander korrekt zuzuordnen (Gabor & Gerken, 2014).

3.3 Der Mensch als Sozialpartner des Pferdes

Das Pferd muss im täglichen Kontakt mit dem Menschen einen Umgang mit diesem genauso entwickeln, wie der Mensch mit dem Pferd. Es entstehen interspezifische Bande, eventuell auch Bindungen. In der Tiergestützten Therapie und Pädagogik stellt die Beziehung zwischen Mensch und Tier den zentralen Wirkfaktor dar, so dass diesem eine besondere Bedeutung zukommt. Welche Befunde aus der Wissenschaft liegen hierzu bislang vor?
Einige Pferde scheinen sich nach einem ihm vertrauten Menschen auszurichten und in die gleiche Richtung wie die Person zu schauen, wenn der Mensch seine Auf-

merksamkeit in eine Richtung fokussiert (Krueger et al., 2011). Weiterhin weisen zwei Untersuchungen darauf hin, dass Pferde zu ihren Besitzern Kontakt aufnehmen, wenn sie vor unlösbaren Aufgaben stehen (Lesimple et al., 2012; Malavasi & Huber, 2016).

Interessant sind Erkenntnisse zum **Körperkontakt zwischen Mensch und Pferd,** da der Mensch einen besonderen Drang hat, Lebewesen mit Fell zu berühren und auch das Pferd viel vom Menschen beim Putzen, im Handeling und zur Regulation berührt wird. Es gibt Pferde, die eher abweisend auf Körperkontakt des Menschen reagieren und sehr lange daran gewöhnt werden müssen, andere Pferde zeigen bereits als Fohlen eine Vorliebe für das Streicheln und Kraulen durch den Menschen, besonders an Stellen, an die sie selbst nicht herankommen. In jedem Fall scheint „klopfen", wie dies von Reitern häufig zur Belohnung eingesetzt wird, Pferden nicht besonders zu gefallen, da es dies innerartlich nicht im Sinne des soziopositiven Verhaltens gezeigt wird. Das Nachahmen der Fellpflege liegt da schon näher. Eine Studie von Lansade et al. (2018) untersuchte das **Kraulen** von Pferden durch den Menschen und die Auswirkungen auf Verhalten, Oxytocin (ein Hormon, das u.a. mit Bindung in Verbindung gebracht wird) und Herzrate. Die eine Gruppe Pferde wurde individuell gekrault an den Stellen, auf die das Pferd positiv reagierte. Die andere Gruppe wurde nach einer genauen Vorgabe gekrault auch dann wenn es sich entziehen wollte. Die erste Gruppe zeigte eine niedrige Kopfhaltung während des Kraulens, halb geschlossene Augen, eine lockere untere Lippe und eine teilweise spitze Lippenhaltung des oberen Maulbereichs. Die Pferde in der standardisierten Gruppen zeigten eher nach hinten gerichtete Ohren, das Weiß in den Augen und eine hohe Kopfhaltung. Im Verhalten wurden daher deutliche Unterschiede festgestellt, die die Befindlichkeit des Pferdes ausdrückten. Nur das individuelle Kraulen führte zu einer Entspannung. Die Herzrate unterschied sich bei den beiden Gruppen nicht vor und nach dem Kraulen. Die Oxytocin-Rate änderte sich über die elf Erhebungstermine in der Form, dass die individuell gekraulten Pferden ein niedrigeres Basal-Oxytocin aufwiesen. Dies wurde von dem Forschungsteam so begründet, dass die Pferde weniger Bindungskreisläufen ausgesetzt waren im Sinne von Stress während des Körperkontakts mit dem Menschen und danach Beruhigung, sodass ihr Oxytocin-System weniger aktiviert wurde. Der niedrige Oxytocinwert wird demnach mit einem geringeren Stress in Verbindung gebracht.

Über die gut 5.000-jährige Domestikationszeit des Pferdes erscheint es naheliegend, dass das Pferd den Menschen als Sozialpartner erkennen kann, auch wenn wir aufgrund unserer Augenstellung eher als Jagdtier eingestuft werden, vor dem es zu flüchten gilt. Besonders in der Aufzucht beim Menschen verliert das Pferd die Angst und Distanz zum Menschen. Weiterhin lernt das Pferd, Bezugspersonen gut zu erkennen und auch zu unbekannten Personen zu unterscheiden. In einer Studie von Lampe und Andre (2012) wird deutlich, dass Pferde beim Anblick eines ihnen bekannten Menschen die dazugehörige **Stimme** von einer unpassenden Stimme unterscheiden können. In dem Experiment reagierten Pferde mit Unruhe auf das Bild einer ihr bekannten Person zusammen mit einer fremden Stimme vom Tonband. Bei der passenden Stimme blieben die Pferde signifikant ruhiger.

Bei der Wiedererkennung ist auch die Gedächtniskapazität des Pferdes von Bedeutung. Eine Studie von Hanggi und Ingersoll (2009) zeigt, dass Pferde ein gutes Langzeitgedächtnis besitzen und sich an Gelerntes noch mindestens sieben Jahre bzw. zehn Jahre oder länger erinnern können, ohne dass in der Zwischenzeit dieses Wissen von ihnen angewendet wird. Sobald positive Verstärkung durch ein Futterlob mitspielt, wird das Lernen und Erinnern noch gefördert (Sankey et al. 2010). Ein Befund aus der Studie war, dass junge Pferde Menschen mit positiven Erlebnissen verknüpfen können (wie eben die Futtergabe) und sich danach generell aufgeschlossen und interessiert am Menschen zeigen. Nach nur einer kurzen Trainingsphase mit den Jährlingen blieb die positive Einstellung und Neugier dem Menschen gegenüber längere Zeit erhalten.

Ein weiterer Hinweis aus der Forschung bezieht sich darauf, dass Pferde erkennen, ob ein Mensch aufmerksam ist oder nicht. Proops und McComb (2010) konnten zeigen, dass Pferde unterscheiden, ob eine Person aufmerksam auf ihre Umgebung ist oder nicht. Die Pferde versuchten, die **Aufmerksamkeit der Personen zu gewinnen** und stupsten sie an, um ihre Aufmerksamkeit zu erlangen.

Weiterhin reagieren Pferde auf **Stimmen** von Menschen spezifisch und zwar in Bezug auf eine positive oder negative emotionale Färbung der Stimmlage. Bei einer unfreundlichen Stimme „erstarrten" Pferde in einem Experiment (Merkies et al., 2014). Bei der Konfrontation mit einem Menschen mit einer freundlichen Stimme liefen sie dagegen langsam und wandten sich dem Menschen zu.

Auch scheinen Pferde auf „Baby-Talk" positiv zu reagieren (Lansade et al., 2021). In der Studie wird davon berichtet, dass in einer Befragung unter Pferdebesitzer*innen 92,7% berichtet, sogenannten „Baby-Talk" im Umgang mit ihren Pferden zu benutzen. „Baby-Talk" ist ein spontanes, menschliches Sprachverhalten, dass im Umgang mit Babys zu Tage tritt. Dabei wird in einer höheren Intonation in einem gewissen „Sing-Sang" gesprochen. In der Studie mit 20 Pferden zeigten diese sozial-positiveres Verhalten mit Hinwendung zum Menschen, wenn diese im Baby-Talk sprachen im Vergleich zu einem „Erwachsenen-Sprechen". Weiterhin wurde aufgezeigt, dass die Pferdegruppe, mit der im „Baby-Talk" gesprochen wurde, danach mehr dem Zeigen einer Futter-Belohnung folgten, als die Kontrollgruppe. Dies könnte ein Hinweis darauf sein, dass sie durch die Art der Ansprache mehr im Kontakt mit den Menschen waren und daher eher auf die Zeige-Geste durch den Menschen reagierten. Das Forscher-Team schloss darauf, dass Pferde, wie einige andere nicht-menschliche Primaten sowie auch Hunde, sensitiv für „Baby-Talk" sind.

Welche weiteren Erkenntnisse liegen vor bezüglich der Wahrnehmung von Emotionen beim Menschen durch das Pferd als wesentlicher Faktor für eine wechselseitige Interaktion und der Annahme dieses Umstands in der Pferdegestützten Therapie und Pädagogik?

Die Domestikation der Pferde hat dazu geführt, dass sie anscheinend in der Lage sind, **im Gesicht des Menschen Befindlichkeiten** im Sinne positiver und negativer Gefühlslagen zu **erkennen**. Nur anhand des Zeigens von Fotos freundlich versus unfreundlich schauender Personen, zeigten die Pferde Unterschiede in ihren Reaktionen (Smith, 2016). Bei wütend schauenden Personen (auf Fotos, also 2-dimensional) reagierten die Pferde der Studie mit einem erhöhten Herzschlag. Sie schienen sich auch an diese Person zu erinnern und sie wieder zu erkennen, denn sie schauten sie, wenn sie ihr kurz darauf real begegneten, eher mit dem linken Auge an (im Sinne des „left eyes gaze bias"). Dies taten sie bei den neutral schauenden Personen auf den Fotos nicht. Weiterhin löste der reale Kontakt mit den Personen, die zuvor auf den Fotos ärgerlich geschaut hatten, vermehrte Regulationsreaktionen bzw. Übersprungshandlungen bei den Pferden aus. Sie zeigten Kratzen, Kauen und Lecken. Diese Befunde konnte ein Team um Proops et al. (2018) bestätigen. In einem weiteren Experiment konnte gezeigt werden, dass sich Ponys reale Personen mit traurigem oder ärgerlichem Blick eher mit dem linken Auge zuwandten im Vergleich zu Personen mit einem freundlichen Gesichtsausdruck (Hodder et al., 2020).

Eine Studie von Jardat et al. (2023) konnte einen ersten Hinweis darauf liefern, dass Pferde in der Lage sind, zwischen menschlichen **Gerüchen** zu unterscheiden, die mit Angst und Freude verbunden sind. Gehirnregionen, die für die Verarbeitung von Gerüchen verantwortlich sind, gehören zu den ältesten Strukturen in der

Evolution von Säugetieren. Innerartliche und überartliche Informationen werden über Gerüche transportiert. In der Studie wurde ein Gewöhnungs- und Unterscheidungs-Protokoll verwendet. 25 Welsh Pony-Stuten rochen an einem Holzstab mit einer befestigten Geruchsprobe. Diese verwendeten Gerüche waren über Achselschweiß von 15 Erwachsenen gesammelt worden, die mit Hilfe 20minütiger Videos in Angst oder Freude versetzt worden waren. In der Gewöhnungsphase wurde den Pferden für zwei Minuten der Geruch präsentiert. Eine Minute später wurde eine zweite Probe des gleichen Geruchs für weitere zwei Minuten präsentiert. Nach dieser Gewöhnung wurde in der Unterscheidungsphase zwei Proben präsentiert. Eine trug den ursprünglichen Geruch und die andere trug den Geruch der entgegengesetzten Emotion. Es stellte sich heraus, dass die Pferde die neuartigen Geruchsprobe länger beschnupperten als die wiederholte Probe, was darauf hindeutet, dass sie zwischen den zwei menschlichen Gerüchen unterschieden. Als weiterer Befund konnte festgestellt werden, dass, wenn der wiederholte Geruch und der neuartige Geruch während der Unterscheidungsphase gleichzeitig dargeboten wurden, die Pferde bevorzugt ihr linkes Nasenloch nutzen, um den wiederholten Geruch zu schnüffeln und ihr rechtes Nasenloch, um den neuartigen Geruch zu schnüffeln. Es wurde zudem gezeigt, dass die Pferde in der Habituationsphase den Angst-Geruch länger berochen, als den Freude-Geruch. Auch in menschlichen Experimenten konnte gezeigt werden, dass der Geruch von Angst-Schweiß für den Menschen intensiver wahrnehmbar ist als der Geruch nach Freudesituationen (Zhou & Chen, 2011). Die Ergebnisse der Studie unterstützte die Befunde aus einer Studie von Sabiniewicz et al. (2020). Dort wurden Pferde mit menschlichen Gerüchen ebenfalls von Angst und Freude konfrontiert. Die Pferde reagierten mit einer erhöhten Kopfhaltung und einer längeren Berührung eines ihnen bekannten Menschen, wenn sie den Geruch von Angst präsentiert bekamen im Vergleich zu dem Freude-Geruch.

Weiterhin für die Pferdegestützten Interventionen relevant ist das so genannte „**Spiegeln**", das vielfach beschrieben wird. Es bedeutet, dass ein Pferd wie ein Spiegel auf die menschlichen Stimmungen reagiert. Bei der Interaktion mit einem nervösen Menschen würde es nach dieser Sichtweise ebenfalls nervös und bei einem ruhigen Menschen würde es eher ruhig bleiben. Auf der intraspezifischen Ebene konnte in einem Experiment gezeigt werden, dass Pferde, die mit Videos von Artgenossen konfrontiert werden, die positive oder negative Emotionen zeigten, ebenfalls den gleichen Gesichtsausdruck annahmen und auch die Herzfrequenz bei negativen Inhalten anstieg. Dieser Übersprung von Emotionen auf einen Artgenossen nennt man „**emotionale Ansteckung**" (Krüger & Marr, 2022, S.99). Dies ist ein sinnvoller, sozialer Mechanismus, der soziale Bindungen stärkt und eine Gruppe in einen gemeinsamen Zustand, z.B. für Flucht, versetzen kann. Dabei ist die Spiegelung zum einen über die Muskelspannung des gesamten Körpers des Pferdes möglich, jedoch zeigen Studien, dass besonders der Gesichtsausdruck als ein weiteres, wesentliches Merkmal genutzt wird (ebd.). Eine Studie von Keeling et al. (2009) konnte zeigen, dass Pferde in einer Testsituation, in der nur der Mensch von einer möglichen Gefahrensituation wusste, ihre Herzfrequenz parallel zum Menschen erhöhten, obwohl in der äußeren Erscheinung sowie im Verhalten weder der Mensch noch das Pferd Unterschiede zu den vorherigen Situationen ohne Ankündigung einer Gefahr zeigten. Pferde scheinen rein den menschlichen Herzschlag wahrzunehmen und darauf mit einer „Spiegelung" zu reagieren. Allerdings weist eine andere Studien nicht eindeutig in die gleiche Richtung. Lewinski et al. (2013) fanden heraus, dass Reiter in ihrer Herzrate, Herzratenvariabilität und Cortisolausschüttung deutlich stärker reagierten, als ihre Pferde. Weiterhin konnten Merkies et al. (2014) bei Pferden keine erhöhte Herzrate aufzeigen, wenn sie mit ängstlichen Personen in Kontakt kamen.

Bisher fehlt es noch an Studien, die ein über die Spiegelung hinausgehendes, gefühlsmäßiges Mitschwingen von Pferden auf die Emotionen beim Menschen belegen. Ein empathisches Mitschwingen wird ihnen bislang von wissenschaftlicher Seite aus nicht eindeutig zuerkannt (vgl. Merkies & Franzin, 2021), allerdings sind die Befunde sicherlich noch nicht abschließend einzuordnen.

Zu klären wäre neben der Aufnahme einer positiven oder negativen Stimmung, ob Pferde differenziertere Gefühle wahrnehmen und als soziales Wesen, welche in starken Bindungen leben, auch Gefühle von Traurigkeit und Trauer sowie Eifersucht empfinden und nachempfinden können. *Können wir nur von einer sogenannte „Affektansteckung" sprechen, also dem Übersprung einer Körperreaktion im Rahmen einer emotionalen Befindlichkeit auf das Gegenüber oder von einer emotionalen Empathie oder gar einer kognitiven oder sozialen Empathie?* Es wird deutlich, dass ein weiteres Verständnis auch im Hinblick auf Ich-Bewusstsein und weitere kognitive Fähigkeiten nötig sind, um mehr Sicherheit darüber zu gewinnen, wie Pferde in intra- und interspezifischen Interaktionen emotionale Empathie oder auch kognitive oder soziale Empathie zeigen und zu welchen Emotionen sie befähigt sind.

In diesem Zusammenhang soll noch das Thema **Bindung zwischen Mensch und Pferd** angesprochen werden. In der Tiergestützten Therapie und Pädagogik wird von der Möglichkeit einer Bindung ausgegangen, zumindest von Seiten des Menschen aus (vgl. Beetz, 2014). Bindung entsteht bei einer gegenseitigen Beziehung, die über eine gewisse Weile zwischen Individuen entsteht. Als Anzeichen von Bindung werden folgende Verhaltensweisen gewertet: Suchen von Nähe, sichere Basis und sicherer Hafen sowie Stress bei Trennung. Pferde zeigen zu ihren Müttern die Suche nach Nähe sowie Stress bei Trennung als Fohlen. Es gibt bisher keine klare Evidenz dafür, dass Pferde auch bei Menschen die sichere Basis suchen und Stress bei Trennung zeigen (Merkis & Franzin, 2021). Es wird immer wieder beobachtet, dass sich Pferde zusammen mit einer bekannten Person eher unbekannten Objekten zuwenden und diese erkunden. Eine Studie von Ijichi et al. (2018) konnte jedoch nicht belegen, dass ein Pferd sich zusammen mit seinem Besitzer proaktiver verhält im Vergleich zu einer unbekannten Person, die mit ihm eine stressige Situation aufsucht. Auch Lundberg et al. (2020) zeigten in einem Experiment, dass Pferde Nähe und einen sicheren Hafen in einem anderen Lebewesen suchen, aber dass dies unabhängig davon ist, ob die Person bekannt oder unbekannt ist.

3.4 Reaktionen der Pferde auf Menschen mit Handycaps und Erkrankungen

Für ein besseres Verständnis Pferdegestützter Interventionen ist es für das Wohlergehen der Klient*innen und der Pferde unabdingbar, mehr über mögliche spezifische Reaktionen von Pferden auf Menschen mit körperlichen oder seelischen Erkrankungen zu verstehen.

Eine Studie zur Befindlichkeit bei Pferden in Therapie und Pädagogik (Meinzer, 2009) zeigte erste Hinweise, dass die Aufmerksamkeit und Stressbelastung der untersuchten Therapiepferde nicht nur von den Haltungsbedingungen und der Art des Einsatzes (geführtes Reiten, Longe oder eigenständiges Reiten) beeinflusst sind, sondern auch von der Art der Klient*innen. So wiesen die Ergebnisse in dieser Studie darauf hin, dass Pferde bei Menschen mit Handycap, die eher eine ruhige Art mitbrachten, viel Entspannungs-bezogenes Verhalten zeigten und bei Kindern mit sozialen und psychischen Auffälligkeiten, die eher unruhiges Verhalten zeigten, mehr mit Erregung und Unzufriedenheit reagierten.

In einer Studie von Pluta und Kedzierski (2018) wurde das Verhalten und die Herzrate von sechs Pferden im Rahmen der Hippotherapie mit Patient*innen mit psychomotorischen Behinderungen gemessen und mit Reaktionen der Pferde im Rahmen von Kontakt mit erwachsenen gesunden Personen ohne Pferdeerfahrung sowie gesunden Erwachsenen mit Pferdeerfahrung verglichen. Es zeigten sich keine wesentlichen Unterschiede zwischen den Gruppen, jedoch zeigten die Pferde in der Hippotherapie-Gruppe weniger emotionale Erregung, als in den anderen Gruppen. Daraus wurde geschlossen, dass die Pferde in den Einheiten mit Patient*innen keinen emotionalen Stress erlebten. Jedoch kann daraus auch gefolgert werden, dass sie auf die besonderen Bedingungen in der Hippotherapie mit eher „abgestumpftem" Verhalten, oder aufgrund von Protektionsverhalten ruhiger reagieren.

In einer Untersuchung von Merkies et al. (2018) wurden keine eindeutischen Unterschiede bezüglich einer Gruppe traumatisierter Personen versus nicht-traumatisierter Menschen gefunden. Zwar zeigten die Pferde bei Menschen mit Traumatisierung signifikant andere Verhaltensweisen, jedoch interagierte dieser Befund stark damit, ob die Personen Vorerfahrung mit Pferden hatten. Darauf schienen die Pferde deutlicher zu reagieren, als auf die psychische Belastung.

In einer Studie von Medonca et al. (2019) konnten keine positiven oder negativen Auswirkungen von Therapiesituationen auf das Pferd beobachtet werden. Es wurden Verhaltensmerkmale erhoben, die mit Stress in Verbindung gebracht werden sowie die Herzratenvariabilität als Maß der Stressbelastung. Die Autor*innen schließen aus den Daten, dass eine Kombination von psychischen und körperlichen Handycaps für die Pferde anstrengender sind, als eine rein psychische Problematik.

Eine Studie von Arrazola & Merkies (2020) beleuchtet das Thema Bindungsstil von weiblichen Patientinnen in der Pferdegestützten Intervention und die Auswirkung auf das Verhalten der Pferde. Die limitierte Studie weist in die Richtung, dass der Bindungsstil einen Unterschied im Verhalten des Pferdes auslösen könnte. Die Pferde in der Untersuchung zeigten mehr Hinwendung und weniger Stressanzeichen (in der Herzrate und im Vermeidungsverhalten) bei der Gruppe der unsicher gebundenen Patientinnen. Die Mechanismen werden als noch unklar benannt. Weitere Forschungsstudien sollten sich dieser Thematik nähern.

KAPITEL 4

4. Auswahl von Therapiepferden

Bei der Auswahl von Therapiepferden sollten in erster Linie die unterschiedlichen Einsatzbereiche, in denen das Pferd eingesetzt werden soll, bedacht werden.

Soll das Pferd gelegentlich in psychotherapeutische Prozesse mit Erwachsenen eingebunden werden im Sinne eines Begleitpferde in der Intervention, in der das Tier mit im Raum anwesend ist und eigene Impulse durch sein Verhalten in den Prozess einbringt? Oder sollen regelmäßig reittherapeutische Intensivtherapien für Kinder mit komplexen Entwicklungsstörungen angeboten werden, bei denen das Pferd als Reittier genutzt wird und verschiedenen Materialeinsatz und komplexe Verhaltensweisen der Klient*innen tolerieren muss? Wird das Pferd für Einzel- oder auch Gruppeninterventionen eingesetzt? Soll es hauptsächlich vom Boden aus eingesetzt werden oder soll ein Großteil der Interventionen auf dem Pferderücken erfolgen?

Die Berücksichtigung des späteren Einsatzbereichs ist entscheidend für die grundständige Auswahl des Pferdes. Als Therapiebegleittier kann das Pferd auf ganz unterschiedlicher Art eingebunden werden. Ein Shetty kann ein interessantes Objekt der Beobachtung für Klient*in und Fachkraft sein. Auch eine Jungpferdeherde kann dazu dienen, über Rollenmuster und eigene Charaktereigenschaften zu reflektieren und sich mit einem Pferd zu identifizieren. Wird das Pferd jedoch für eine gesamte Einheit mit aktiver Mitarbeit mit Menschen unterschiedlicher psychischer und körperlicher Verfassungen eingesetzt, müssen andere Maßstäbe an die Auswahl angelegt werden.

Hinzu kommt, dass die Fachkraft überlegen darf, welchen Pferdetyp sie persönlich präferiert – da die Beziehung zwischen Fachkraft und eingesetztem Pferd die Basis für einen gelingenden Einsatz des Pferdes in Pferdegestützten Interventionen darstellt.

4.1 Exterieuer

Gerade im gerittenen Einsatz sollte das Pferd eine **Größe** zwischen etwa 140 bis 160 cm haben, um sowohl für Kinder als auch für Erwachsene reitbar zu sein. Von Bedeutung ist je nach Klientel, dass die Fachkraft oder ein/e Helfer*in den/die Klient*in auf dem Pferd sitzend gut sichern kann. Besonders für den Einsatz von Pferden bei schwereren oder auch unausbalanciert sitzenden Klient*innen sollte neben der Größe vor allem auf den Körperbau und eine entsprechende Bemuskelung des Pferdes geachtet werden. Eine gut ausgeprägte Rückenlinie, eine kräftig bemuskelte Hinterhand sowie starke Bauchmuskulatur sind nötig.

Da Pferde im therapeutischen sowie pädagogischen Setting zumeist nur mit einem Therapiepad und einem Therapiegurt ausgestattet sind, sollte auch auf die Ausprägung des Widerrists geachtet werden. Sowohl ein sehr stark ausgeprägter Widerrist als auch ein sehr flacher Widerrist können hier Probleme bereiten, da es einerseits zu unbequemem Sitzen auf dem Pferd und andererseits zum Verrutschen des Gurtes auf dem Rücken des Pferdes kommen kann. Insgesamt ist jedoch ein eher gering ausgeprägter Widerrist von Vorteil. Weiterhin bringt ein etwas breiterer Rücken für viele Klient*innen das Gefühl von Sicherheit beim Sitzen mit sich. Ein sehr breiter Rücken kann wiederum zu einer zu starken Hüftspreizung beim Reiten ohne Sattel führen, was gegebenenfalls bei Kindern oder einzelnen Klient*innen nicht möglich ist.

Ebenso ist auf die Länge der **Sitzfläche** zu achten. Insgesamt sind Pferde im genannten Stockmaß eher quadratisch und haben damit kürzere Sitzfächen. Durch die Positionierung der Klient*innen hinter dem Therapiegurt ist die Sitzposition schon etwas nach hinter verlagert, daher ist die Sitzfläche von besonderer Bedeutung, damit Klient*innen den Pferden nicht zu weit im Nierenbereich sitzen. Es ergibt sich daraus, dass Pferde mit einer genannten Körpergröße und eher kompaktem, kurzen Körperbau nicht zwei Kinder oder gar einen Erwachsenen mit einem Kind zusammen tragen sollten. Lohnenswert ist eine pferdephysiotherapeutische Abklärung, um eine fundierte Einschätzung zur Belastbarkeit des Pferderückens zu erhalten.

Zusätzlich sollte das Pferd ein starkes **Fundament** mitbringen. Kräftige Beine, gesunde Gelenke und gute Hufe (eher auch breitere Hufe) sind wichtig. Vorzugsweise sollten Therapiepferde ohne Hufeisen laufen können, da das Tragen von Hufeisen ein Sicherheitsrisiko darstellen kann.

Bei den genannten eher etwas breiteren, gemütlichen und nicht so großen Pferden ist die **Schwingungsübertragung** im mittleren oder unteren Bereich anzusiedeln. Sind deutliche Schwingungsimpulse im Schritt für die Therapie gewünscht, muss das Exterieur hiernach ausgewählt werden. Ansonsten dürfen Therapiepferde einen flachen Schritt und auch Trab haben, damit vor allem letzterer gut für Klient*innen zu sitzen ist. Zu viel Schwung im Trab führt dazu, dass Klient*innen seltener diese Gangart nutzen können, welche auf psychischer Ebene jedoch für die therapeutische und pädagogische Arbeit sehr wertvoll ist. Ist das Pferd aufgrund seiner Exterieurbedingungen in der Lage, nach Ausbildung und Training versammelt und langsam zu galoppieren, ist dies ebenso für die Intervention von Vorteil.

Als weiteres Exterieur-Merkmal kann die **Fellfarbe** des Pferdes betrachtet werden. „Ein gutes Pferd hat nicht die falsche Farbe", besagt eine alte Redewendung. Grundsätzlich werden in Pferdegestützten Interventionen tatsächlich Pferde mit allen Fellfarben eingesetzt. Es sollte jedoch darauf hingewiesen werden, dass die Fellfarbe des Pferdes häufig ein Anknüpfungspunkt für Gespräche über das Tier sind. Zudem sind gerade bei der Arbeit mit Klient*innen, deren Wahrnehmungsfähigkeit eingeschränkt ist, starke Kontraste in der Fellfarbe hilfreich. Im Bereich der Tiergestützten Interventionen wird häufig geäußert, dass helle Hunde für Klient*innen weniger bedrohlich wirken und der Kontrast der dunklen Augen auf hellem Fell für die Personen besser sichtbar sind. Hierdurch könne eine stärkere Hinwendung zum Tier ermöglicht werden. Auch wenn dies wissenschaftlich nicht belegt ist und es bezüglich Fellfarbe bei Pferden keine Studien gibt, so scheint es zumindest naheliegend, dass dieser Effekt auch bei Pferden auftreten könnte.

Eine Überlegung bei der Auswahl eines Therapiepferdes ist in jedem Fall das **Geschlecht** des Tiers. Hengste eignen sich insbesondere aufgrund der erhöhten Anforderungen an die Haltung und den besonderen Umgang in der Regel nicht für den Einsatz in Pferdegestützten Interventionen. Typischerweise werden Stuten und Wallache eingesetzt. Wallache sind häufig verspielter als Stuten und bringen dadurch immer wieder lustige Verhaltensweisen in die Interventionen mit hinein (z.B. das Herumtragen eines Hütchens, das Rollen eines Balls). Wallache sind tendenziell weniger am Herdenverband orientiert als Stuten und eignen sich daher mehr für den Einsatz auch als Einzelpferd in fremder Umgebung. Stuten zeigen hingegen mehr protektives Verhalten (besonders dann, wenn sie bereits selbst ein Fohlen hatten), was insbesondere bei der Arbeit mit Kindern und psychisch belasteten Erwachsenen sehr hilfreich sein kann. Stuten werden regelmäßig rossig, was individuell zu stark abweichendem Verhalten führen kann und somit zu bedingter Einsatzfähigkeit während der Rosse.

Weiterhin sollte das **Alter** des Pferdes berücksichtigt werden. Laut Tierärztlicher Vereinigung für Tierschutz (TVT) sollten Pferde nicht vor dem Alter von 6 Jahren eingesetzt werden. Entwicklungsbedingt können Wallache typischerweise etwas später als Stuten eingesetzt werden. Ab dem 8. Lebensjahr sind Pferde im Volleinsatz nutzbar, wobei dieser nicht mehr als 2-3 Klient*innenkontakte pro Tag an fünf Tagen pro Woche vorsieht mit mehreren Therapiepausen pro Jahr und einer mehrwöchigen Auszeit pro Jahr. Grundsätzlich können Therapiepferde bei gesunderhaltendem, schonendem Einsatz und regelmäßigem gymnastizierenden Training bis ins hohe Alter eingesetzt werden und eignen sich häufig auch besonders in fortgeschrittenem Alter aufgrund ihres Erfahrungsreichtums, einer verbesserten Aufmerksamkeitsspanne und Konzentrationsfähigkeit, noch für den Einsatz. Ab dem Alter von 20 Jahren sollte die Einsatzfähigkeit laut TVT jedoch vierteljährlich überprüft werden, um alte Pferde nicht zu stark zu belasten. Ein Volleinsatz sollte ab dem zwanzigsten Lebensjahr (bei Pferderassen, die deutlich älter werden kann dies auch bei 22-23 Jahren liegen) nicht mehr erfolgen.

Häufig werden in therapeutischen und pädagogischen Settings alte, kranke oder anderweitig geschwächte Tiere eingesetzt, da diese Pferde vielen Kriterien entsprechen, zum Beispiel besonders ruhig oder zuverlässig wirken. Hiervon sollten sich Fachkräfte deutlich distanzieren. Gerade für den Einsatz in den Pferdegestützten Interventionen ist eine gute Grundgesundheit von elementarer Wichtigkeit – zum Schutz der Klient*innen und zum Schutz der Tiere.

4.2 Interieuer

Besonders wichtig bei der Wahl eines geeigneten Therapiepferdes sind neben den bereits genannten äußeren Bedingungen verschiedene Aspekte des Interieurs. Hierbei gilt: Viele Aspekte, wie zum Beispiel die Schreckhaftigkeit, sind natürlich trainier- und damit veränderbar. Je mehr Eigenschaften ein Pferd jedoch schon von Grund auf mitbringt, die für den späteren Einsatz wichtig sind, umso weniger Zeit und Mühe muss in den jeweiligen Aspekt investiert werden, was wiederum in Bezug auf zeitliche Ressourcen sowie ökonomische Faktoren relevant erscheint.

Grundsätzlich eignen sich Pferde für den therapeutischen und pädagogischen Einsatz, die eher unerschrocken und gelassen reagieren, wenn sie sich in potentiell aufregenden Situationen befinden. Hierbei ist zu beachten, wie das Pferd mit einer beängstigenden Situation umgeht: *erkundet es die Situation oder geht es unkon-trolliert in Rückzug? Wird es panisch und verbleibt in der Erregung oder zeigt es nur einen kurzen Schreck und danach eine gute Eigenregulation? Lässt es sich durch andere Pferde oder auch den Menschen beruhigen oder ist es dann „nicht mehr erreichbar"?* Grundsätzlich ist es für die psychische Balance des Pferdes hilfreich, wenn es sich im späteren Einsatz gut selbst regulieren kann. Gleichzeitig ist eine Bezugnahme auf die Fachkraft essentiell, sodass es sich in Notsituationen auf diese beziehen und sich auch von dieser beruhigen lassen kann (**Fremdregulation**).

Eine gut ausgeprägte **Aufmerksamkeitsspanne** und die Fähigkeit, mit der Aufmerksamkeit von ablenkenden (Außen-)Reizen wieder zurück in die Arbeit zu finden, sind hilfreich. Auf ein ausgeprägtes Interesse am Menschen und der Interaktion mit diesem bei gleichzeitig respektvollem Umgang sollte bei der Auswahl geachtet werden.

Weiterhin ist bei der Auswahl zu fragen: Akzeptiert das Pferd den Raum des Menschen, weicht es auf kleine Berührungen ohne gleichzeitig zu hektisch oder gar ängstlich zu sein? Welche Rangposition hat das Pferd, falls es bereits in der Mehrpferdehaltung steht? Was ist bekannt über die bisherige Rangposition oder die der Mutter?

„Das ideale Therapiepferd ist fürsorglich und mütterlich, es trägt und stützt den Menschen" (Kerssenbrock, 2013). Sind so gesehen **Stuten** gegebenenfalls besser geeignet als Therapiepferde? Es kann beobachtet werden, dass besonders Stuten, die bereits eigene Fohlen aufgezogen haben, eine hohe Protektion gegenüber Kindern und „schützenswerten" Personen zeigen. Im Hinblick auf Hormonausschüttung und der Nutzung stutenhaft-mütterlicher Verhaltensweisen innerartlich ist eine gewisse Sinnhaftigkeit erkennbar. Natürlich wird auch Protektion bei Wallachen beobachtet. Für die Auswahl von Stuten spricht, dass sie charakterlich früher „fertig" sind als Wallache. Zudem lässt ihr Spieltrieb bereits recht früh nach und dadurch zeigen sie in der Regel auch weniger Verhaltensweisen, auf die erzieherisch eingewirkt werden muss. Andererseits sind Wallache durch ihre Verspieltheit „lustige" Interaktionspartner, denen man mehr Tricks mit und ohne Materialien beibringen kann.

Das Interieur eines Pferde muss immer individuell betrachtet werden. Jedoch sind **Rassenbeschreibungen** ein sehr guter Hinweis auf die Einschätzung des Pferdes oder ein erste grobe Auswahl für geeignete Rassen. Es zeigen sich z.B. deutliche Rasseunterschiede in der Erregbarkeit (Opgen Rhein, S.30). Hinzu kommen Unterschiede in Aspekten wie Gefügigkeit, eigenständiger Mitarbeit, Entscheidungsfreude, Erregbarkeit und Stressregulation.

Folgende Fragen können helfen: Wofür wurde diese Pferderasse ursprünglich gezüchtet? Was steckt in den Genen dieses Pferdes, was waren die Aufgaben seiner Vorfahren? Ist es, wie z.B. der Criollo durch seine extreme Zuchtselektion ein sehr widerstandsfähiges, mutiges, aber auch eigenständig denkendes Pferd? Oder wie das Fjordpferd ein sehr vielseitiges, gelassenes und ausgeglichenes Pferd? Diese Fragen können sehr aufschlussreich sein, wenn das Pferd dann wiederum in seinem individuellen Verhalten beurteilt werden soll.

4.3 Exkurs: Vertiefende Überlegungen der Eignung verschiedener Rassen als Therapiepferd

Bei der Auswahl eines Pferdes für den Einsatz in therapeutischen und pädagogischen Settings kommt immer wieder die Frage nach der Eignung einer bestimmten Pferderasse auf. Grundsätzlich soll gesagt sein, dass, unabhängig von der Rasse des Pferdes, immer das individuelle Tier mit seiner spezifischen Charakterbildung und seinen Vorerfahrungen im Umgang mit Menschen im Vordergrund der Eignungsbeurteilung stehen sollte. Die Rasse eines Pferdes stellt niemals eine Garantie für das Auftreten oder Nichtauftreten bestimmter Merkmale dar.

Portraits zu den verschiedenen Pferderassen und deren Merkmale liegen vielzählige vor. Auch ein Blick in die Zuchtstatuten der einzelnen Rassen kann Einblick in die spezifischen Zuchtziele der jeweiligen Linien geben. Leider zeigt die praktische Erfahrung, dass viele Zuchtlinien auch ursprünglicher Pferderassen eine starke Orientierung an der Eignung der Pferde für sportliche Zwecke entwickeln und dadurch ursprüngliche Rassemerkmale durch „Veredlung" mehr und mehr in den Hintergrund rücken.

Grundsätzlich erscheint es sinnvoll, bei der Auswahl einer bestimmten Pferderasse nach tendenziell ursprünglichen, alten Linien zu suchen, um eine Vermischung der eigentlichen Rassemerkmale mit anderen Einflüssen zu vermeiden. Insbesondere bei den in der Pferdegestützten Therapie und Pädagogik häufig gewählten Rassen wie Isländer, Haflinger und Fjordpferden hat es in den letzten Jahrzehnten eine regelrechte Verschiebung vom gelassenen und anspruchsarmen Robustpony hin zum kleinen Sportpferd gegeben.

Im weiteren sollen nur ein paar typische Pferderrassen herausgegriffen werden und exemplarisch die verschiedenen Vor- und Nachteile der Rassen dargestellt werden.

Allein schon aufgrund ihrer Größe scheiden viele Pferderassen bei der Suche nach einem passenden Therapiepferd aus, da z.B. das Sichern der Klient*innen nicht mehr möglich ist. Dazu gehören die vielen freundlichen und häufig sehr geduldigen Warmblüter, die jedoch nicht selten mit einem Stockmaß von über 170 cm im therapeutischen wie pädagogischen Einsatz in der Regel eher ungeeignet sind. Ebenso begibt es sich mit Vollblütern, die neben der Größe zudem noch ein häufig erhöhtes Energieniveau für einen sicheren Einsatz in den Pferdegestützten Interventionen mitbringen. Araber finden sich daher nur bedingt. Auch wenn einzelne Fachkräfte sehr gut mit ihnen arbeiten, so sind sie in der Regel etwas zu schnell in einem hohen Energiezustand und regulieren sich nicht so schnell wieder herunter. Sie sind auf Schnelligkeit oder Distanz gezüchtet und brauchen in der Regel intensive Ausgleichsarbeit als Ergänzung zur Therapiearbeit.

Viele spanische und portugiesische Pferderassen, wie PREs oder Lusitanos können recht energiegeladen sein und sind ebenso wie einige Ponyrassen auf Größe und Sportlichkeit gezüchtet. Zudem haben sie häufig recht „weiche" Rücken und neigen zur Trageerschöpfung, wenn sie nicht sehr umfassend gymnastizierend gearbeitet werden. Außerdem sind sie oft, wie auch anderen Arbeitspferde (Criollos und Quater Horses), „Ein-Personen Pferde" und haben große Schwierigkeiten, sich auf wechselnde Personen einzustellen. Dies stellt kein Hindernis dar, wenn immer die gleiche Fachkraft das Pferd einsetzt. Soll das Tier jedoch mit wechselnden Bezugspersonen arbeiten oder in Gruppensettings eingesetzt werden, eignen sich diese Rassen eher nicht.

Die südamerikanischen Pferde, die vermehrt in Therapie und Pädagogik eingesetzt werden (z.B. Criollos), zeigen häufig ein stärkeres natürliches Abwehrverhalten (zeigen deutlich Abneigung und sind dabei sehr klar in ihrem Ausdruck). Dabei sind sie in der Regel recht mutig, was sich beispielsweise positiv auf die Materialgewöhnung auswirkt. Das Abwehrverhalten kann im Training sowie im späteren Einsatz zu einer Herausforderung werden. Andererseits stellt es für Klient*innen ein spannendes Lernfeld dar, da diese Verhaltensweisen den Menschen dazu auffordern, mehr in die Interaktion mit dem Pferd zu investieren.

Die nordischen Pferderassen, zu denen Isländer, Fjordpferde und Connemaras zählen, zeigen dieses starke Abwehrverhalten tendenziell weniger, was sie zumeist umgänglicher macht. Sie zeigen weniger Stress bei Wechsel von Bezugspersonen, auch wenn sie selbstverständlich immer jeden einzelnen Menschen ebenso wie alle anderen Pferde in ihren Kompetenzen „hinterfragen". Isländer sind als Reitpferde gezüchtet. Bei Fjordpferden, gezüchtet als Zugpferde mit starker Brust, ist der Rücken weniger stabil und mehr Gymnastizierung notwendig. Tinker sind ebenfalls gut einsetzbar in den Pferdegestützten Interventionen. Sie sind von ihrem Gemüt her geeignet, sind jedoch feinfühliger als oft gedacht wird. Sie haben eher eine introvertierte Art und die Fachkraft sollte gut auf Stressanzeichen achten. Connemaras sind ebenso gut geeignet für Kinder wie auch erwachsene Kliet*innen, sie können etwas sportlicher geritten werden und gleichzeitig wunderbar ruhige Therapiepartner sein.

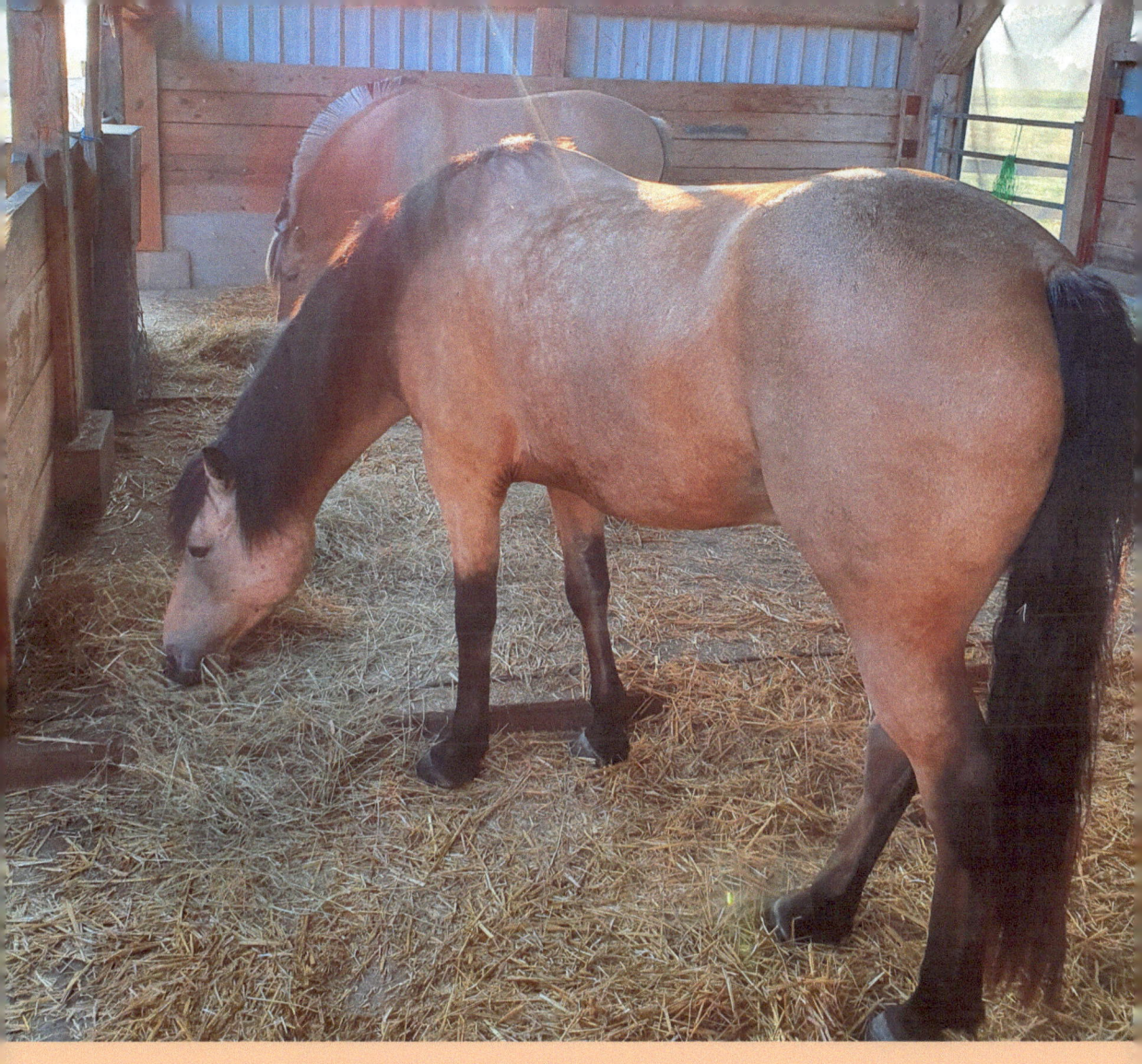

KAPITEL 5

5. Haltungsbedingungen von Therapiepferden

Die Haltungsbedingungen von Pferden, die in Therapie und Pädagogik eingesetzt werden, unterscheidet sich grundsätzlich nicht von den Bedingungen, in denen Pferde im Allgemeinen in tiergerechter und ihrer Art möglichst angepasster Haltung leben sollten. Das Bundesministerium für Ernährung, Landwirtschaft und Verbraucherschutz (2009) bietet mit den „Leitlinien zur Beurteilung von Pferdehaltung unter Tierschutzgesichtspunkten" die Grundlage für die Beurteilung von Pferdehaltung. Die Leitlinien geben den Rahmen vor für die fachgerechte Haltung von Pferden in unterschiedlichen Aufstallungsarten. Nach diesen Richtlinien werden auch Therapiehöfe durch die Veterinärämter überprüft und abgenommen.

Da die arttypischen Verhaltensweisen von Pferden, die in therapeutischen und pädagogischen Einsätzen eingebunden sind, als besonders bedeutsam angesehen werden und von ihnen eine hohe Konzentrations- und Aufmerksamkeitsleistung sowie Ruhe und Zuverlässigkeit verlangt wird, sollte ganz besonders auf die Haltung geachtet werden. Nur ein Pferd, dass seine artspezifischen Verhaltensweisen täglich zeigt und nutzt, kann diese umfassende Begleitung von Menschen meistern. Therapiepferde sollten durch die ihnen angebotene Haltungsform ihre Funktionskreisläufe möglichst uneingeschränkt den gesamten Tag über durchlaufen können. Die natürlichen Funktionskreisläufe werden durch die Arbeitseinsätze durchbrochen. Hier kann in der Einsatzplanung auf den Tagesrhythmus des Pferdes geachtet werden. Auch individuelle und tagesabhängige Faktoren können eine Rolle spielen, zum Beispiel sollte, wenn möglich, auf Ruhezeiten geachtet werden und das Pferd nicht aus dem Schlaf „gerissen" oder zu Beginn einer Fresssequenz in die Arbeit geholt werden.

5.1 Gruppenhaltung für Therapiepferde und deren Bedingungen

Immer wieder kommt die Frage nach Boxen- versus Gruppenhaltung für Therapiepferde auf. Dies sollte immer im Einzelfall entschieden werden, grundsätzlich gibt es jedoch viele Hinweise darauf, dass eine sinnvoll umgesetzte Gruppenhaltung in Lauf- oder Offenställen vorgezogen werden sollte. Verschiedene Befunde unterstützen die Wahl der Gruppenhaltung bei Pferden. Eine Studie von Rivera et al. (2002) verglich Pferde aus Weidehaltung mit denen aus Boxenhaltung und fanden, dass die Pferde aus Weidehaltung schneller lernten, weniger Verhaltensprobleme zeigten und weniger Zeit benötigten, um an Reize gewöhnt zu werden. Visser et al. (2008) zeigten bei Jungpferden auf, dass die Einzelstallhaltung über zwölf Wochen hinwg bei dieser Gruppe von zweijährigen Pferden zu Verhaltensauffälligkeiten (Stereotypien) und einer veränderten Cortisolreaktion bei einem Stresstest führten im Vergleich zu einer Gruppe Jungpferde in Gruppenhaltung. In vielen Studien wurde belegt, dass die Haltung des Pferdes in einer Gruppe mit freier Bewegungsmöglichkeit das natürliche Bedürfnis des Pferdes nach Sozialkontakt und Bewegung besser befriedigt, als die Haltung in einer Einzelbox. Sie stellt daher die pferdegerechtere Form der Haltung dar. „Die Gruppenhaltung kommt vom Grundkonzept dem natürlichen Verhaltensmuster am meisten entgegen", wogegen „die Einzelhaltung… vom Ansatz einigen elementaren Zielen der Pferdehaltung wie dem Sozial- und Bewegungsbedürfnis des Tieres (…) widerspricht" (Pirkelmann, Ahlswede & Zeitler-Feicht, 2008).

Das Zusammenleben von Therapiepferden mit Artgenossen sollte vermehrt von soziopositivem Verhalten geprägt sein. Leben Therapiepferde im Offen- oder Laufstall, ist das Platzangebot ausschlaggebend. Nur bei großem Platzangebot (330qm pro Pferd) tendierten Aggressionen zwischen den Pferden gegen null. In kleineren Stallbereichen besteht die Gefahr, dass Stress zwischen den Pferden erzeugt wird. Die Ergebnisse von Fuchs et al. (2013) zeigten mehr soziopositives Verhalten zwischen Pferden, wenn sie in einer Box standen und nur zum Weidegang zusammenkamen. Zugleich zeigten die Pferde in dieser Haltung im Vergleich zu Offenstallpferden jedoch auch mehr sozionegatives Verhalten.

An dieser Stelle soll hierzu eine Hypothese eingebracht werden: Pferde aus Boxenhaltung verlieren den direkten Zugriff auf ihr natürliches, pferdisches Verhalten zum Teil bei mehrjähriger Einzelhaltung. Sie suchen nach Nähe und Schutz durch einen anderen Sozialpartner, wenn sie für kurze Zeit auf der Weide beisammen sind. Ebenso nutzen sie die Situation in der Gruppe intensiv für Fellpflege und Spiel, da sie mit einer baldigen Beendigung der Situation rechnen. Sie haben weiterhin ihre Nähe-Distanz-Regulation eingebüßt und nähern sich daher stetig der Gruppe bzw. einzelnen Gruppenmitgliedern. Dadurch entstehen wiederum Drohungen durch die Sozialpartner. Das Verfolgen eines Pferdes, welches als sozionegatives Verhalten beschrieben wird, kann das „Außenhalten" eines Pferdes bedeuten, da es nicht in die Gruppen hineingelassen werden soll. Dies ist nicht ungewöhnlich und wird nicht besser, wenn die Pferde nach wenigen Stunden immer wieder zurück in ihre Box gebracht werden.

Als weiterer wichtiger Befund zur Haltung (und evtl. ebenso Art des Einsatzes durch den Menschen) ist die Studie von Stomp et al. (2021) aufzuführen. Hier wurden die Gehirnströme im Elektro-Encephalogramm (EEG) von Schulpferden in Boxenhaltung mit Freizeitpferden in Offenstallhaltung verglichen. Die Schulpferde zeigten mehr stereotypes Verhalten und ihr EEG wies vermehrt Gamma-Wellen besonders der rechten Hemisphäre auf. Dies weist auf Stress und eher negative Emotionen hin. Die Freizeitpferde in Offenstallhaltung zeigten dagegen vermehrt Theta-Wellen und auch eher einen Schwerpunkt in der linken Hemisphäre, was mit mehr Entspannung und positiven Emotionen zusammengebracht wird.

Der ausreichende Kontakt zu Artgenossen ist bei der Gruppenhaltung gegeben. Bei den Kontakten sollte das soziopositive Verhalten überwiegen, so dass sich die Pferde relativ stressfrei wohlfühlen. Daher ist auf die Gruppenzusammensetzung zu achten. Oftmals können Rassen- oder auch Farbunterschiede ein Problem darstellen. Einige Rassen sind weniger sozial verträglich als andere. Da Pferde oft Paarbeziehungen eingehen, ist es sinnvoll, wenn möglichst eine geradzahlige Anzahl an Tieren in einer Gruppe lebt. Wie schon beschrieben, ist das Platzangebot zudem ausschlaggebend. Beim Offenlaufstall sollte die Auslauffläche für Kleingruppen unter zehn Tieren als Basiswert bereits 300m² betragen (Pirkelmann, 2008), damit rangniedere Pferde immer die Möglichkeit haben, durch natürliches Meideverhalten auszuweichen. Die Anlage sollte dabei außerdem keine Sackgassen aufweisen, in die rangniedere Pferde gedrängt werden könnten. Offenställe sollten aus diesem Grund immer zwei Ausgänge oder aber eine komplett offene Seite haben.

Ein weiterer, bedeutsamer Faktor für Therapiepferde ist die **Stabilität in der Herde** mit einer geringen Fluktuation. Es bringt in der Regel Ruhe in eine Gruppe und minimiert negativen sozialen Stress für die Pferde. Leben Pferde über viele Jahre zusammen, sind ihre Aufgaben verteilt und die Positionen geklärt. Dies kann besonders für Pferde in Therapie und Pädagogik, die sich täglich auf Menschen einstellen müssen, von besonderer Wichtigkeit sein.

Die **Eingewöhnung** von neuen Pferden in eine bestehende Gruppe oder die Neugründung einer Gruppe sind gut vorzubereiten und zu planen. Es ist meist hilfreich, Pferde langsam aneinander zu gewöhnen, um das Risiko von Verletzungen zu minimieren. Es kann hilfreich sein, neue Pferde nur in eine Therapiepferdeherde zu einem Zeitpunkt aufzunehmen, in dem eine Therapiepause besteht. Kommt ein neues Mitglied in eine Gruppe, dann verändert sich das bestehende Gefüge und nicht nur das neue Pferd muss sich eingewöhnen, sondern der Platz und die Aufgaben jedes Pferdes in der Gruppe wird evaluiert. Es kann vorkommen, dass Pferde sich während solcher Phasen nicht gut auf den Menschen oder gar Therapiesituationen einstellen können, da sie mit ihrem „sozialen Stress" stark beschäftigt sind.

Sinnvoll ist es, neue Pferde zuerst mit dem Leittier einzeln in Kontakt zu bringen, ggf. über mehrere Tage. Oder es wird mit einem anderen Pferd zuerst zusammengestellt, damit es ein Bezugspferd in der Gruppe hat. In einer Untersuchung zu Strategien zur Eingliederung von Flauger (2011) hat sich herausgestellt, dass die Eingliederung mit einem **Integrationspferd** in eine neue Gruppe am besten funktioniert. Bei der Methode mit Integrationspferd zeigten sich die geringsten Verletzungsraten. Es ist zu überlegen, ob das Integrationspferd eher rangniedriger oder ranghöher sein sollte. Rangniedrigere suchen mehr Kontakt zu den Neulingen und Ranghöhere können mehr Schutz bieten.

Die ersten Kontakte sollten immer auf Weiden mit viel Platzangebot und auch Futterangebot durchgeführt werden. Nach und nach können die anderen Gruppenmitglieder dazu gelassen werden. In manchen Fällen kann es hilfreich sein, die Pferde sich einzeln kennenlernen zu lassen, in anderen Fällen kann das Zusammenlassen der gesamten Gruppe mit dem neuen Pferd gut funktionieren. Dies hängt von der Gruppenzusammensetzung ab und der Durchmischung unterschiedlicher Pferderassen und -typen in den Gruppen. Es sollte ein durchdachtes **Eingliederungskonzept** zuvor überlegt werden. Im Stallbereich können Eingliederungspferde für einige Tage in einer einzelnen Box am Rande der Gruppe gehalten werden, so dass es Sicht- und Geruchskontakt gibt, das neue Pferd jedoch auch Ruhe hat, zu schlafen und nicht unter Dauerstress stehen muss. Weiterhin sollte es bei Lauf- und Offenställen diese allein erkunden dürfen, damit es die Wege kennt und sich im Stall zurecht findet, falls es verdrängt oder im Stall getrieben wird. Die **Einge-wöhnungszeit** eines neues Therapiepferdes, unabhängig vom Ausbildungsstand, sollte vor dem ersten Einsatz in Therapie oder Pädagogik wenn möglich **ein Jahr** betragen. So kann gewährleistet werden, dass das Pferd wirklich in der Gruppe aufgenommen wurde, einen Platz eingenommen hat, sich an dem Ort wohl und sicher fühlt und sich dadurch voll auf die Arbeit einlassen kann. Bei kürzeren Eingewöhnungszeiten sollten die Rahmenbedingungen gut überdacht werden und individuell entschieden werden, ob das Pferd sich sicher genug fühlt und sich mit seiner Konzentration voll auf das Arbeitssetting einlassen kann.

Neben der stetigen Möglichkeit, mit den Artgenossen direkt zu interagieren, können Pferde in Lauf- und Offenställen immer in Bewegung sein. Es ist artentsprechend, dass Pferde mehrmals am Tag Orte wechseln. Sie suchen Futterplätze und Wasserstellen auf, wälzen sich im Sand, suchen sich ruhige Orte zum Schlafen im Schutz der Artgenossen. So sollten die Lauf- und Offenstallbereiche von Therapiepferden möglichst Ortswechsel ermöglichen, so dass auch die Funktionskreisläufe Komfort- und Spielverhalten gezeigt werden können.

Abb. 5 Komfort- und Ruheverhalten sind besonders wichtig für Therapiepferde. Hinzukommend kann besonders für Wallache Spielen sehr wichtig sind. Sie können ihre Position klären und zugleich Stress abbauen. Für einige Wallache kann es wichtig sein im Sinne der Befriedigung der Grundbedürfnisse, damit sie in der Intervention konzentriert mitarbeiten können.

Eine kontinuierliche Rauhfutter-Bereitstellung ist sinnvoll, um Futterneid zu minimieren. Pferde fressen natürlicherweise zwischen 12 und 18 Stunden pro Tag. Daher ist auch bei sämtlichen Haltungsformen auf möglichst ständig zur Verfügung stehendes Raufutter oder möglichst hohe Fütterungsfrequenzen zu achten. Bei leichtfuttrigen Rassen kann man dazu übergehen, das Raufutter aus engmaschigen Netzen zu reichen oder in den Futterpausen Beschäftigungsfutter wie Äste von Obstbäumen anzubieten, um die Fresszeiten bei gleich bleibendem Futtervolumen zu verlängern. Viele Verhaltensstörungen wie Koppen, Zähnescheuern, an der Box nagen u. ä. kommen durch falsche Fütterung zustande. Bei kontinuierlichem Futterzugang kann bei der Herausnahme des Tiers zum Arbeitseinsatz gewährleistet sein, dass es nicht hungrig in das Setting eingebunden wird und nicht stetig nach Grünfutter sucht, sondern sich gut auf die Arbeitssituation einstellen kann.

Für die physische Gesundheit des Pferdes ist ausreichend Bewegung vor allem im Schritt unabdingbar. Am wichtigsten ist daher ausreichend Weidegang, da sich das Pferd auf der Weide natürlich und langsam während des Fressens vorwärts bewegen kann. Führanlagen und Laufbänder können Bewegungsmangel vorbeugen, stellen jedoch keine zufriedenstellende Alternative zum Weidegang dar, da es häufig zu einseitigen Belastungen kommt und es durch das – für das Pferd „sinnlose" – Laufen sogar zu Verhaltensproblemen kommen kann.

Pferde aus Gruppenhaltung, die im Therapieeinsatz sind, sollten zugleich die Einzelhaltung gewohnt sein und sich **problemlos von ihren Sozialpartnern entfernen**. Dies kann nur durch zeitliche Phasen der Einzelhaltung erreicht werden, das bedeutet, dass das Pferd mal für eine Stunde oder auch mehrere von der Gruppe separiert wird, natürlich im Sichtkontakt mit den anderen Pferden. Wird dies bereits mit Jungpferden trainiert, sind sie in der Regel problemlos von den anderen zeitweise zu trennen. Pferde, die stark an anderen Artgenossen „kleben", können sich nicht ausreichend gut auf den Kontakt mit dem Menschen in der Intervention einlassen.

In der Regel beziehen sich Pferde aus Gruppenhaltung in ihrer Angstregulation mehr auf ihre Herdenpartner als Pferde aus Einzelhaltung (vgl. Sondergaard et al., 2003). Das tägliche Zusammensein und Training mit dem Menschen kann diesen jedoch zum Sozialpartner machen, so dass sich das Pferd am Menschen orientiert. Das sollte beim Therapiepferd gegeben sein. Allerdings muss festgehalten werden, dass ein Pferd die absolute Sicherheit nur in der Gruppe unter anderen Pferden finden kann. Daher ist eine immer wieder geübte „Isolation" von der Gruppe sowie das tägliche Zusammensein mit dem Menschen bei Pferden, die in Gruppen gehalten werden, besonders wichtig. Dabei ist für Therapiepferde eine gleichbleibende vertraute Bezugspersonen von Bedeutung, ebenso wie gleichartiges Handeling (wenn mehrere Personen mit dem Pferd arbeiten und/oder es trainieren), selbstverständlich eine positive Grundstimmung im Umgang mit den Pferden und Gewaltfreiheit im täglichen Umgang.

5.2 Exkurs: Gibt es optimale Aufwuchsbedingungen für Therapiepferde?

Neben der Frage, welche Rasse wohl besonders geeignet sein kann für die Pferdegestützten Interventionen wird ebenso immer wieder die Frage diskutiert, welche Aufzuchtbedingungen ein Pferd optimaler Weise haben sollte, um später ein gutes Therapiepferd zu werden. Diese Frage ist nicht leicht zu beantworten, da der bisherige Forschungsstand nicht ausreicht, um eine klare Antwort zu geben.

Sollte ein Pferd so früh wie möglich an den Menschen gewöhnt werden und ihn schon früh als Beziehungspartner kennenlernen oder sollte ein Jungpferd möglichst nur unter seinen Artgenossen aufwachsen, damit es besonders „unvoreingenommen", natürlich, also artspezifisch und „unverdorben" mit dem Menschen zu Ausbildungsbeginn zusammentrifft?

Es wird seit langem in der Pferdeszene diskutiert, wie das Pferd auf den Menschen geprägt werden kann, um besonders früh eine für den Menschen einfache und sichere Nutzung zu etablieren. Dabei steht das frühe Handling der Fohlen durch den Menschen im Fokus („imprint training"). Die wissenschaftlichen Studien sind hierzu nicht besonders umfangreich und nur begrenzt aussagekräftig. Eine Studie von Sondergaard und Jago (2010) zeigt, dass Fohlen, die in den ersten zwei Tagen nach der Geburt ein dreimal tägliches Handling durch den Menschen erlebt haben, sich nicht wesentlich von Fohlen unterscheiden, die nicht mit dem Menschen in Kontakt kamen. In einer Testsituation mit Fohlen im Alter von 6 Wochen zeigten die Fohlen mit Handling jedoch eine geringere Flucht-Distanz zum Menschen, ihr Explorationsverhalten unterschied sich nicht. Die geringere Flucht-Distanz und das Aushalten von Nähe zum Menschen kann als wichtiger Faktor für die spätere

Ausbildung des Pferdes angesehen werden.

Die traditionelle Meinung in Bezug auf die Haltung von Jungpferden ist, dass diese mit Gleichaltrigen in Gruppen gehalten werden sollten, damit es zu Abreaktionen kommen kann und sie dadurch einfacher im Handling durch den Menschen sind. Dies konnte in einer Studie von Rivera et al. (2002) bestätigt werden. Die Pferde der Studie, die in der Gruppenhaltung lebten, gewöhnten sich schneller an die Aktivitäten in der Hinführung zum Reiten als Pferde, die in Boxen gehalten wurden. Die unerwünschten Verhaltensweisen waren bei den Pferden aus Gruppenhaltung geringer ausgeprägt.

Eine Studie von Sondergaard et al. (2003) gibt ein weiteres, differenziertes Bild der Auswirkungen der Haltungsbedingungen sowie der frühen Gewöhnung an den Menschen bei jungen Pferden. Das Team untersuchte vierzig Pferde in einem standardisierten Versuchsaufbau, die im Alter von 5 Monaten entweder in Laufställen mit zwei weiteren Jungpferden oder allein in einer Box mit täglichem Paddockauslauf für acht Monate gehalten wurden. Danach folgten die Sommermonate als Gesamtgruppe auf einer Weide. Im Herbst wurden sie wieder in der ursprünglichen Haltung aufgestallt, bis sie zwei Jahre alt waren. Die Gruppe der Pferde wurde zudem unterteilt in eine, welche tägliches Handling durch einen Menschen erfuhr und einer anderen, die nur einmal monatlich für Hufpflege oder medizinische Checks in Menschenkontakt kamen. Die Ergebnisse zeigten, dass es bei den einjährigen Pferden einen Unterschied machte, ob sie regelmäßiges Handling erfahren hatten oder nicht. Die jungen Pferde mit Handling näherten sich schneller der Testperson als die Pferde ohne den regelmäßigen Menschenkontakt. Dieser Unterschied konnte jedoch im Alter von zwei Jahren bereits nicht mehr gezeigt werden. Das gleiche galt für die Situation des „Einfangens", im Alter von einem Jahr gab es einen Gruppenunterschied, im zweiten Jahr nicht mehr, da ließen sich beide Pferdegruppen gleich schnell einfangen. Allerdings zeigten zu beiden Testzeitpunkten die Pferde, die nur ein geringes Handling erlebt hatten, eine höhere Herzrate, als die Pferde, die regelmäßig im Menschenkontakt waren. Weiterhin wurde das Explorationsverhalten sowie ihre Unruhe gemessen, hier bestanden keine signifikanten Unterschiede zwischen den Gruppen in den Testphasen. Ein Unterschied bestand beim Faktor „Vokalisation". Die einjährigen Pferden aus der Gruppenhaltung vokalisierten signifikant mehr als die Pferde aus Einzelhaltung. Im Alter von zwei Jahren unterschieden sich die Gruppen dann nicht mehr voneinander. Die Untersuchung erfolgte in unterschiedlichen Testsituationen einer bekannten und einer unbe-

kannten Umgebung. Die Gruppen unterschieden sich dahingehend, dass die Pferde aus der Gruppenhaltung in einer unbekannten Umgebung unruhiger waren, als
die Pferde aus Einzelhaltung. Die Pferde aus der Einzelhaltung erkundeten mehr
die Umgebung und vokalisierten weniger, als die Gruppenhaltungspferde. Das Ergebnis kann dahingehend interpretiert werden, dass die Pferde aus Einzelhaltung
sich nicht als Teil einer schützenden Herde erleben (auch wenn sie Blick und Geruchskontakt zu Nachbarn haben) und daher selbst erkunden müssen und weniger
ihre Sozialpartner „zu Hilfe" rufen. Die Pferde, die regelmäßiges Handling erlebt
hatten, nahmen schneller Kontakt zum Menschen in der fremden Situation auf, als
die Pferde, die wenig Handling erlebt hatten. Das Forschungsteam kommt zu dem
Schluss, dass die regelmäßige Gewöhnung des Umgangs mit dem Menschen in einer fremden Umgebung (und damit Stress auslösenden Situation) hilft, dem Menschen zu vertrauen und seine Nähe zu suchen. Der Effekt der Gewöhnung an den
Menschen und daraufhin mehr Kontaktaufnahme zum Menschen findet sich auch
bei anderen Tieren wie Schweinen, Rindern und anderen Tieren (vgl. Hemsworth
et al., 1996; Bertenshaw & Rowlinson, 2001).

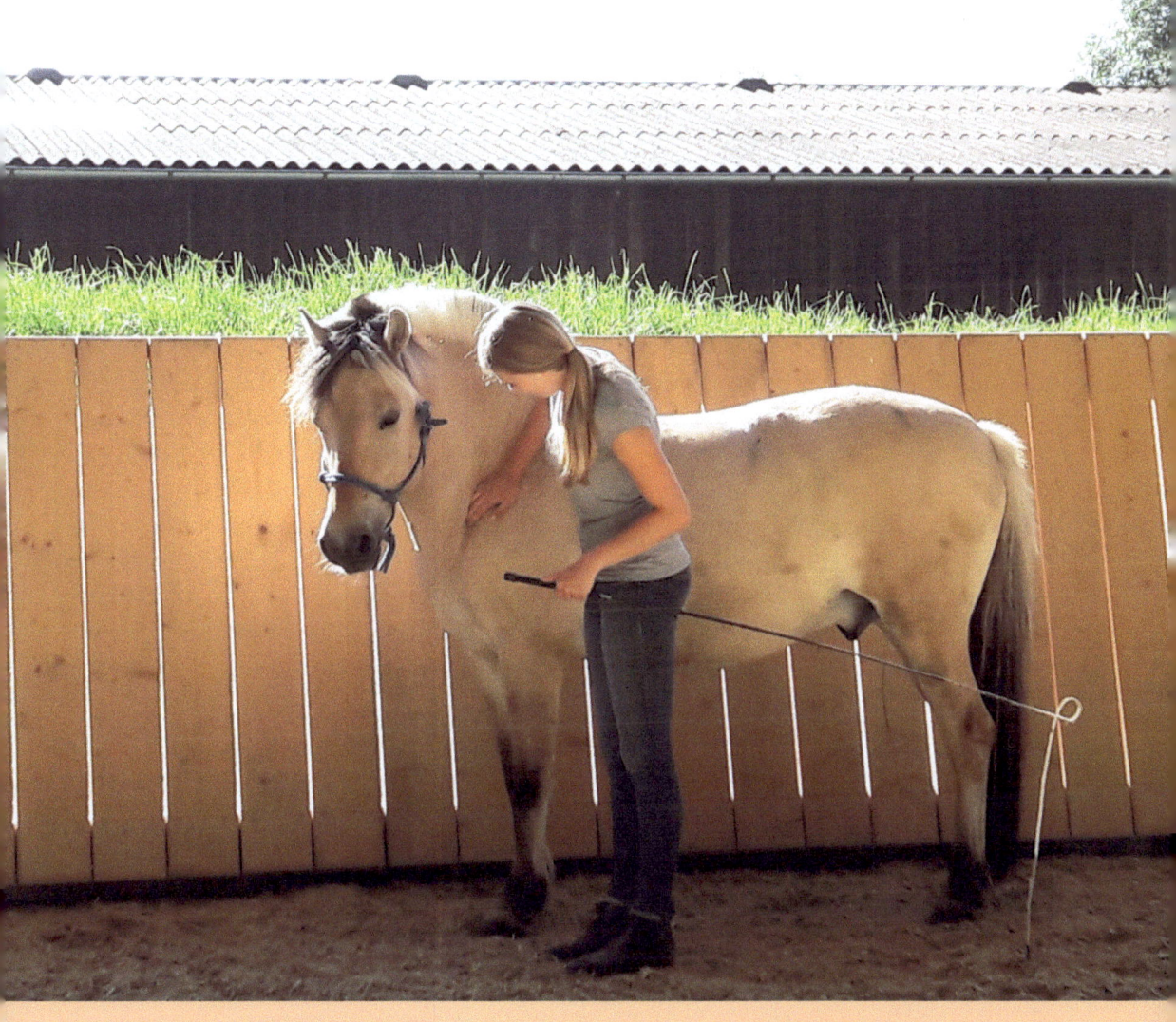

KAPITEL 6

6. Dyadisches Training - Grundausbildung von Therapiepferden

An die Ausbildung von Therapiepferden werden hohe Anforderungen gestellt: Sie sollten gute Reitpferde sein, vom Boden sowie vom Rücken aus auf alle Hilfen korrekt und sensibel reagieren, freundlich und kooperativ mit dem Menschen zusammenarbeiten, keine Verhaltensstörungen zeigen geschweige denn Abwehr oder Aggression gegen den Menschen. Sie sollen vom Exterieur her alle Bedingungen für ein gutes Reitpferd bieten mit einem gut bemuskelten Bauch und Rücken, am besten sportlich trainiert und ausbalanciert in allen Gangarten laufen, ob in der Bahn, an der Longe oder mit Klienten im Gelände. Sie sollen freudig alle Personen begrüßen und dies auch noch nach Jahren des täglichen Einsatzes mit verschiedensten Menschen. Zugleich sollen sie ruhig und ausgeglichen sein, auf die Klient*innen möglichst aufpassen, entspannt bleiben, wenn diese Angst bekommen oder unruhig werden.

Im nun folgenden Kapitel soll nicht grundsätzlich auf die Ausbildung von Reitpferden bzw. Freizeitpferden eingegangen werden, auch wenn natürlich die Ausbildungsmethoden für ein Therapiepferd aus diesen gespeist sind. An einigen Stellen wird nur kurz auf gewisse Inhalte eingegangen, die sich in der Literatur zur Pferdeausbildung zu genüge finden und an dieser Stelle nicht wiederholt werden sollen.

Welche Besonderheit muss ein Therapiepferd leisten, was in anderen Einsatzbereichen so nicht erforderlich ist und damit spezifisch herausgestellt werden kann: Es muss die Sicherheit der Klient*innen in jeder Situation gewährleistet werden, das Pferd muss also absolut sicher im Handeling sein und dem Menschen vertrauen. Es soll sich während des Einsatzes an der Fachkraft orientieren und auf die Signale der Fachkraft achten, andererseits soll es in der **Triade** (Fachkraft-Pferd-Klient*in) auf individuelle Zustände der Klient*innen eingehen beziehungsweise feinfühlig auf diese reagieren. Um dem Pferd diese Fähigkeiten zu vermitteln ist eine gründliche, konsequente, pferdegerechte und gewaltfreie Ausbildung nötig. Mehr noch als bei Pferden in anderen Einsatzbereichen muss es sich auf den Menschen einstellen und sich mit seiner Aufmerksamkeit immens auf die Aufgabe konzentrieren. Eine gründliche Ausbildung des Pferdes ist unerlässlich, um es vor psychischem und physischem Schaden zu bewahren und es als motivierten „Co-Therapeuten bzw. Co-Pädagogen" über viele Jahre zu erhalten.

Die Ausbildung eines Therapiepferdes soll in zwei übergeordnete Abschnitte unterteilt werden: **das dyadische und das triadische Training**. Im dyadischen Training arbeitet eine Person - später mehrere Personen - mit dem Pferd und übt alle Grundbausteine ein, die für den späteren Einsatzbereich wichtig sind. Im triadischen Training lernt das Pferd darauf aufbauend die Situation kennen, dass die Fachkraft mit dem Pferd weiterhin in Verbindung steht, jedoch eine weitere Person, die/der Klient*in, hinzu kommt und sie bzw. er die wichtige „Zielperson" der Interaktion ist. Das Pferd hat somit die Aufgabe, mit der „neuen Person" in Kontakt zu treten, sich auf diese einzustellen und zugleich die Impulse der Fachkraft aufzunehmen und auf ihre Kommandos zu achten. Dies sollte in einem humorvoll genannten „Dummy-Training" vor der Arbeit mit realen Klient*innen mit dem Pferd geübt werden.

Das dyadische Training kann mehrere Monate umfassen, je nachdem, wiviel Zeit täglich bzw. wöchentlich in die Schulung investiert werden kann. Ebenso spielt die „Vorbildung" des Pferdes eine wesentliche Rolle. Ein Zeitraum von einem halben Jahr ist in der Regel anzusetzen, denn Pferde benötigen viele Wiederholungen und Zeit für Reifung. Das später beschriebene triadische Training nimmt ebenfalls noch mehrere Wochen bis Monate in Anspruch. Insgesamt ist eine Ausbildungszeit von einem Jahr nicht ungewöhnlich bei einem Pferd, das grundsätzlich bereits als Reitpferd ausgebildet wurde.

6.1 Die Grundhaltung der Fachkraft in der Ausbildung von Therapiepferden

In der Ausbildung von Therapiepferden kommt es nicht darauf an, dass jedes Tier auf allen Ebenen perfekt trainiert und somit für jede Form des Einsatzes geeignet ist, sondern vielmehr, dass die zuständige Fachkraft um die Stärken und Schwächen der jeweiligen Therapiepferde weiß und diese fachkundig in die Wahl für den jeweiligen Klienten mit einbezieht. Die Sicherheit des Klienten muss dabei stets gewährleistet sein, und darf nicht durch ein nicht ausreichend ausgebildetes oder nicht adäquat ausgesuchtes Therapiepferd gefährdet werden.

Je nach Einsatzgebiet müssen unterschiedliche Fähigkeiten des Pferdes im Fokus der Ausbildung stehen. Ein Pferd, welches hauptsächlich im Gruppensetting mit Schwerpunkt auf motorischer Förderung auf dem Pferd seinen Einsatz findet, muss sehr gut in der Longenarbeit geschult sein, Voltigierübungen und den Einsatz vieler Materialien kennen und tolerieren und den Umgang mit verschiedenen Menschen zur gleichen Zeit gewohnt sein. Wiederum ein Pferd, das in der Arbeit mit traumatisierten Klienten im Einzelsetting eingesetzt wird, muss psychisch in der Lage sein, mit den Traumabelastungen des/der Klient*in und den damit einhergehenden Gefühlen und gegebenenfalls dissoziativen Zuständen umzugehen und auf diese adäquat zu reagieren.

Auch wenn die Ausbildung zum zuverlässigen Therapiepferd ein dynamischer und individueller Prozess ist – einige Grundbausteine sind unerlässlich. Hierzu gehören ganz zu Beginn **Vertrauensaufbau** und **Grundgehorsam**, danach folgt der Aufbau einer lang anhaltenden Konzentrationsfähigkeit und stetige Ausrichtung auf den Menschen, hinzu kommt eine umfassende Materialgewöhnung. Danach folgt, wie in Kapitel sieben beschrieben, noch das triadische Training, in dem das Pferd darin geschult wird, sich auf einen Klienten auszurichten und mit seinen Verhaltensweisen umzugehen. Diese Bausteine des Therapiepferdetrainings müssen die Pferde vor dem Einsatz mit Klienten durchlaufen haben.

Wichtig ist zu betonen: das Training eines Therapiepferdes ist nach dem Durchlaufen der einzelene Trainingsinhalte nicht abgeschlossen – ebenso wichtig, wie das vorbereitende Training auf den Einsatz, ist ein fortlaufendes Training zum Aufrechterhalt der Fähigkeiten, die erarbeitet wurden und ein fachlich durchdachter, reflektierter und tiergerechter Umgang in der Intervention.

Grundsätzlich lässt sich sagen, dass jede Person, die ein Therapiepferd ausbildet, ihre eigene, individuelle Ausbildungsform finden und sich mit dieser identifizieren sollte – solange die Ausbildungsgrundlage immer ein pferdegerechter, gewaltfreier Umgang mit dem Pferd ist. Verschiedene Ausbildungsmethoden werden zum Erfolg führen und daher werden auch verschiedene Methoden und Ansätze in diesem Kapitel Erwähnung finden, um grundlegende Prinzipien zu verdeutlichen. Diese Ausbildungsmethoden sollten jedoch nicht als starres Konstrukt wahrgenommen werden.

Ziel aller Trainingsbestandteile sollte immer ein **sicheres, selbstbewusstes, mitdenkendes und interagierendes Pferd** sein. Der Umgang mit dem Pferd sollte „leise" erfolgen, sowohl verbal als auch nonverbal – Ziel sollte immer sein, das Pferd möglichst durch kleine Zeichen dirigieren zu können, wie z.B. Einatmen - Ausatmen, ein Fingerzeig oder eine Körperpositionierung. Im therapeutischen sowie pädagogischen Setting sollten wenig Hilfsmittel wie Gerten benötigt werden. Das hat verschiedene Gründe, zum Beispiel benötigen die Fachkräfte eine freie Hand, wenn sie Kinder auf dem Pferd sichern möchten oder auch, um Gegenstände zu reichen oder ähnliches. Hier würde ein Stick oder Gerte stören. Zudem ist es bei manchem Klientel unangebracht, gerade im Umgang mit Opfern von Gewalt. Bei ihnen können durch den Einsatz solcher Hilfsmittel starke emotionale Reaktionen ausgelöst werden, auch wenn sie dies nicht immer verbalisieren können. Fachkräfte sollten sich darüber bewusst sein, wie sehr sie Hilfsmittel für die Kommunikation mit dem Pferd benötigen und warum. Die Pferde sollen in der Intervention nicht zu „Kommandoausführern" werden, sondern ihre eigenen Impulse mit in den Prozess einbringen dürfen. Hier wird sofort ein wichtiges Spannungsfeld deutlich, mit dem sich Fachkräfte in der Arbeit mit Therapiepferden immer wieder auseinandersetzen müssen: die Balance halten zwischen dem Aufgreifen von Impulsen des mitdenkenden Pferdes und gleichzeitig den Grundgehorsam als einen der wichtigsten Grundbausteine nicht zu gefährden.

Eine wichtige Annahme im Umgang mit dem Pferd: Es gibt immer einen „**guten Grund**" für das gerade gezeigte Verhalten des Pferdes. Ein unerwünschtes Verhalten kann Ausdruck von unerfüllten Grundbedürfnissen sein, ebenso wie für Unter – oder Überforderung. Das Pferd kann durch seinen eigenen mentalen Zustand ebenso beeinflusst sein wie durch den mentalen Zustand der trainierenden Fachkraft oder später im Einsatz der Klient*innen. Das Verhalten des Pferdes auf der Suche nach dem „guten Grund" zu kontextualisieren sollte immer das Bestreben der Fachkraft sein. Die Fachkraft ist in der Verantwortung, das Verhalten des Pferdes zu erkennen und zu versuchen, es zu verstehen.

An dieser Stelle soll schon einmal hervorgehoben werden, dass Therapiepferde für eine gebisslose Arbeit in der Intervention ausgebildet werden sollen, da dies für den späteren Einsatz nötig ist. Kau- und Leckbewegungen sowie viele kleine Anzeichen rund um das Pferdemaul sollen mit dem therapeutischen oder pädagogischen Prozess in Bezug gesetzt werden können – das Pferd gibt besonders in der Maulregion viele Rückmeldungen zu emotionalen Blockaden oder Regulationsprozessen (bei sich selbst und den Klient*innen). Die mechanische Einwirkung über ein Gebiss verändert die Situation, denn hier hat das Tier einen Fremdkörper im Maul, so dass die genannten Zeichen nicht klar zurückzuführen sind auf die Situation. Von großer Bedeutung für die Arbeit ist das „Leerkauen", doch dies ist nur im leeren Maul eindeutig zu beobachten!

Es soll dabei klar gestellt werden, dass eine gebisslose Arbeit auf dem Reitplatz erfolgt oder auch bei geschützten Spaziergängen zwischen Wiesen und Feldern. Die Beteiligung am Straßenverkehr ohne Gebiss ist umstritten und muss die Fachkraft gewissenhaft abwägen und für sich selbst entscheiden. Weiterhin ist zu beachten, in die Versicherungsbedingungen (für Therapiepferde und die Berufshaftpflicht für Fachkräfte PI) eine gebisslose Arbeit in der Intervention aufnehmen zu lassen.

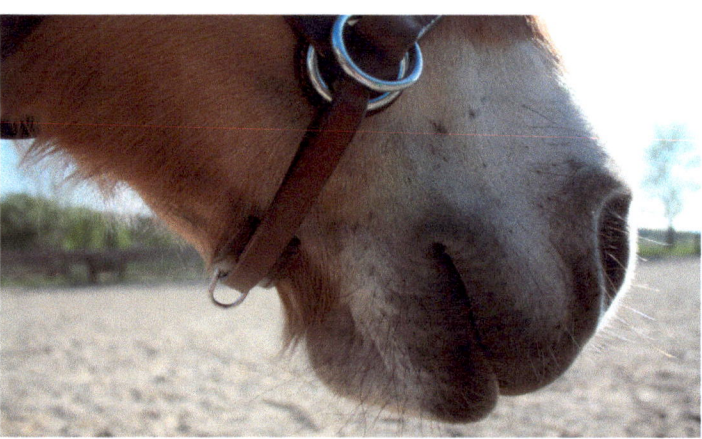

Abb. 6 Sidepull als geeignete Gebissloszäumung in der PI

6.2 Der körperliche und mentale Zustand als Grundlage für ein Therapiepferd

Unabhängig von der Ausbildung ist auf eine artgerechte Haltung und Fütterung der Pferde zu achten, denn nur ein Pferd, dessen Grundbedürfnisse befriedigt sind, kann als aufmerksamer, motivierter und sicherer Partner in der Therapie und Pädagogik eingesetzt werden. Für das Therapiepferdetraining sollte sich das Pferd in einem mental stabilen Zustand befinden, was bedeutet, dass es sich in seiner Umgebung und mit der Bezugsperson sicher fühlt, mit der das dyadische Training stattfindet.

Bereits 2011 veröffentliche Roswitha Zink in der Zeitschrift „Pferderevue" ihre Sichtweise auf die Ausbildung von Therapiepferden für die von ihr benannten „Equotherapie". Die Ausführungen zu den vier Ausbildungsphasen waren zum damaligen Zeitpunkt absolut neuwertig und Leitlinie für alle weiteren Überlegungen zu einem umfassenden Training von Therapiepferden. In der ersten Phase wird beschrieben, dass sich das Pferd mit vielen Materialien und Werkstoffen befassen darf, also sein Neugierverhalten unterstützt wird und es die Scheu vor Dingen verliert. In dieser Phase wird ebenfalls die Selbstwahrnehmung gestärkt sowie die Körperkompetenz ausgebildet. Das Pferd lernt sich kennen, es kann verschiedenste Reize integrieren und fühlt sich in seinem Körper wohl und sicher. **Es wird sich über sich selbst bewusst**. Dies ist der grundlegende mentale Zustand, den ein Pferd für die weiteren Trainingsphasen benötigt. Nach Zink sollte das Pferd in dieser ersten Phase möglichst nur von einer Person ausgebildet werden. Diese Person ist maßgeblich für das erste dyadische Training, in dem das Pferd in sich selbst vertraut, aber auch lernt in den Menschen Vertrauen aufzubauen. Roswitha Zink postuliert eine Dauer dieser ersten Trainingsphase von etwa einem Jahr, was die Bedeutsamkeit als Grundlage für die Entwicklung eines guten mentalen Zustands für den späteren Einsatz verdeutlicht.

Hierbei gilt es natürlich stets zu beachten, dass das Pferd im Training immer als aktiv mitarbeitendes Lebewesen gesehen werden muss, das mit seinem individuellen Charakter und seinen Vorerfahrungen sowie seiner aktuellen Lebenssituation als Ganzes gesehen werden muss. Zudem ist immer das **individuelle Lerntempo des Pferdes** zu beachten.

6.3 Vertrauen und Zusammengehörigkeit zwischen Fachkraft und Pferd intensivieren

Zum dyadischen Training zählen zunächst einmal alle Bestandteile des Trainings, die von der Fachkraft mit dem Pferd erarbeitet werden, sodass es später als sicheres und motiviertes Pferd eingesetzt werden kann. Die gesamte Ausbildung des Therapiepferdes sollte auf dem Vertrauensaufbau des Pferdes gegenüber dem Menschen und auf dem Akzeptieren des Menschen als ranghöheren Partner basieren. Die Fachkraft sollte daher auf ihr eigenes Auftreten und ihre Körpersprache gegenüber dem Pferd achten. Die Körperhaltung sollte in allen Situationen Ruhe und Selbstsicherheit signalisieren. Das Pferd sollte dem Menschen als erfahrenen Partner, an dem es sich orientieren kann, vertrauen können. Um dieses Vertrauen nicht zu stören, muss die Fachkraft alle ihre Reaktionen gut überdenken und vor allem bei schwierigen Aufgaben dem Pferd gegenüber nicht ungeduldig und gereizt reagieren oder gar unfair strafen. Grenzüberschreitendes Verhalten des Pferdes dem Menschen gegenüber sollte zu einem frühen Zeitpunkt freundlich und klar unterbunden werden, so dass der Fokus danach wieder auf den kleinen Schritten in die richtige Richtung gelegt und das Pferd gelobt und bestätigt werden kann.

Der Schlüssel für eine spätere vertrauensvolle Zusammenarbeit zwischen Fachkraft und Pferd liegt in der gemeinsam verbrachten Zeit. **Beziehung zwischen Mensch und Tier bauen sich erst über längere Zeitspannen auf**. Wie nah der Mensch dem Tier kommen kann, wird vom Tier aus gesteuert. Das Pferd stellt das Vertrauen zum Menschen immer wieder in Frage, häufig länger, als die Menschen dies meinen. Das Pferd evaluiert das Verhältnis immer wieder auf ein Neues.
Die gemeinsame Zeit, die Pferd und Mensch zusammen verbringen, kann als ein Zusammensein auf der Weide oder im Stall umgesetzt werden. Es sollte Zeit sein, in der der Mensch nichts vom Pferd verlangt, sondern versucht, Teil der Pferdegruppe zu sein. Die Bezugsperson sollte als Teil der Gruppe akzeptiert sein und im besten Fall als stellvertretendes „Leittier" der Gruppe von allen Pferden akzeptiert werden.

Hier ein paar Beispiele, wie der Mensch sich als „Herdenpartner" und symbolisches „Leittier" für das Pferd sichtbar machen kann: - Gemeinsames langsames Voranschreiten auf der Weide, gemeinsam Rast machen und sich ausruhen. - Das Pferd erhält etwas zu fressen innerhalb der Gruppe und die Bezugsperson hält die anderen Pferde auf Abstand. - Die Bezugsperson bringt Futter für die gesamte Gruppe, sie bringt das Pferd zur Tränke, nachdem es durstig von der Weide oder aus der Arbeit kommt. - Die Bezugsperson macht Fellpflege beim Pferd. – Der Mensch läuft wegweisend vor dem Pferd bei Spaziergängen und gibt das Schritttempo vor. - Die Bezugsperson stellt sich schützend zwischen einen „Angst-Reiz" und das Pferd.

Die Bücher von Mark Lubetzki (Kosmos Verlag, „Im Kreis der Herde" von 2019 und „Im Gespräch mit wilden Pferden" von 2022) geben einen tiefen Einblick in die Beziehungsgestaltung zwischen Pferden und die Möglichkeit des Menschen, sich in diese Beziehung mit einzubinden. In der Beziehungsgestaltung mit den Pferden kann sich der Mensch darüber bewusst werden, welche Aufgaben er für die Pferdegruppe und auch im Zusammensein mit dem einzelnen Pferd übernimmt.

Im Umgang mit Pferden im Allgemeinen und Therapiepferden im Speziellen gelten folgende **Grundregeln**:
Der Mensch ist immer aufmerksam und konzentriert, so sind es auch die Leittiere. Die Bezugsperson sucht keine unnötige Konfrontation, denn das Pferd wird immer wieder die Position in Frage stellen. Dann muss der Mensch sicher sein, dass er seine Position in jedem Fall vertreten kann und nicht nachgibt. Der Mensch achtet auf seinen Raum und besteht darauf, dass das Pferd eine respektvolle Distanz einhält. Wenn das Pferd sich aufdrängt, wird es freundlich, aber bestimmt, weggeschickt. Wenn es, besonders in freien Trainingssequenzen im Roundpen zur Person hereinkommen möchte, dann sollte es grundsätzlich darin positiv verstärkt werden, dass es sich an den Menschen wendet. Allerdings mit respektvoller Anfrage. Es sollte dann nach einer kurzen freundlichen Begrüßung wieder zur Arbeit in die Distanz geschickt werden. Nicht nur das Pferd, auch der Mensch sollte den Raum des Pferdes respektieren. Das bedeutet, dass auch der Mensch sich zurück ziehen kann, wenn das Pferd signalisiert, dass es in dem Moment keinen Kontakt möchte. Die Pferden sollten sich in der Nähe des Menschen wohlfühlen, das bedeutet auch, dass ihre Grenzen akzeptiert werden.

In neuen Trainingssituationen z.B. bei der Materialgewöhnung gilt, dass der Mensch ein zuverlässig „Lehrer" ist, der das Pferd nicht überfordert. Das Pferd wird immer mit einer positiven Lernerfahrung aus der Arbeit entlassen. Es wir gelobt und der Mensch sollte dem Pferd gegenüber wirkliche Freude über neue Lernerfahrungen zeigen.

Roswitha Zink (2011) beschreibt in ihren vier Ausbildungsphasen, dass in der zweiten Phase die körpersprachlichen Signale in den Vordergrund rücken. Die Pferde lernen, sich mit den menschlichen Ausdrucksweisen zu befassen. **Das Pferd lernt, sich auf die Bezugsperson einzustellen, den menschlichen Körperausdruck und auch seine emotionalen Zustände zu verstehen.** Daher ist der Bezug zu einer Person in dieser Phase so wichtig, da das Pferd eine enge Bindung zu dieser Person aufbaut und diese Person detailliert kennenlernt. Es soll bekräftigt werden, dass das Pferd die mindestens so große Aufgabe hat, den Menschen zu verstehen, wie der Mensch das Pferd. Denn auch wenn wir versuchen, uns der „Pferdesprache" in der Körperhaltung anzunähern (Stellung und Positionierung neben dem Pferd als wichtigstes Merkmal), so sind wir doch immer wieder extrem ungenau und wir fordern Reaktionen des Pferdes, die nicht immer mit unserem Körperausdruck zusammenpassen, manchmal sogar widersprüchlich oder konträr sind.

Nach Zink (ebd.) wird am Ende der Phase zwei eine weitere Person mit in das Training eingebaut, damit das Pferd lernt, das Verständnis über den Menschen auf eine weitere Person zu übertragen und auch diese in ihren Verhaltensweisen und Befindlichkeiten einschätzen zu können.

Wichtig ist in dieser Phase ebenfalls, dass sich die Pferde **über immer längere Zeitspannen in den Kontakt mit dem Menschen begeben und mit ihrer Aufmerksamkeit den Kontakt halten.**

6.4 Zusammenarbeit durch ausgewählte Trainingsinhalte und durchdachte Lernanforderungen

Die Zusammenarbeit zwischen Fachkraft und Pferd wird maßgeblich vom Boden aus entwickelt. Eine reine Beschäftigung mit dem Pferd beim Putzen und Reiten reicht niemals aus, um eine gelingende triadische Arbeit herzustellen. Die Beziehungsarbeit wurde bereits beschreiben. Nun kommen konkrete Trainingsinhalte hinzu, in denen das Pferd zum einen lernt, den Menschen und seine (angemessenen) Forderungen zu akzeptieren, und zum anderen in auch unbekannten Situationen dem Menschen leichter zu vertrauen und ruhig zu bleiben. Im therapeutischen wie pädagogischen Alltag sind die Übungen vom Boden so wichtig, da in einem Großteil der Settings die Fachkraft das Pferd mit dem/der Klient*in führt, also vom

Boden aus mit dem Pferd in der Interaktion steht.

Im weiteren soll auf Grundübungen für den Einsatz in der Pferdegestützten Intervention eingegangen werden und danach auf die Grundsätze des Lernens bei Pferden.

6.4.1 Der Oppositionsreflex als Verständnisgrundlage

Das Pferd sollte den Menschen als ranghöheren Partner akzeptieren und vor allem auch in schwierigen Situationen „auf den Menschen hören", anstelle in Panik zu geraten und die Flucht anzutreten oder mit Aggression und Abwehr zu reagieren, die für den Menschen gefährlich werden können. Als wichtigste Verständnisgrundlage soll an dieser Stelle auf den Oppositionsreflex und die sich daraus ableitenden Trainingsinhalte zu Beginn einer Ausbildung von Therapieferden eingegangen werden.

Ein physikalisches Grundgesetz, das von Isaac Newton beschrieben wurde, besagt: Druck erzeugt Gegendruck und zusätzlich gilt für das Fluchttier Pferd: Nur Weite sichert das Überleben! In der Ausbildung von Pferden sollte man diese Prinzipen berücksichtigen. Allein aus Sicherheitsgründen sollte das Pferd frühzeitig lernen, auf Druck durch Nachgeben und nicht mit Gegendruck zu reagieren. Im Hinblick auf die klare körperliche Überlegenheit der Pferde ist es unerlässlich. Allein mit seiner Halsmuskulatur wäre das Pferd in der Lage, das Gewicht eines Menschen zu tragen. Wenn es nicht gelingt, das Pferd durch eine grundsolide Ausbildung dazu zu bringen, auf Druck mit „Weichen" zu reagieren, dann wird der Mensch im weiteren Verlauf der Ausbildung immer mehr Druck und immer mehr sogenannte „Hilfsmitteln" benötigen, um das Pferd von der Anforderung zu überzeugen. Arbeitet der Mensch vorrangig mit Druck und massiven Hilfsmitteln bis hin zur Gewalt, können keine durchlässigen, aufmerksamen und arbeitseifrigen Therapiepferde entwickelt werden. Dann sind es Pferde, die innerlich aufgegeben haben und stoisch ihr Schicksal über sich ergehen lassen oder solche, die zu halsbrecherischen Maßnahmen greifen, um sich ihres Schicksals zu erwehren. Sie werden so für sich selbst und für den Menschen zu einer ernsthaften Gefahr. In beiden Fällen sind diese Pferde für den therapeutischen und pädagogischen Einsatz nicht geeignet.

In der Pferdeausbildung ist tendenziell zu erkennen, dass viel Druck ausgeübt und dieser verhältnismäßig lange aufrechterhalten wird. Um dem Pferd beizubringen, auf Druck mit Nachgiebigkeit zu reagieren, ist es für den Ausbilder ebenfalls wichtig, das Nachgeben zu üben. Richtiges und ehrliches Nachgeben zum richtigen Zeitpunkt bedarf einiges an Übung und der Entwicklung von „Gefühl" (Welz, 2003) und gutes Timing. Gefühl zu entwickeln für den ersten Versuch des Pferdes, auf einen Impuls hin zu reagieren, ist der erste Schritt zur Entwicklung eines sicheren und durch Leichtigkeit geprägten Umgangs mit dem Pferd.

Insbesondere bei der Beeinflussung der Kopfhaltung kann das Prinzip des Nachgebens – sowohl vom Pferd als auch vom Menschen – verdeutlicht werden. Über die Kopf- und Halshaltung kann direkt auf den emotionalen Zustand des Pferdes eingewirkt werden (ebd.). Durch die Beeinflussung der Kopfhaltung, nach unten und oben sowie lateral zu beiden Seiten, kann die Durchlässigkeit des Pferdes gefördert werden. Nur ein durchlässiges Pferd ist ein zugängliches Pferd, das sich offen für neue Lernerfahrungen zeigen kann.

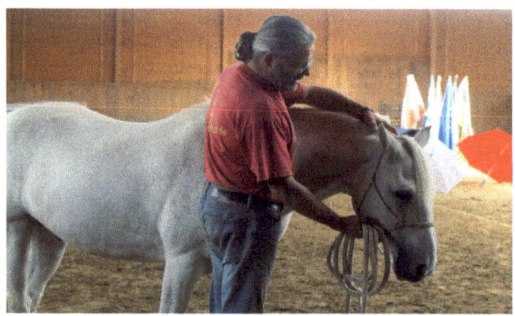 

Abb. 7 Durchlässigkeit ist das A und O für eine kooperative Mitarbeit beim Pferd. Das Kopfabsenken und die Biegung zu beiden Seiten ist eine gute Grundübung.

Grundsätzlich versuchen die meisten Pferde herauszufinden, was von ihnen gefordert wird. Wenn für das Pferd durch das menschliche Nachgeben (also der Herausnahme von Druck) im richtigen Moment verständlich wird, was von ihm erwartet wird, versucht es vermehrt, diesen „angenehmen" Weg einzuschlagen. Nur ein Pferd, welches lernen musste, dass sein Nachgeben nicht durch Nachgeben des Menschen beantwortet wird, reagiert zunächst verwirrt und dann im schlimmsten Fall widerständig.

Neben den Vorerfahrungen mit Menschen, die ein Pferd mit sich bringt, sind auch charakterliche Unterschiede und Rangposition mit beeinflussend für den generellen Umgang von Pferden mit Druck. Manche Pferde sind „toleranter" als andere, zeigen sich insgesamt ruhiger und gelassener. Andere reagieren deutlich unwirscher, werden hektisch oder starr. Es ist wichtig, sein Pferd in Bezug auf solche

Verhaltensweisen kennen und einschätzen zu lernen, wenn es im therapeutischen oder pädagogischen Kontext eingesetzt wird.

6.4.2 Einfluss nehmen auf das Lernen - Konsequenzen der Lernmechanismen für die Ausbildung

Therapiepferde sollen dem Menschen zugewandt sein, dabei „gehorsam" und zugleich ohne Angst vor dem Menschen. Daher ist es bei ihnen in der Ausbildung umso wichtiger, sich mit den Lernmechanismen des Pferdes zu befassen und für jedes der Pferde individuell einen angemessenen Lernweg zu beschreiten. Nach Aguilar (2004) nehmen mehrere Faktoren Einfluss auf den Lernerfolg des Pferdes:

a) Die Lernfähigkeit
Die Lernfähigkeit ist genetisch bestimmt und meint sozusagen das Talent, welches das Pferd mitbringt. Ihre volle Entfaltung hängt vom Lerntraining ab, denn Tiere lernen umso leichter, je mehr sie lernen. Sicherlich ist es außerdem sinnvoll das Lernvermögen und bestimmte Bereiche des alltäglichen Umgangs schon beim Jungpferd zu schulen ohne dieses zu überfordern, da junge Pferde leichter lernen als ältere Pferde.
Bei jungen Pferden sollte man Trainingssequenzen kurz halten. Wann immer etwas gut geklappt hat – mit Freude die Lektion beenden. Dies führt dazu, dass Trainingssequenzen bereits nach 10 bis 20 Minuten beendet werden können. Es ist fast immer sinnvoller, eine Lektion frühzeitig zu beenden, als zu lange dran zu bleiben, und am Ende Frustration hervorzurufen. Diese Grundlage sollte auch in der Ausbildung von Therapiepferden berücksichtigt werden.

b) Die Lernbereitschaft
Die Lernbereitschaft wird durch die Motivation bzw. Handlungsbereitschaft, also den inneren Zustand des Pferdes bestimmt. Sie ist abhängig von verschiedenen Faktoren. Endogene, also innere Faktoren, die Einfluss auf die Lernbereitschaft haben sind beispielsweise der hormonelle Zustand des Tieres oder Faktoren wie Hunger oder Durst, welche die Lernbereitschaft absenken. Ein Hengst der z.B. gerade an einer rossigen Stute vorbeigeführt wird, zeigt sicher eine geringe Lernbereitschaft. Exogene, also äußere Faktoren sind z. B. der Anblick einer Belohnung, welcher die Lernbereitschaft steigert.

c) Die Motivation

Ohne Motivation gibt es keinen nachhaltigen Lernerfolg beim Pferd. Man sollte daher in der Pferdausbildung ständig darauf achten, die Motivation des Pferdes zu erhalten. Motivatoren sind beispielsweise die natürliche Neugier des Pferdes, aber auch die Erwartung von Lob, Belohnung sowie die Wegnahme von Druck oder die Beendigung der Arbeit nach einem Erfolgserlebnis.

d) Die Konzentration

Konzentration ist die Voraussetzung für den Lernerfolg. Die Konzentrationsfähigkeit ist abhängig vom Alter des Pferdes, seinem Entwicklungsstand, seinem Charakter und der Übung. Konzentration lässt mit Ermüdung nach. Oft ist der Lernerfolg bei 1-2-maliger Wiederholung pro Woche besser als bei täglicher Wiederholung. Der Mensch sollte sich fragen: Kann das Pferd noch zuhören? Kaut es noch? Braucht es eine Pause?

Gerade bei Jungpferden, aber auch bei älteren Pferden, wird die Belastungsgrenze im Hinblick auf die Konzentrationsfähigkeit oft überschätzt.

e) Lernblockaden

Lernblockaden unterbinden den Lernerfolg beim Pferd. Sie entstehen durch Frustration, Angst, Panik und Konflikte. Frustration ist immer motivationssenkend. Frustration entsteht beispielsweise, wenn auf das Pferd stetig Druck ausgeübt wird, egal ob es sich richtig oder falsch verhält. Das Pferd ist so nicht in der Lage zu verstehen, was es tun soll, es kommt zur Frustration und damit zum Erliegen des Lernvorgangs. Angst und Panik führen ebenfalls zu Lernblockaden und sind motivationssenkend. Man sollte in der Pferdeausbildung daher nie Angst und Panik beim Pferd durch massive, Angst einflößende Strafen erzeugen. Solche Strafen unterbinden zwar kurzfristig falsches Verhalten, stehen jedoch ebenfalls dem langfristigen Lernerfolg entgegen. Angst schwächt zudem das Vertrauen des Pferdes in den Menschen. Konflikte entstehen beim Pferd, wenn zwei miteinander unvereinbare Verhaltensweisen gleichzeitig motiviert sind (z.B. Angst vor Hindernis und Angst vor Gerte). In Konfliktsituationen kommt es meist zu Übersprungshandlungen.

6.4.3 Angemessene Zielsetzungen in der Ausbildung von Therapiepferden

Ziel der Ausbildung eines Therapiepferdes ist ein vertrauensvoller Umgang zwischen Mensch und Pferd, denn beide müssen in der Arbeit gemeinsam Aufgaben bewältigen. Das Therapiepferd sollte „manierliches" Verhalten zeigen, sensibel auf die Hilfen des Menschen reagieren und mitdenken. Um diese Ziele zu erreichen, ist es wichtig, das Pferd mit einer Aufgabe nicht zu überfordern. Frustration ist generell zu vermeiden. Sinnvoll ist es, Aufgaben in kleine Schritte zu unterteilen und leicht erreichbare Zwischenziele zu setzen. Damit entsteht einerseits früher die Möglichkeit zum Loben, was den Erhalt der Motivation erleichtert, zum anderen bekommt das Pferd eine Idee von dem, was wir von ihm möchten. Wichtig ist der Zeitpunkt des Lobes, also die zeitliche Koordination (Timing zum Lob < 1sec). Dieses sollte immer direkt nach oder besser noch während des erwünschten Verhaltens erfolgen. Gelobt werden sollte jeder noch so kleine Schritt in die richtige Richtung.

Erledigt das Pferd eine Aufgabe nicht, ist es immer sinnvoll die eigene Körpersprache und Art der Hilfengebung zu überprüfen. Pferde reagieren so, wie sie denken, auf eine Situation reagieren zu müssen, denn eigentlich vermeiden sie von Natur aus Auseinandersetzungen.

Hat eine Aufgabe gut geklappt, sollte man die Arbeit oder zumindest diese Aufgabe stets beenden. Ständiges Wiederholen einer funktionierenden Aufgabe ist für das Pferd nicht mehr sinngebend und führt schnell zu Frustration. Für den langfristigen Erhalt der Motivation sollte zudem darauf geachtet werden, die Arbeit mit dem Pferd stets positiv abzuschließen. Dadurch wird es beim nächsten Mal motivierter mitarbeiten. Weitere hilfreiche Hinweise zum Lernverhalten und zur Ausbildung von Pferden finden sich bei Kreinberg (2009) und Zeitler- Feicht (2008).

6.5 Grundübungen für ein mitdenkendes und kooperierendes Therapiepferd

Die für den therapeutischen und pädagogischen Einsatz wichtigsten Grundübungen, die alle im dyadischen Training vorbereitet werden sollten, sind:

☐   sicheres, ruhiges Stehenbleiben z.B. beim Auf- und Absteigen: In Gesprächs- oder Entspannungssituationen, aber auch in Situationen, in denen sich der Klient unsicher fühlt oder unsicher sitzt.

☐   sicheres, wenn nötig schnelles Anhalten, z.B. in Situationen, in denen der Klient unsicher wird oder rutscht

☐   sicheres, freudiges Antreten in verschiedenen Geschwindigkeiten und wenn nötig auch nur einzelne Schritte

☐   Temporegulation in allen Grundgangarten am lockeren Führstrick

☐   sensible Reaktionen auf verschiedene Signale wie Stimmsignale, Hand- und ggf. Gertensignale, Körpersignale und Signale über den Führstrick/das Leitseil

☐   auf Druck mit Nachgiebigkeit und nicht mit Gegendruck reagieren, sowohl geführt als auch geritten und sowohl am Halfter als auch am Gebiss

☐   Kopf senken: Der gesenkte Kopf ist ein Zeichen dafür, dass das Pferd entspannt ist. Dies ist sinnvoll, um das Pferd in Stresssituationen zu beruhigen und vorhandenen Stress abzubauen.

☐   Rückwärtsrichten: Das Rückwärtsrichten ist beispielsweise wichtig beim fehlerhaften Herantreten an die Aufstiegshilfe. Das Pferd sollte lernen, auf ein Stimmsignal, z.B. „Zurück", rückwärts zu treten. Als Touchierpunkte für die Hand oder das Seil eignet sich die tiefe Brustgegend (in der Mitte zwischen den Brustmuskeln, am unteren Ende des „Musculus pectoralis descendens") oder jeweils der Oberarm des weiter vorne stehenden Vorderbeins. Als Körpersignal ist eine Stellung vor dem Pferd sowie eventuell noch unterstützende Gestik mit erhobener, rückwärts weisender Hand sinnvoll.

☐   Seitwärtstreten/mit der Hinterhand übertreten: Auch diese Übungen sind wichtig zur Korrektur beim Herantreten an die Aufstiegshilfe oder als Übung für den Klienten.

☐   einzelne Beine anheben: Hebt das Pferd gezielt einzelne Beine auf Kommando, ermöglicht das der Fachkraft die gezielte Kontrolle über die Stellung einzelner Gliedmaßen, wodurch die Gesamtstellung des Pferdes unter dem Klienten oder in einer Aufgabe korrigiert werden kann.

☐   einzelne Schritte vorwärts treten: Kann das Pferd einzelne Schritte vorwärts treten, anstatt gleich ganz loszulaufen, kann gerade ängstlichen Reitern ein Gefühl der Sicherheit vermittelt werden. Außerdem ist diese Übung zur Korrektur an Aufstiegshilfen wichtig.

6.6 Aufmerksamkeit, Konzentrationsfähigkeit sowie Eigenregulation als Grundlage für sicheres Arbeiten mit Therapiepferden

Im dyadischen Training wird dem angehenden Therapiepferd als besonders wichtiger Baustein beigebracht, sich von Außenreizen nicht zu stark irritieren zu lassen. Es soll **mit dem Fokus beim Menschen bleiben** und sich in stressigen, belastenden oder unruhigen Situationen **möglichst gut selbst regulieren** können. Hierdurch wird erreicht, dass die Pferde sich nicht so schnell „aus der Ruhe bringen lassen", da sie an die Fachkraft gebunden sind und in dieser Sicherheit finden (**sichere Basis**).

Die zwei Trainingsinhalte der Aufmerksamkeit und Regulation können bei allen Ausbildungsschritten als Grundlage mitgedacht werden! Zwar können auch einzelne Trainingseinheiten direkt darauf abzielen, jedoch sollte die Fachkraft mit ihrem Pferd im täglichen Umgang und bei allen Aufgabenstellungen üben, dass das Pferd lange mit der Konzentration bei der Sache bzw. beim Menschen bleibt und immer unterstützt wird, wenn es abschnaubt, leerkaut, seufzt, sich leicht schüttelt oder sich in entspannten Schritt versetzt, um Stress oder Belastung frühzeitig zu regulieren.

6.6.1 Schulung der Aufmerksamkeit

In der Therapie sollen Pferde, die über einen langen Zeitraum, idealerweise über eine gesamte Therapieeinheit, ihre Aufmerksamkeit in der Situation halten bzw.

leicht durch die Fachkraft wieder in der Prozess reorientiert werden können. Aufmerksamkeit ist erst einmal altersabhängig. In einer Studie wurde die Aufmerksamkeitsspanne von jungen und alten Pferden verglichen – es zeigte sich, dass junge Pferde eine kürzere Aufmerksamkeitsspanne aufweisen. Ältere Pferde zeigen eine stabile Aufmerksamkeitsspanne oder verbessern diese – außerdem zeigen sie weniger Angst und mehr Geduld (Rapin et al., 2007). Da Therapiepferde erst ab einem Alter zwischen 6 bis 8 Jahren in den Einsatz kommen sollten, können wir bei einer vorgeschalteten soliden Ausbildung zum Reitpferd davon ausgehen, dass das angehende Therapiepferd eine ausreichende Aufmerksamkeitsspanne erarbeiten kann. Jedoch muss dies individuell eingestuft werden. Die Aufmerksamkeitsspanne ist ein guter „Gradmesser" für die Einsetzbarkeit eines Pferdes in der Therapie und Pädagogik. Neben der mitgebrachten Grundlage des Pferdes kann Aufmerksamkeit trainiert werden. Dies geschieht im alltäglichen Handeling und auch beim Reiten, indem das Pferd immer wieder auf seine Aufgaben fokussiert wird und sich nicht unkontrolliert mit selbst gewählten Inhalten befasst.

So verlangen wir vom Pferd, wenn es morgens zur Weide geführt wird, sich auf den Menschen zu konzentrieren und nicht unkontrolliert zur Wiese zu stürmen. Es soll sich korrekt zum Menschen wenden und erst dann zu den anderen Pferden laufen, wenn der Mensch es wegschickt. Ebenso soll es sich bei einer Putzsequenz für einen angepassten Zeitraum ruhig verhalten. Es soll nicht nach den anderen Pferden rufen, sich nicht stetig hin und her wenden, keine Übersprungshandlungen wie Scharren oder Knabbern zeigen. Die Toleranz für die Situationen und das Halten der Konzentration für das Putzen muss beim Jungpferd langsam und über lange Zeiträume eingeübt werden.

In der Pferdegestützten Intervention verlangen wir zusätzlich vom Pferd, dass es in der Arbeit seine **Aufmerksamkeit sowohl auf den Klienten als auch auf die Fachkraft richten** kann. Es soll, während es dabei immer die Möglichkeit hat, sich bei Unsicherheit an seiner Bezugsperson zu orientieren, mit dem/der Klient*in in Kontakt treten und seine Aufmerksamkeit auf diesen richten. Wenn die Fachkraft einen Impuls für eine Aktion gibt (z.B. das Antreten, Antraben, Stehen bleiben), soll es wieder auf die Fachkraft reagieren. Es zeigt sich also, welche komplexe Aufgabe das Therapiepferd in der triadischen Arbeit zu bewältigen hat. Dabei ist von besonderer Bedeutung zu verstehen, dass das Pferd in einer Interventionssituation nicht, wie bei Reiten, unter stetiger Impulsgabe steht! Ist das Pferd in einem normalen Trainingssetting am Boden oder unter dem/der Reiter*in, hält die Person stetig den

Kontakt zum Pferd aufrecht, sei es durch kleine Impulse am Zügel oder Seil oder den Körper. In der therapeutischen und pädagogischen Situation werden viel weniger hilfengebende Reize gegeben und dennoch soll das Pferd in der Aufmerksamkeit verbleiben.

Die Fachkraft hockt mit einem Kind zusammen am Boden und bespricht, weshalb es Angst hat, auf das Pferd zu steigen. Das Pferd steht daneben und sollte die Situation aufmerksam mit begleiten. In dem Moment hat die Fachkraft keine Zeit, dem Pferd Impulse zur Erhaltung der Aufmerksamkeit zu geben, es muss dies von sich aus tun und sich nicht im Außen durch andere Reize ablenken. Auch bei einer Liegesequenz auf dem Pferd gibt der/die Klient*in natürlich viel Körperlichkeit an das Pferd ab, jedoch nicht im Sinne reiterlicher Impulse. Das Pferd sollte in diesem Moment gänzlich mit der Konzentration bei sich und dem Menschen sein. Die Fachkraft kümmert sich in einem solchen Moment auch um den/die Klient*in. Auch wenn Fliegen um das Pferd herumschwirren oder andere Personen im Sichtfeld laufen, das Pferd sollte möglichst stabil auch über einen längeren Zeitraum mit der Konzentration und Aufmerksamkeit bei der Situation bleiben.

Um die Aufmerksamkeit des Pferdes für das Therapiesetting zu schulen, sind folgende Grundlagen von Bedeutung:
Für das Pferd als soziales Beute- und Fluchttier ist es von überlebensnotwendiger Wichtigkeit, dass es seine Aufmerksamkeit nach Außen richten kann, um Gefahren in der Umgebung wahrzunehmen. Weiterhin richtet es die Aufmerksamkeit stetig auf seine Artgenossen, die ebenfalls die Umgebung im Blick behalten und gegebenenfalls Informationen dazu geben. Die Artgenossen geben Informationen dazu, ob sich ein Feind nähert oder ein neuer Futterplatz aufgesucht wird. Pferde orientieren sich dabei über ihre Augen und Ohren, mit denen sie den Fokus ihrer Aufmerksamkeit ihren Artgenossen kommunizieren können (Wathan, J. & McComb, K.).
Einer Studie von Valenchon (2013) nach, kann akuter Stress einen negativen Einfluss auf das Arbeitsgedächtnis und damit auf die Fähigkeit des Pferdes haben, seine Aufmerksamkeit zu fokussieren, weshalb eine stressfreie Lebens- und Arbeitsumgebung für ein Therapiepferd besonders wichtig ist.

Abb. 8 Ein aufmerksames Pferd ohne Impulsgabe in der Intervention

Abb. 9 Das Pferd orientiert sich nach Außen und kommt dann von selbst mit der Aufmerksamkeit zurück in die Situation. Eine lang anhaltende Konzentration auf den Menschen muss im dyadischen und später auch triadischen Training geübt werden.

Die individuelle Aufmerksamkeitsspanne des einzelnen Pferdes ist in der Therapiepferdeausbildung zu berücksichtigen. Die **Aufmerksamkeit für eine ruhige Lernsituation mit einfachen Aufgaben**, wie z.B. einige Runden im Schritt zu gehen, über eine einzelne Stange zu treten oder eine Kurve zu laufen, kann Aufschluss geben, wie schnell das Pferd aus der Konzentration herausgeht und sich nach außen orientiert (es schaut z.B. auf die Weide zu den anderen Gruppenmitgliedern, dreht sofort den Kopf in die Richtung eines Geräuschs) oder beginnt, aus

Langeweile Übersprungshandlungen zu zeigen, wie das Beißen in einen Strick oder das Abdrängen des Menschen nach innen.

In einer therapeutischen und pädagogischen Situation sind die Situationen für ein Pferd häufig „langweilig". Es wird nicht viel körperlich gefordert, viele Sequenzen finden im Schritt statt und häufig müssen die Pferde viele Runden drehen und phasenweise lange still stehen. Dabei sollte das Pferd sich möglichst die gesamte Zeit auf die Fachkraft und den/die Klient*in konzentrieren. Es ist daher wichtig, die Einheiten nicht nur im Sinne der Klient*innen zu gestalten, sondern auch zu bedenken, wie sich die Aufmerksamkeit des Pferdes halten lässt, z.B. mit ein paar Richtungswechseln, Hütchen, Stangen oder auch für das Pferd interessanten Materialien. Im dyadischen Training geht es darum, die individuelle Aufmerksamkeitsspanne des Pferdes zu erkennen und nach und nach zu steigern.

Das Pferd hält in einer ersten Trainingssituation von sich aus 3 Minuten den Kontakt mit der Bezugsperson bei einer einfachen Führaufgabe, danach schaut es nach außen. Daraufhin wird es von der Fachkraft zurück orientiert für etwa eine Minute bei gleichbleibender „langweiliger" Aufgabe. Darauf folgt eine Veränderung der Aufgabenstellung und das Pferd darf sich auch kurz nach außen orientieren, wenn es das möchte. Danach wird dieser Ablauf einige Male wiederholt. Über mehrere Wochen hinweg lässt sich so die Konzentrationsfähigkeit und Aufmerksamkeit verlängern auf 5-10 Minuten Daueraufmerksamkeit und später auch auf etwa 20 Minuten.

Erfahrene Therapiepferde verbleiben mit ihrer Aufmerksamkeit bei einer Situation mit den Klient*innen und zeigen wenig Außenorientierung. Bei diesen Pferden kann sich in der Nähe eine Pferdegruppe in Galopp versetzen, ein aufgeregtes Spiel entfachen oder auch sonstige „aufregende" Situationen in der Nähe entstehen, das Therapiepferd verbleibt im Kontakt zum Menschen, ohne dass es durch stärkere Maßregelungen ruhig gehalten werden muss. Die Konzentration auf die Aufgabe und auf den Menschen ist somit DAS **„Sicherheitselement"** in der Pferdegestützten Therapie und Pädagogik! Ein Therapiepferd, das im dyadischen Training in der Konzentration bei der Bezugsperson bleibt und sich von dieser bei einer Außenorientierung leicht wieder zurück konzentrieren lässt, wird zu einem zuverlässigen Partner in der Intervention.

6.6.2 Regulationsfähigkeit erarbeiten

Als mit der Konzentration und Aufmerksamkeit zusammenhängende Fähigkeit, die als zentral in der Ausbildung von Therapiepferden angesehen wird, ist die Regulation zu nennen. Therapiepferde sollen durch ihr Verhalten anzeigen, welche Befindlichkeiten ein/e Klient*in hat, dies ist das sogenannte „Spiegeln" bzw. „affektive Mitschwingen", welches für die therapeutische Arbeit gewünscht wird. Jedoch ist es nicht die direkte Spiegelung, welche wir eigentlich als Fachkraft erwarten, denn dies könnte auch gefährlich werden, wenn ein Therapiepferd so spiegelt wie ein ungeschultes Jungpferd, das mit einer direkten Affektübernahme reagiert und bei einem unruhigen Kind aus dem Autismus-Spektrum oder einem Kind mit ADHS direkt mit ebenfalls überschießender Unruhe reagieren würde. In den Pferdegestützten Interventionen soll das Pferd ein Regulations-Verhalten zeigen, durch welches die Fachkraft einen Rückschluss auf den/die Klient*in ziehen kann. Regulationsverhalten kann sein: Leerkauen, Nüstern hochziehen, Seufzen, Schlecken, kleine Bewegungen, Stampfen. Diese Regulationsmomente werden von der Fachkraft wahrgenommen und in den Prozess mit dem/der Klient*in integriert.

Von besonderer Bedeutung sind **Regulationsmechanismen, die kleine Stressmomente abbauen**, ebenfalls im Hinblick auf die Stressbelastung der Pferde. Das tiefe Atmen und Schnauben sind dabei wichtige Verhaltensweisen bei Pferden, die vom Menschen aktiv genutzt und trainiert werden können. Dies soll dazu beitragen, dass das Pferd nicht mit übermäßigem Stress aus der Interaktion mit dem Menschen geht und langfristig unter Stressbelastung leidet (siehe hierzu auch Kapitel 9).
Die Fähigkeit zur Eigenregulation ist für die Einsatzfähigkeit des Therapiepferds demnach von besonderer Bedeutung. Es sollte in der Lage sein, nach einer Schrecksituation ggf. verursacht durch eine/n Klient*in oder einer anderweitig belastenden Situation (z.B. ein plötzliches lautes Geräusch) seine Emotionen selber zu regulieren. Besonders in Situationen, in denen die Fachkraft sich intensiv mit dem/der Klient*in befasst, z.B. bei einer Angstattacke oder bei einer für den/die Klient*in sehr emotional belastenden Situation, ist eine gute Eigenregulationsfähigkeit des Pferdes von elementarer Bedeutung, denn die Fachkraft kann sich dann voll auf seine/n Klient*in konzentrieren.

Im Arbeitsalltag mit Therapiepferden entstehen immer wieder Situationen, in denen die Fachkraft froh um die Eigenregulationsfähigkeiten des Pferdes ist. Als Beispiel soll ein Moment berichtet werden, zu Beginn eines kleinen Spaziergangs mit dem Therapiebegleitpferd und einem Jungen im Elektrorollstuhl. Die beiden hatten schon häufig Spaziergänge absolviert, das Pferd lief immer willig und an die Geschwindigkeit des Rollstuhls angepasst nebenher. Der Spaziergang startete an diesem Tag ganz normal, nur war es ein wenig dämmriger, als in den Wochen zuvor. Der Junge schaltete daraufhin ohne vorher darauf hinzuweisen, das Licht des Rollstuhls an. Das war zuvor natürlich nicht geübt worden, denn am Hof gibt es sonst keinen Elektrorollstuhl zum Üben und die Fachkraft war sich auch nicht bewusst, dass es überhaupt ein Licht daran gibt. Die Fachkraft und auch das Pferd hatten einen kurzen Schreckmoment. Das Therapiepony blieb abrupt stehen, atmete tief ein und mit einem langen Seufzer wieder aus. Danach lief es ganz normal weiter neben dem Rollstuhl.

Es gibt Pferde, die von Natur aus eine hohe Eigenregulationsfähigkeit besitzen und sich aufgrund dieser Fähigkeit generell gut als Therapiepferd eignen. Umgekehrt ist es jedoch kein Ausschlusskriterium für den Einsatz in der Therapie, wenn das Pferd diese Fähigkeit nicht von Beginn an umfänglich mitbringt. Wichtig ist es dann jedoch, die Eigenregulationsfähigkeit des Pferdes zu schulen und zu fördern. Dies findet zum Beispiel bei der umfassenden Materialgewöhnung und später auch beim triadischen Training („Dummy-Training") statt.

Welche Möglichkeiten stehen zur Verfügung, um auf das Pferd regulativ einzuwirken?
Das Pferd lernt in der Ausbildungszeit, seine Befindlichkeiten durch den Menschen regulieren zu lassen bzw. zumindest einem Anstoß zur Regulation durch den Menschen zu folgen. Erschrickt das Pferd in einer Situation, z.B. vor einem bellenden Hund, so kann die Fachkraft das Pferd dazu auffordern, seinen Kopf abzusenken. Die Angst des Pferdes wird durch das Eingreifen des Menschen verringert – die Befindlichkeit des Pferdes wird also fremd von außen reguliert. Eine gute Fremdregulationsfähigkeit des Pferdes ist wichtig, denn dem Pferd bleibt so immer die Möglichkeit, sich in Extremsituationen am Menschen zu orientieren. Als ein besonders wichtiger Regulationsmechanismus wird das entspannte Abschnauben angesehen. Die Fachkraft sollte selbst das Entspannungs-Schnauben zuvor gut geübt haben und zusammen mit dem Pferd in Trainingssituationen bei allen sich bietenden Situationen gemeinsam schnauben. Dann kann es dem Pferd in Stresssituationen „vorschnauben" und das Pferd knüpft sich, wenn es den Menschen als zuverlässigen und führenden Beziehungspartner akzeptiert hat, an das Schnauben mit an und reguliert sich ebenfalls durch ein Entspannungsschnauben. Im gesamten dy-

adischen Training mit Therapiepferden kann diese Schnaub-Koppelung zur Regulation geübt und eingesetzt werden, damit später auch in Interventionssituationen darauf zurück gegriffen werden kann.

Abschließend ist anzumerken, dass ein Therapiepferd vor allem in der Eigenregulation geschult werden muss, damit die Fachkraft sich voll auf den/die Klient*in konzentrieren kann und nicht über eine Interventionseinheit hinweg ständig mit der Fremdregulation des Pferdes beschäftigt ist. Dies muss im dyadischen und triadischen Training so stabil erarbeitet werden, dass das Pferd nur noch in seltenen Fällen die Hilfe der Fachkraft braucht, um aus einer leicht stressigen Situation heraus zu finden.

6.7 Konkrete Trainingssituationen für Therapiepferde: Freiarbeit, Führtraining und Leitseilarbeit

Die grundlegenden Elemente der Aufmerksamkeitsschulung und Regulationsfähigkeit wurden beschrieben. Um diese zu trainieren, werden konkrete Trainingssituationen benötigt. Ein Therapiepferd benötigt Trainingsinhalte, von denen viele aus der Schulung solider Freizeitpferde bekannt sind und im Weiteren vorgestellt werden sollen.

Fachkräfte interagieren mit ihren Therapiepferden in den Interventionen vom Boden aus, daher ist die Schulung vom Boden aus von besonderer Bedeutung. Es macht Sinn mit Pferden jeglichen Alters und Ausbildungsstandes, auch bereits gerittenen, älteren Pferden, in der Therapiepferdeausbildung regelmäßig Einheiten in der Freiarbeit durchzuführen, um das Vertrauen des Pferdes zum Menschen zu intensivieren. Weiterhin kann die Leitseilarbeit und auch Führarbeit hierfür genutzt werden.

6.7.1 Freiarbeit im Roundpen

In der Freiarbeit lernt das Pferd, sich auf den Menschen als Interaktionspartner einzulassen und ihn in der Leitposition zu akzeptieren und vertrauensvoll unterzuordnen. In dieser Form der Arbeit mit dem Pferd ist, wie in kaum einer anderen, das harmonische Zusammenspiel aus Körperhaltung, Energie, Blickrichtung und Timing gefragt. Freiarbeit sollte durch erfahrene Trainer*innen gelehrt und über einen gewissen Zeitraum supervidiert werden, denn Fehler in diesem offenen und sehr „pferdischen" Kontakt, kann zu größerer Unsicherheit zwischen Mensch und Pferd führen. Kann das Pferd sich gegenüber dem Menschen ständig durchsetzen, kann der Mensch die Verhaltensweisen des Pferdes nicht korrekt steuern, begrenzen und leiten, weil das entweder dominante oder besonders unsichere Pferd sich vehement gegensätzlich verhält, so kann das Verhältnis darunter massiv leiden, da das Pferd den Menschen daraufhin nicht mehr als vertrauensvolle Leitfigur ansieht.

In der Freiarbeit wird an folgenden zentralen Elementen gearbeitet: Bestimmung der **Richtung**, in die sich das Pferd bewegt und Bestimmung des Tempos. Das entspricht dem Leittier einer Herde, das ebenfalls die Richtung vorgibt, in die die Gruppe und das einzelne Pferd sich bewegt und in welchem **Tempo** die Bewegung stattfindet. Es kann zudem das Anhalten gut trainiert sowie das Pferd darin unterstützt werden, dass es sich jederzeit an den Menschen wendet, wenn es unsicher ist und vom Menschen „abgeholt" wird. Das angehende Therapiepferd lernt die Fachkraft in seinen Energiezuständen und den Körperbewegungen kennen und zwar auf Abstand, so dass es den Menschen als ganzes sehen kann. Es lernt auf die Atmung und Aufrichtung zu achten. Stimmkommandos und Armbewegungen für das Anzeigen von Richtung können trainiert werden. In der Freiarbeit kann das Pferd über das Thema Vertrauen und Gehorsam hinaus auch in Takt und Losgelassenheit geschult werden.

In der Freiarbeit mit Therapiepferden ist es besonders wichtig, diese sensiblen Interaktionen mit dem Pferd in **Ruhe** geschehen zu lassen. Gerade zu Beginn kann es sein, dass das Pferd sich immer wieder zum Menschen hindreht und ihm folgen möchte. Dieses Verhalten sollte grundsätzlich bestärkt werden, denn es ist sinnvoll, dass sich **das Pferd dem Menschen zuwendet**. Allerdings ist hier auf den **respektvollen Abstand** zu achten. Das Pferd sollte nur so weit an den Menschen herantreten, wie dieser das möchte. Häufig müssen ein oder zwei Schritte nach hinten korrigiert werden, da die Pferde sich ein wenig zu forsch nähern und versuchen, den Raum des Menschen ungefragt einzunehmen. Dies kann in der Freiarbeit ebenso geklärt werden, wie später in der Leitseil- und Führarbeit.

Abb. 10 Vertrauen erarbeitet sich die Fachkraft in der ruhigen Freiarbeit im Roundpen. Hier kann die Körperlichkeit abgestimmt werden, das Pferd lernt, dass die Person auf seine Kommunikation eingeht und es kann sich dem Menschen vertrauensvoll anschließen. Zudem kann sehr gut an der Regulationsfähigkeit gearbeitet werden.

Wird das Pferd vom Menschen weggeschickt, sollte dies in Ruhe geschehen, damit das Pferd lernen kann, sich entspannt vom Menschen zu entfernen. Zu hektische Impulse können dazu führen, dass das Pferd sich zu schnell vom Menschen entfernt - das sollte in der Ausbildung zum Therapiepferd vermieden werden. In der Roundpen-Arbeit kann auch auf die Erarbeitung der Eigen- und Fremdregulation des Pferdes hingearbeitet werden, wie im vorangegangenen Kapitel beschrieben wurde.

Vor dem Hintergrund, dass mit dem zukünftigen Therapiepferd immer in Ruhe gearbeitet werden sollte, ergibt sich, dass auch in der Freiarbeit zunächst der Schritt die bevorzugte Gangart darstellt. Häufig wird das freie Arbeiten mit dem Pferd mit stürmischen Galoppaden und spektakulären Wendungen assoziiert - in der Ausbildung zum Therapiepferd ist jedoch in ruhiger Schritt das Ziel. Dann sollten zuerst das Anhalten und Wieder-Antreten in die gleiche Richtung geübt werden, bevor Wendungen nach nach Innen zum Menschen hin und nach Außen vom Menschen weg folgen. Wenn diese Grundlagen ruhig erarbeitet wurden, kann das Tempo erhöht und Tempowechsel eingebaut werden.

In der praktischen Arbeit fällt auf, dass viele Pferde auf die Vorgabe der Bewegungsrichtung mit einer höheren Gangart reagieren. Darauf sollte der Mensch vor allem regulierend einwirken, sodass das Pferd langfristig wieder in eine ruhigere Gangart wechseln kann.

Manche Pferde bleiben in der Freiarbeit zunächst sehr nah beim Menschen, andere laufen mit viel Abstand und können die Nähe des Menschen kaum tolerieren. Hier muss ebenfalls mit viel Ruhe und Sachverstand gearbeitet werden, um langfristig Nähe- und Distanzverhältnis zwischen Mensch und Pferd zu festigen.

An dieser Stelle soll keine Trainingsanleitung für eine gute Freiarbeit erfolgen, da vielfältige Schulungsmöglichkeiten zum Thema bestehen. Videoseminare und Präsenzschulungen werden für interessierte Personen vielfältig angeboten. Eine zur Arbeit mit Therapiepferden passende Beschreibung in Buchform liegt von Heinz Welz vor unter dem Titel „Pferdeflüstern kann jeder lernen" (Kosmos, 2002), in welcher Schritt für Schritt ein ruhiger und pferdegerechter Ansatz erläutert wird.

6.7.2 Führtraining und Leitseilarbeit

Zentrale Elemente im dyadischen Training sind Führarbeit und Leitseilarbeit. Beides wird später von der Fachkraft benötigt, wenn der/die Klient*in auf dem Pferd sitzt. Ebenso sollten die Inhalte geschult werden, damit Klient*innen selbst das Pferd vom Boden aus in Aufgaben führen können.

Die **Leitseilarbeit** kann im Ablauf der Schulung sowohl vor als auch nach dem Führtraining eingebaut werden. Manche Pferde können besser zuerst aus der Distanz und dann aus der Nähe gearbeitet werden, andere profitieren von einer Grundlagenbildung aus der Nähe und übertragen das Erlernte in die Distanz. Das sollte die Fachkraft im Einzelfall einschätzen können.

Die Leitseilarbeit erfolgt mit einem griffigen Seil mit etwa 3,50-4,80m Länge, ausgestattet mit einem guten Karabiner und einem Lederstück am Ende des Seils. Die Leitseilarbeit wird in der Regel im dyadischen Training am Knotenhalfter absolviert, auch wenn das Therapiepferd später mit einem normalen Halfter in die Arbeit eingesetzt wird. Leitseil- wie auch Longenarbeit sollte immer mit Handschuhen erfolgen, besonders in Trainingssituationen.

 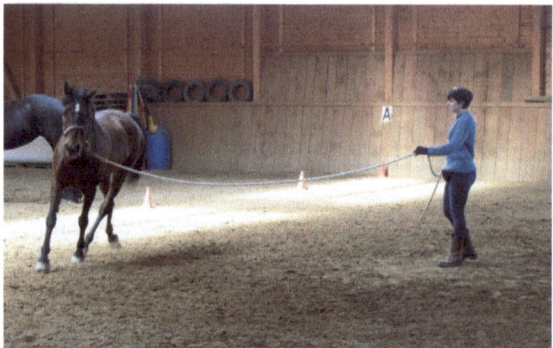

Abb. 11 Leitseilarbeit ist eine sinnvolle Vorbereitung für die PI. So wird mit Abstand die feine Kommunikation traininert und das Pferd kann zugleich gymnastiziert werden.

Was ist der Kern der Leitseilsarbeit? Hauptsächlich unterscheidet sie sich vom Führtraining darin, dass das Pferd die Distanz hält, die Position zum Pferd ähnelt einer nahen Longenposition. Elemente wie Timing, Dosierung, Vorhersehbarkeit und Verhältnismäßigkeit sind dem Führtraining nah, beide Arbeitsstile erfordern ähnliche Qualitäten von der Fachkraft.

Für die Arbeit in Therapie und Pädagogik ist es wichtig, dass das Pferd auch aus der Distanz sicher dirigierbar ist und vor allem, dass sich das Pferd leicht und gut von der Nähe in die Distanz bringen lässt. Besonders wichtig ist daher, den Übergang von der Führposition, nah am Pferd, in die Leitseilposition, weit weg vom Pferd, zu üben. Aus der Distanz liegt dann ein besonderer Fokus auf der Körperpositionierung und dem Herstellen von Kontakt zum Pferd durch Übertragung von Impulsen ohne direkten Körperkontakt. Das Pferd lernt dabei, dass der Mensch auch aus der Distanz entscheidet, wo das Pferd was, wann tun soll. Es lernt, seine natürlichen Instinkthandlungen vermehrt zu unterdrücken und eine gemeinsame Idee mit dem Menschen zu entwickeln. Die Grundlagen der Leitseilarbeit beziehen sich in der Einflussnahme auf die Richtung und die Geschwindigkeit des Pferdes sowie auf die verschiedenen Körperteile des Pferdes, die daran maßgeblich beteiligt sind. Dadurch, dass das Pferd beginnt, sich auch aus der Ferne dirigieren zu lassen, entwickelt es Vertrauen in den Menschen und lernt, ihn als verlässlichen Partner wahrnehmen zu können – eine sehr wichtige Grundlage für die therapeutische wie pädagogische Arbeit mit dem Pferd.

Als besonders wichtiger Baustein der Leitseilarbeit in Vorbereitung auf den Einsatz mit Klient*innen ist das Stehenbleiben auf Distanz zu nennen. Das Pferd soll, ohne seine Linienführung zu verändern, aus der Distanz zum Anhalten gebracht werden. Das „auf der Linie" anhalten ist zunächst ohne Klient*in in der Leitseilarbeit zu erarbeiten. Für den späteren Einsatz ist es wichtig, damit der Klient auf dem Pferd nicht aus der Balance gebracht wird, wenn es anhält und sich, wie in vielen Bodenarbeitsschulen gelehrt, nach innen dreht. Hierfür ist es wichtig, aus der Distanz auf die Vorhand und die Hinterhand des Pferdes einwirken zu können. Befindet sich das Pferd auf dem Kreisbogen, werden ihm dafür bremsende Impulse durch Atmung und Leitseilschwingen übermittelt. Möchte es sich dann nach innen wenden, kommen wieder Dosierung, Timing und Angemessenheit der Impulse ins Spiel: Der Mensch wirkt durch Leitseilschwingen korrigierend auf die Schulter des Pferdes ein und hält es damit auf der geraden Linie und muss gleichzeitig durch die Angemessenheit der Impulse darauf achten, das Pferd nicht wieder in die Aktivierung zu bringen und somit das Anhalten unmöglich zu machen. Hilfreich kann es sein, dem Pferd „optische Marker" zur Verfügung zu stellen in Form von Stangen oder Hütchen, an denen es sich zu Beginn des Trainings orientieren kann.

Die Leitseilarbeit dient der Verfeinerung der Kommunikation zwischen Mensch und Pferd auf Distanz. Ziel sollte es immer sein, ein möglichst gelassenes, aufmerksames Pferd mit möglichst kleinen, feinen Hinweisreizen zu dirigieren, um ein sicheres Arbeiten mit Klient*innen zu erreichen.

Wenn die Leitseilarbeit als Grundlage etabliert ist, kann sie auch genutzt werden, um Materialgewöhnung und Anti-Schreck-Training durchzuführen.

Weiterführende, vertiefende Literatur hierzu findet sich nach Peter Kreinberg in den „Gentle Touch-Übungen", die als Grundlage für die Ausbildung eines sicheren Therapiepferdes genutzt werden können. Peter Kreinberg beschreibt in seiner „Bodenschule" (Kreinberg, 2013) weiterhin das Führtraining als wichtige Grundlage für die fortführende Ausbildung des Pferdes. In der **Führarbeit** sollte ein etwas längerer Strick genutzt werden, der, wie ein Leitseil, ein kleines Lederstück am Ende hat, so dass damit in Anlehnung an die Leitseilarbeit kleine, korrekte Impulse gegeben werden können. Der Führstrick sollte mit einem festen Karabiner ausgestattet sein.

Das Pferd soll im Führtraining das Halfter und den Führstrick als wichtigen Informationsüberträger verstehen und lernen, den Menschen als denjenigen zu respektieren, der weiß, wo das Pferd wann, was tun oder auch nicht tun soll.

Wichtige Bestandteile des Führtrainings sind, wie in der Leitseilarbeit, Vorherseh-bar- und Verhältnismäßigkeit, Timing und Dosierung. Alles, was der Mensch tut, sollte für das Pferd nachvollziehbar sein, dann wird es sich an den Hinweisen des Menschen orientieren und darauf vertrauen, dass er gute Entscheidungen treffen kann.

Beispielhaft soll hier der Prozess des Losgehens aus der Nähe beschrieben werden, denn das willige Antreten ist für die Arbeit in Therapie und Pädagogik unerlässlich. Damit das Pferd willig und in Balance antreten kann, muss sich zunächst die Fachkraft orientieren: Wo will ich hin? In welcher Geschwindigkeit? Habe ich meine Hilfsmittel ordentlich sortiert? In wel-cher mentalen Verfassung ist mein Pferd?

In einem nächsten Schritt wird eine Verbindung zum Pferd hergestellt, das Pferd wird also zeitlich angemessen darauf vorbereitet, dass „jetzt bald" etwas von ihm gefordert werden wird. Diese Verbindung kann sehr unterschiedlich aussehen, wichtig ist jedoch, dass das Pferd seine Aufmerksamkeit auf den Menschen richtet. Kreinberg wählt beispielsweise die „ein Auge – ein Ohr" Regel, Heinz Welz beschreibt in seiner Bodenschule (Welz, 2002) die Kopfhaltung des Pferdes „als sichtbaren Ausdruck der Aufmerksamkeit" des Pferdes, es reiche aus, „wenn es uns wenigstens mit einem Auge anschaut, das heißt, wenn Hals und Kopf die Tendenz zu uns hin haben und nicht von uns weg."

Die Fachkraft ist also konzentriert mit einem klaren inneren Fokus, das Pferd ist aufmerksam gespannt und wartet auf das, was kommt. Dann folgt der nächste wichtige Schritt: Die Über-mittlung der tatsächlichen Information, der Impuls zum Losgehen, in angemessenem Timing und fairer Dosierung, vorhersehbar und verhältnismäßig. An dieser Stelle kann viel schief gehen – wartet die Fachkraft zulange, ist das Pferd mit seiner Aufmerksamkeit schon wie-der woanders. Wird zu schnell und zu heftig agiert, stürmt das Pferd voran. Ein zu zaghafter Versuch wird vom Pferd möglicherweise gar nicht als Impuls wahrgenommen. Timing und Dosierung müssen immer wieder neu und individuell auf das entsprechende Pferd angepasst werden.

Und was kommt jetzt? Noch immer steht das Pferd aufmerksam neben der konzentrierten Fachkraft. Die Impulsgabe zum Antreten folgt dann einem für das Pferd vorhersehbaren und verhältnismäßigen Muster: Atmen – ein vorwärtsweisender Impuls am Führstrick – ein trei-bender Impuls durch das Ende des Führstricks. Wenn Aufmerksamkeit, Timing und Dosie-rung gut aufeinander abgestimmt sind, wird das Pferd nach nur wenigen Wiederholungen schon auf die Atmung der Fachkraft reagieren und willig antreten, sowohl im Training, als auch im Einsatz.

Erweiterung des „klassichen" Führtrainings durch den Einsatz wichtiger Führpositionen mit dem angehende Therapiepferd:

1) vor dem Pferd gehen/ auf Kopfhöhe des Pferdes mit Blick nach vorne
Normale Führposition, in der die volle Aufmerksamkeit beim Pferd sein kann. Die Fachkraft geht hier auf Augenhöhe mit dem Pferd, jedoch ohne direkten Blickkontakt.

Abb. 12 Führposition 1 neben dem Kopf des Pferdes vorwärts schauend. Führpositionen müssen immer beidseitig trainiert werden - Ziel ist ein lockerer Strick auch bei Tempoerhöhung und -reduktion.

2) auf Höhe der Sattellage mit Blick zum Klient, seitlich oder nach vorne gerichtet
In dieser Führposition ist die Fachkraft in der späteren Arbeit sehr nah am Klienten und kann diesen gut sichern. Das Pferd muss lernen, eigenständig vorwärts zu treten. Es muss mitdenken und klar auf Atmung und feine Impulse über Strick und Armpositionierung die Fachkraft verstehen.

Abb. 13 Führpostion 2 besonders wichtig, um nah neben dem/der Klient*in bleiben zu können. Das Pferd lernt eigenständig vorwärts zu treten.

3) auf Kopf-/ oder Halshöhe des Pferdes mit Blick nach hinten oder seitwärts, ausgerichtet auf den/die Klient*in

In dieser Position geht die Fachkraft rückwärts oder leicht seitwärts, der Blick ist Richtung Pferderücken oder hinter das Pferd gerichtet. Da die Fachkraft so weniger Aufmerksamkeit dem Pferd entgegenbringen kann, muss diese Position mit dem Pferd besonders geübt werden. Die Fachkraft hat die Möglichkeit dieser Position auch einen halben Schritt vor dem Pferd zu führen, so dass dieses wieder mehr ins Blickfeld kommt. Diese Führposition ist wichtig, da die Fachkraft so der Klient*in sehr zugewandt ist und auch dessen „körperliche" Bedürfnisse/Probleme schneller erkennen und darauf reagieren kann.

Abb. 14 Führposition 3, die Fachkraft läuft rückwärts/seitwärts

In den beiden letztgenannten Führpositionen auf Höhe der Sattellage rahmt die Fachkraft das Pferd ein und kann sowohl auf die Vorder- als auch auf die Hinterhand gut einwirken.

Im Führtraining wird zudem explizit das **Stehenbleiben in Auf- und Abstiegssituationen** und Herantreten an Aufstiegshilfen trainiert. Klient*innen, vor allem solche mit körperlichen Beeinträchtigungen, haben gerade in diesen Situationen oft Schwierigkeiten und sind unsicher. Das Pferd sollte lernen, auch in diesen Situationen ruhig zu bleiben, um Unfälle zu vermeiden und eine vertrauensvolle Atmosphäre für den/die Klient*in zu ermöglichen. Im dyadischen Training wird das **ruhige Herantreten** an verschiedene Aufstiegsmöglichkeiten eingeübt. Es ist gut, wenn nicht direkt zu Beginn auch der Transfer einer Person auf den Pferderücken erfolgt, sondern das angehende Therapiepferd die Situation an einer Aufstiegshilfe erst einmal als "Ruhesituation" erlebt, in der gar nichts passiert. Nach und nach kann das Pferd darauf geschult werden, selbständig an die Aufstiegshilfe heranzutreten, so dass sich die Fachkraft vorrangig um den Transfer des/der Klient*in kümmern kann.

6.8 Erweiterte Trainingsinhalte für ein breites Anwendungsspektrum in der PI

Neben den beschriebenen Bausteinen im vorherigen Kapitel, die alle Therapiepferde umfassend durchlaufen haben sollten, bevor sie in die Arbeit mit Klient*innen eintreten, sind noch weitere Trainingsinhalte von Bedeutung, die ein Therapiepferd zu einem umfassend einsetzbaren Partner machen. Diese Lerninhalte sind Bestandteil der grundständigen Ausbildung von Reitpferden und werden daher nur kurz dargestellt. Es soll jedoch herausgestellt werden, welche spezifischen Aspekte dieser Bestandteile für die Ausbildung eines Therapiepferdes von Bedeutung sind.

6.8.1 Ausbildung an der Longe

Die Longenarbeit dient generell zur gezielten Gymnastizierung. Das Pferd soll an der Longe lernen, gut unter den Schwerpunkt zu treten und dies auf der gebogenen Linie, was eine besondere Herausforderung darstellt. Die Longenarbeit kann am Kappzaum erfolgen, später auch am Gebiss und ggf. mit Ausbindern, je nach körperlichen Bedingungen des Pferdes. Dabei bewegt sich das Pferd zwar zum Teil auch auf der Geraden, jedoch zumeist auf dem Zirkel um den Menschen, mit einem Abstand von 6-10 Metern auf einer Zirkelgröße von 10-18 Metern. Das Pferd lernt an der Longe, im gewünschten Tempo in die gewünschte Richtung zu gehen. Sinnvoll sind außerdem das Üben von Handwechseln, das Anhalten und Rückwärtsrichten. Auch auf die Galopparbeit kann ein besonderes Augenmerk gelegt werden.
Die Longe spielt in Pferdegestützten Interventionen eine wichtige Rolle, da der/die Klient*in die Möglichkeit bekommt, in allen Gangarten zu reiten sowie z.B. Voltigierübungen zu absolvieren. Ein Therapiepferd sollte im dyadischen Training auf eine umfassende Longenarbeit vorbereitet werden. Dadurch, dass die Klient*innen an der Longe nicht direkt durch die Fachkraft körperlich gesichert werden können und höhere Gangarten genutzt werden sowie Fliehkräfte wirken, ist das Unfallrisiko in diesen Situationen erhöht. Daher sollte die Nutzung der Longenarbeit besonders gründlich vorbereitet werden. Am Ende der dyadischen Grundausbildung steht ein Therapiepferd, dass nur am Kappzaum in allen Gangarten durch Atmung und Stimme sowie feine Körpersprache der Fachkraft bewegt werden kann, sich dabei in einer möglichst guten Eigenhaltung befindet und sich ausbalancieren

kann. Weiterhin akzeptiert es Ausbinder, die im späteren Arbeiten mit voltigieren-
den Kindern gegebenenfalls benötigt werden.

6.8.2 Langzügel

Der Einsatz des Langzügels in der Pferdegestützten Intervention ist insbesondere
aus der Hippotherapie bekannt. Hier kontrolliert der/die Pferdeführer*in das Therapiepferd vom Langzügel aus in Tempo und Richtung, während die Fachkraft neben dem/der Klient*in mitläuft und die Intervention anleitet. Auch in der reittherapeutischen und reitpädagogischen Arbeit kann der Langzügel genutzt werden. Der/
die Klient*in kann sich mehr auf das Pferd als auf die Fachkraft konzentrieren und
dadurch ein freieres Reitgefühlt erhalten. So kann ein Gefühl von Selbstständigkeit
entstehen.

Um das Pferd auf den Einsatz mit Langzügeln vorzubereiten, bildet die „Handar-
beit", also das gymnastizierende Arbeiten am Zügel vom Boden, eine Grundlage.
Die Nachgiebigkeit des Pferdes nach rechts und links muss gewährleistet sein,
ebenso das Weichen vor einem sich anlegenden Zügel oder Seil.

Als Schritt hin zur Lanzügelarbeit kann am Leitseil das Anlegen eines Seils am
Körper und um das Hinterteil der Pferdes geübt werden, ebenso die Toleranz gegenüber herabhängenden Seilen entlang der Beine. Weiterhin kann hier auch die
Position der Fachkraft eingeübt werden, denn das Treiben seitlich-hinten und ganz
hinten ist eine sehr dominante Stellung und das Pferd muss lernen, diese stressfrei und willig zu akzeptieren. Als weitere Trainingsmöglichkeit in Vorbereitung auf
den Langzügel ist die Doppellonge zu nennen.

Das Pferd muss in der Langzügelarbeit vor dem Menschen hergehen, was im Alltag
sonst nur selten geschieht.

Zuerst wird das ruhige Gehen im Schritt geradeaus eingeübt, danach folgt das Anhalten und Rückwärtsrichten. Der Trab kann hinzu genommen werden. Ist das
Geradeaus vom Pferd aus verstanden, können Hütchen aufgebaut werden und das
Pferd geht Slalom und Wendungen, so wird es dem Pferd nicht langweilig und es
lernt willig auf die Positionswechsel der Fachkraft zu reagieren. Die Langzügelarbeit ist eine willkommene Abwechslung im dyadischen Training. Einigen Pferden
bereitet es viel Freude und sie schreiten deutlich williger voran, als in einer zu häufig wiederholten Leitseilarbeit. Zudem kann es einen guten gymnastizierenden Effekt haben.

Abb. 15 Langzügel im Gelände bringt Abwechslung für das Pferd im Training

Für weitere Ausführungen ist auch an dieser Stelle auf die vielen Ausbildungsmöglichkeiten für die Langzügelarbeit hinzuweisen. In einigen Horsemanship-Trainings findet sich der Einsatz von zwei Seilen zum „Fahren vom Boden", ebenso wie in der klassischen Pferdeausbildung mit dem bereits fein gerittenen Pferd, das am Langzügel für höhere Lektionen ausgebildet wird.

6.8.3 Ausbildung unter dem Reiter bezogen auf die PI

In den vorangegangenen Kapiteln wurde bei einigen Ausbildungsschritten in der Freiarbeit, Leitseilarbeit, Longen- und Langzügelarbeit darauf verwiesen, dass diese Trainingsinhalte bei korrekter Umsetzung gymnastizierende Wirkung haben. Weiterhin sollte das angehende Therapiepferd auch stetig unter dem Sattel gymnastizierend geritten werden. An einer regelmäßige Gymnastizierung kommt die Fachkraft zur Gesunderhaltung des Pferdes nicht vorbei!
Eine gymnastizierende, solide Grundausbildung ist für das Therapiepferd unabdingbar. Da das Pferd gerade im Therapiebereich oft mit unerfahrenen Reitern, die oftmals schlechte körperliche Kontrolle haben, konfrontiert wird, kommt es gerade hier zu einseitigen Belastungen im Rückenbereich und zu besonders hohen Anforderungen an die Balance des Pferdes. Das Pferd sollte daher in den Bereichen Geraderichten, Takt, Gleichgewicht, Losgelassenheit und Anlehnung fundiert ausgebildet sein und regelmäßig korrigiert werden. Ebenso wichtig ist der Aufbau einer guten Bemuskelung, besonders im Bauch- und Rückenbereich.

Unabhängig von der Reitweise sind zur Gymnastizierung das Reiten von Übergängen und der Einsatz von Bodenstangen und Cavalettis besonders hilfreich. Die Durchlässigkeit der Hilfen wird trainiert und das Vorwärts-Abwärts beim Pferd gefördert. Zirkel und Volten auf beiden Händen sowie das Schulter- und Kruppe-Herein sind weitere wichtige Grundübungen. An dieser Stelle soll nicht weiter auf den Aufbau einer guten Trainingsstunde eingegangen werden, da alle Fachkräfte der Pferdegestützten Interventionen ein großes Wissen zu reiterlichen Inhalten haben sollten bzw. dies mit Hilfe von Trainer*innen für sich und die Therapiepferde erarbeiten sollten. Die Biomechanik des Pferdes zu begreifen ist dabei von zentraler Bedeutung.

An dieser Stelle soll angemerkt werden, dass sehr viele Reitweisen und Trainingsmethoden mit ihren Anleitungen und Inhalten gut mit den Grundsätzen der Pferdegestützten Intervention zusammenpassen. Als für die Fachkraft und später auch den/die Klient*in hilfreiche Wissensinhalte ist das „Centered Riding – Reiten aus der Körpermitte" von Sally Swift herauszuheben (z.B. Swift, 2017).

Abb. 16 Gebisslos mit einem Sidepull sollte das Pferd gut und sicher reitbar sein für Klient*innen - so wird das Pferdemaul geschont und das Pferd kann alle Reaktionen über Maul und Atmung anzeigen, wie in der geführten Arbeit.

Für die Pferdegestützte Intervention sollte das Pferd im dyadischen Training auf das Reiten durch eine/n Klient*in vorbereitet werden. Hierzu wird es auf gebissloses Reiten eingestellt, falls dies beim Einreiten nicht bereits getan wurde. Das Reiten auf dem Reitplatz oder der Reithalle sollte auch im Freireiten für den/die Klient*in gebisslos möglich sein. Das Therapiepferd wird auf Reaktionen vorrangig über den Atem und das Aufrichten für das Antreten, Traben und Anhalten sowie über Gewichtshilfen und einfache Stimmhilfen trainiert. Ist dies in der Bodenarbeit bereits etabliert, ist es auch unter dem Reiter abrufbar. Das gebisslose Reiten kann am Besten über ein „Sidepull" erfolgen, da hier eine Zügelführung mit einer seitlichen Öffnung möglich ist. Klient*innen können auf eine Öffnung der Hand nach Außen dem Pferd die Richtung weisen. Ebenso wie Klient*innen in der Regel kein Gebiss in die Hand bekommen sollten, sind auch mechanische Hackamore oder auch das „Glücksrad" ungeeignet für ungeübte Reiter. Weitere Ausführungen hierzu finden sich bei Gomolla & Mair (2015).

Ein weiterer wichtiger Punkt, der dem zukünftigen Therapiepferde in der Ausbildung vermittelt werden sollte ist, dass es sein Tempo verlangsamt, wenn der/die Klient*in aus dem Gleichgewicht kommt oder aus Angst stark „klemmt". Es sollte auf Verspannung des/der Reiter*in nicht mit Flucht und Schnelligkeit, sondern mit Verlangsamung reagieren. Es gibt Pferdetypen, die dies in der Ausbildung anbieten, da sie von selbst ohne lockeren Reiter nicht locker vorwärtsschreiten können. Dies kann unterstützt werden, indem in der Ausbildung auf einen lockeren Sitz geachtet wird und das Pferd bei Spannung langsamer werden darf. Ein Pferd, welches unter Spannung mit einer Weglauftendenz reagiert, muss trainiert werden, dass es Spannung aushalten lernt im Sinne einer Desensibilisierung.

Mit allen Pferden wird, wie auch in der reiterlichen Ausbildung grundsätzlich, auf das vermehrte Untertreten und die Hankenbeugung hingearbeitet, hierfür nimmt der/die Reiter*in vermehrt Spannung auf, und das Pferd soll das in eine Aktivität der Hinterhand umsetzen mit einem Schub mehr nach oben - eine Arbeit in Richtung Versammlung. Dabei geht es in der Ausbildung der Therapiepferde jedoch nicht darum, dass ein Pferd unter „sportliche Spannung" gerät und zum Beispiel unter dem Reiter anfängt zu piaffieren. Dies wäre eher kontraproduktiv, denn grundsätzlich wird in der Therapiepferdeausbildung in die Ruhe gearbeitet. Hektische Pferde, die vielleicht die Aufgabe nicht verstehen, den Druck nicht gut kanalisieren können in korrekte körperliche Aktivierung im Sinne einer reiterlichen Lektion, werden unkonzentriert, zeigen Übersprungshandlungen und dies wirkt sich wieder negativ auf das Vertrauen zum Menschen aus. Daher sollten Anforderungen immer an die Gegebenheiten des einzelnen Pferdes angepasst werden, die dem Pferd zeigen, dass Spannungsaufnahme einer gut im Gleichgewicht sitzenden Person mit den richtigen Hilfen zu einem Untertreten führt und ängstlich klemmender Sitz und schlechte Ausbalanciertheit des Reiters zu einer Verlangsamung bis hin zum

Stehen bleiben führen darf.

Wichtig ist bei dem reiterlichen Training für die Therapie und Pädagogik, dass erst mit einem Reitpad und danach auch mit einem Therapiepad geritten wird, welches viel durchlässiger für Sitzveränderungen und Spannungszuständen vom Reiter auf das Pferd ist, als ein Sattel. Das Pferd muss an diesen direkten Reizeinfluss gewöhnt werden!

Die Trainingsphase für die Ausbildung unter dem Reiter kann mit der Nutzung eines Halsrings bzw. Reitrings kombiniert und auch unterstützt werden. Der Reitring wurde in der Ausbildung von Reitschüler*innen von Linda Tellington Jones maßgeblich eingeführt (hierzu gibt es sehr viel Literatur z.B. Jones, 2012) und soll zu einem zügelunabhängigen Sitz verhelfen. Der Reitring funktioniert über Druck und Öffnung. Er wird für das Anhalten unten am Hals angelegt und zum Losgehen mit der Hand nach vorn geöffnet. Für die Ausrichtung zur Seite wird er an den Hals angelegt. Das Reiten mit dem Reitring lässt den Reiter mehr auf seine Gewichts- und Schenkelhilfen ausrichten. Das Gefühl, auf einem Pferd ohne Kopfstück zu reiten, ist für viele Kleint*innen eine freudige Herausforderung! Dabei ist noch einmal festzuhalten, dass dies nur auf einem diesbezüglich geschulten Pferd und nur auf einem umzäunten Reitplatz oder in einer Halle umgesetzt werden sollte.

6.8.4 Geländesicherheit und Handpferd

Ein Therapiepferd sollte selbstverständlich ein sicheres Reitpferd im Gelände sein, so dass mit Klient*innen Ausflüge in die Natur gemacht werden können. Im dyadischen Training muss die Geländesicherheit vom Boden sowie vom Pferderücken aus gegeben sein. Das bedeutet eine hohe Toleranz für Reize aus der Natur, Fahrzeuge (auch Traktoren oder Waldmaschinen), Hunde, Fahrräder, Nordig-Walking-Stöcke (diese können besonders unangenehme Geräusche verursachen), etc. Das angehende Therapiepferd sollte auch längere Strecken alleine unterwegs sein können und sich zusammen allein mit dem Menschen sicher fühlen. Hinzu kommt das ruhige Stehen im Gelände und ein Transfer vom Pferd herunter und wieder hinauf, da dies auch bei einem Spaziergang vorkommen kann, z.B. bei einer Gruppenintervention mit Reiterwechsel.

Als weiterer Schritt kann das Therapiepferd geschult werden, als Handpferd mit ins Gelände zu gehen. Handpferdereiten muss sehr solide geübt werden und sollte in der Pferdegestützten Intervention auch nur dann umgesetzt werden, wenn das Gefahrenpotential in der Reitumgebung gering ist (wenig Straßenverkehr, wenig möglicherweise erschreckende Situationen), die Pferde, die dazu gemeinsam eingesetzt werden sehr gut harmonieren und der/die Klient*in auf dem Reitplatz bereits sicher in allen Gangarten sitzt, das Pferd eigenständig auf dem Reitplatz bewegen und vor allem Anhalten kann. In einer Handpferdesituation mit einem/einer Klient*in sollten die Pferde sehr nah nebeneinander laufen können, denn der/die Klient*in sollte auf Höhe der Fachkraft mitreiten können, so dass diese möglichst im direkten Gespräch verleiben kann. Das Handpferdereiten wird mit den Pferden, die zusammen eingesetzt werden sollen, zuerst auf dem Reitplatz geübt, damit auch Anhalten und Wendungen gut funktionieren.

Werden die Pferde im Gelände durch den/die Klient*in eigenständig geritten, sollten sie aufgrund der momentan bestehenden Rechtsgrundlage ein Gebiss tragen. Dies muss mit dem/der Klient*in zuvor geübt werden, so dass eine feine Zügelführung gewährleistet ist. Die Fachkraft kann dann in der Handpferdesituation das Begleitpferd zusätzlich zur Trense mit einem Knotenhalfter ausstatten und an diesem ein Bodenarbeitsseil befestigen, um auf das Handpferd einwirken zu können. Das Seil sollte lang genug sein, dass sich das Begleitpferd auch einmal hinter das andere Pferd verschieben kann, falls es an einer Engstelle nötig werden sollte.

6.8.5 Voltigieren

Voltigieren heißt turnerisch-gymnastische Übungen auf dem Pferd auszuführen. In der Sportdisziplin Voltigieren, werden akrobatische Übungen auf dem galoppierenden Pferd ausgeführt. In pädagogischen und therapeutischen Interventionen mit einem Schwerpunkt auf motorisch-sensorischer Entwicklung oder auch zur Förderung des Selbstwertes sind Voltigierübungen auch in den Pferdegestützten Interventionen sehr gut einsetzbar. Hierbei kann je nach Klientel das Pferd im Schritt oder auch im Galopp eingesetzt werden. Je nach Intensität des Einsatzes muss das Pferd selbstverständlich angemessen für das Voltigieren geschult werden. In der Regel geht es nicht um ein Leistungssport-Voltigieren, doch auch für einen deutlich reduzierteren Einsatz, benötigt das Pferd die wesentlichen Grundlagen, um körperlich unbeschadet zu bleiben und damit die Sicherheit für die (in der Regel) Kinder gewährleistet ist. Es sollten nur Pferde hierzu eingesetzt werden, die eine dafür geeignete Rückenlinie und Bemuskelung haben und sehr gut an der Longe ausgebildet sind. Therapiepferde wurden in ihrem Exterieur bereits beschrieben. Zumeist sind die eingesetzten Pferde nicht so groß und lang und eignen sich daher nur bedingt für Voltigierübungen mit zwei Kindern. Hinzu kommt das korrekte Equipment für das Voltigieren: ein gutes Voltigierpad mit einer hohen Druckabsorption sowie ein Voltigiergurt mit breiten, runden und hohen Griffen, die den Druck auf die Seiten verteilen. Es darf nicht mit einem Eingriff-Gurt oder einem einfachen Reitgurt voltigiert werden, um den Rücken des Pferdes zu schonen und auch dem Kind genügend Sicherheit für die Übungen zu geben.

Das Pferd sollte im dyadischen Training für folgende Basis-Übungen trainiert werden: Grundsitz, Knien, Fahne, Stütz, Bank, Seitsitz, Stehen und rückwärts Sitzen. Selbstverständlich können auch noch alle weiteren Übungen eingeübt werden, wenn dies später mit den Kindern umgesetzt werden soll. Weitere Literatur für eine solide Ausbildung für das Voltigieren findet sich in den Ausbildungsrichtlinien der Reiterlichen Vereinigung (FN) für das Voltigieren (z.B. Richtlinien Reiten und Fahren, Band 3 Voltigieren, FN-Verlag, 2024).

Abb. 17 Das Pferd muss selbstverständlich auch auf die basalen Voltigierübungen mit Kindern vorbereitet werden. Je nach Pferdegröße und Statue müssen hier in das Training bereits gesunde Kinder eingebunden werden, da die Fachkraft mit ihrer Größe und Gewicht dies ggf. nicht selbst bewerkstelligen kann.

6.9 Gewöhnung an Materialien und Hilfsmittel

Von ganz zentraler Bedeutung für die Ausbildung von Therapiepferden ist die Gewöhnung an das gesamte Equipment für die Intervention (Reitpad, Therapiegurt, gebisslose Zäumung, Aufstiegshilfe etc.) sowie an Hilfsmittel, die Klient*innen mitbringen (Gehhilfen, Rollstühle, Tablets zur Unterstützten Kommunikation, etc.) sowie alle Materialien, die für die Intervention genutzt werden (Spielzeug, Verkleidung, Bücher, etc.).

6.9.1 Umgang mit Angst beim Pferd und das Thema Grenzen setzen in der Materialgewöhnung

Bei der Arbeit mit Pferden sollte man sich stets vor Augen führen, dass Angst für das Fluchttier Pferd lebensnotwendig ist und Fluchtverhalten daher jederzeit auftreten kann. Man sollte daher die Angst des Pferdes akzeptieren und das Pferd an neue Situationen langsam heranführen und ihm Zeit geben, sich an neue Begebenheiten zu gewöhnen. Wie lange ein Pferd für die Bewältigung einer Angstsituation braucht, ist individuell!

Angstfreiheit bedeutet für das Pferd zunächst, einen Lernprozess zu durchlaufen. Der Mensch muss die Angst des Pferdes erkennen. Hierfür ist es wichtig, sich immer wieder in die Perspektive des Pferdes hineinzuversetzen und aus der Perspektive des „bedrohten Fluchttieres" das Verhalten des Pferdes zu interpretieren. Nur weil wir als Mensch wissen, dass das vorbeifahrende Müllauto keine Bedrohung darstellt, weiß das Pferd das nicht. Unsere Aufgabe in der Pferdeausbildung ist es, dem Pferd permanent und immer wieder zu verstehen zu geben, dass der Mensch die Aufgabe übernimmt, für seine Sicherheit zu sorgen, und es sich uns vertrauensvoll anschließen kann. In der Materialgewöhnung kommt hinzu, dass das Pferd mit extrem vielen Dingen unterschiedlicher Farbe, Bewegungsmustern (Flatterbänder im Wind oder vom Wind weggewehte Seifenblasen) und – ganz wichtig - Geräuschen sowie Gerüchen zu tun hat. Die verschiedenen Spielmaterialien und Gegenstände, die Kinder mit ans Pferd bringen, sind für das Pferd überhaupt nicht einschätzbar, denn sie haben häufig wenig mit natürlichen Reizen oder Dingen in der Natur gemein.

Es gibt verschiedene Arten, Pferde an die Materialien zu gewöhnen.

Eine Art der Auseinandersetzung mit einem Angstreiz ist die **Desensibilisierung**. Das Pferd wird in kleinen Schritten immer wieder mit dem neuen und gegebenenfalls beängstigenden Gegenstand oder mit der Situation konfrontiert. Jeder kleine Schritt wird so lange geübt, bis die Angstreaktion beim Pferd nachgelassen, also Habituation eingesetzt hat. Erst dann wird der nächste Schritt geübt.

Beispiel der Desensibilisierung: Das Pferd lernt Seifenblasen aus einer Seifenblasenmaschine kennen, welche auch Geräusche produziert. Zuerst wird dem Pferd die Maschine gezeigt, so dass es sie beschnuppern kann. Wir zeigen die Maschine von allen Seiten, halten sie auch über den Hals des Pferdes, legen sie mal auf dem Rücken ab, halten die Maschine im Sichtfeld und außerhalb des Sichtfeldes. Wir stellen die Maschine am Boden ab, laufen um sie herum, stellen sie auf einen Stuhl oder eine Ablage. Wir bewegen die Maschine, damit sich das Pferd auch an die ggf. klappernden Geräusche gewöhnt. Danach nehmen wir erst einmal einen kleinen Behälter mit Seifenblasen. Das Pferd ist am Strick und wir pusten die Seifenblasen im Abstand vom Pferd von diesem weg. Sollte das Pferd sich erschrecken, nehmen wir es direkt zu uns und beruhigen es, lassen es auch an dem Seifenblasenwasser schnuppern. Danach folgt das Pusten von Seifenblasen in alle Richtungen, rund um das Pferd. Auch unter dem Pferdebauch durch, vorne, unterhalb des Kopfes. Als weiteren Schritt spielen wir die Musik vor, die das Gerät produziert ohne Seifenblasen. Ist das Pferd an alle diese Schritte gewöhnt, starten wir das Seifenblasengerät und bleiben mit dem Pferd noch im Abstand. Wir laufen möglichst ruhig um das Gerät herum, nähern uns langsam, nutzen die Neugierde des Pferdes, sich das Gerät und die Seifenblasen anzuschauen. Dies geht so lange, bis das Pferd ganz ruhig und entspannt inmitten der Seifenblasen neben dem Gerät steht. Die Trainingsschritte können mehrere Trainingseinheiten umfassen.

Sehr wichtig bei der Materialgewöhnung ist, dass dem Pferd immer genug Zeit gelassen wird, sich mit dem Material vertraut zu machen. Das Pferd soll lernen, dass es sich mit dem Material oder mit der Situation auseinandersetzen kann und soll, und dass keine Gefahr droht. Dafür benötigt es Zeit. Es soll nicht völlig reizüberflutet dastehen, und alles passiv mit sich geschehen lassen, sondern die Möglichkeit haben, sich mit den jeweiligen Begebenheiten auseinanderzusetzen. Eine zu schnell durchgeführte Materialgewöhnung kann fatale Folgen haben, denn wenn ein neuer Stimulus, welcher das Pferd in Alarmbereitschaft versetzt, zu schnell entfernt wird, kann es nicht zu Habituation kommen – das Pferd wird dann sensibler und ängstlicher gegenüber dem neuen Stimulus (Hanggi, E.B., 2005).

Eine andere Möglichkeit der Materialgewöhnung stellt das Flooding dar. Das Pferd wird mit einem Angstreiz direkt konfrontiert und verbleibt so lange in der Situation, bis es sich an den Reiz gewöhnt hat. Wichtig ist, das Tier erst dann aus der Situation zu entlassen, wenn die Abwehr- oder Angstsituation ganz heruntergefahren wurde. Flooding sollte nur umgesetzt werden, wenn sich die Fachkraft absolut sicher ist, dass das Pferd keine Überreaktion zeigt und auch nicht aus Angst erstarrt und es nur über sich ergehen lässt, aber keine wirkliche Verarbeitung stattfindet. Flooding sollte sehr vorsichtig und nur dann eingesetzt werden, wenn man das Pferd gut kennt und viel Erfahrung in der Arbeit hat. Das Vertrauen zwischen Fachkraft und Pferd kann leiden, wenn das Pferd in massive Panik gerät und sich gegebenenfalls dabei verletzt oder flüchtet und die Situation nicht positiv beendet werden kann.

Abb. 18 Die natürlich Neugierde des Pferdes sollte genutzt werden

Eine weitere Möglichkeit zur Gewöhnung an Angstreize ist die Nutzung von „Komfortzonen". Diese lassen sich sehr gut bei der Arbeit am Leitseil einrichten. Soll sich ein Pferd an z.B. eine Plane oder ein Flatterband gewöhnen, dann wird im Abstand zu diesem Gegenstand Druck erzeugt, indem das Pferd z.B. angetrabt wird. Bewegt sich das Pferd hin zum Gegenstand und befindet sich in der Nähe des Angstobjektes, wird der Druck weggenommen. So lernt das Pferd, dass es in der Nähe des angstbesetzenden Objekts „gut" ist und es dort entspannen kann. Somit wird die Angst nach und nach abgebaut und der Pferd nähert sich gerne und freiwillig dem Zielzustand, da es dort eine Wegnahme von Druck, also eine negative Verstärkung im Sinne der Lernmechanismen der operanten Konditionierung erlebt.

In der Materialgewöhnung ist es in der Regel besser, das Pferd am Leitseil zu arbeiten und nicht frei laufend mit besonders angstbesetzen Objekten zu konfrontieren. Denn es ist wichtig, beruhigend auf das Pferd eingehen zu können und es aus Panikreaktionen heraus zu holen. Auch bei der Arbeit am Leitseil sollte das Pferd weder „abspacken", noch unkontrolliert schneller werden. Im Zweifelsfall sollte ein „Notstopp" etabliert werden, sodass das Pferd sich der Fachkraft zuwendet, kurz über das Erlebte zum Nachdenken kommt, um dann wieder in Bewegung versetzt zu werden.

Wichtig ist, seine Trainingsmethode und seine Ziele immer an das jeweilige Pferd anzupassen. Manche Pferde sind erregbarer und ängstlicher als andere, teilweise sind Rasseunterschiede zu berücksichtigen (Lloyd, A. S., et al., 2008). Bei besonders ängstlichen und erregbaren Pferden sollten kleinste Zeichen des Pferdes beim Training berücksichtigt werden. So wurde beispielsweise gezeigt, dass Pferde unter Stress weniger mit dem Augenlid schlagen – bei einem sehr ängstlichen Tier könnte also in einer Stresssituation bereits der Lidschlag des Pferdes ein Zeichen dafür sein, dass es beginnt, sich zu entspannen (Merkies, K., 2017).

In der Ausbildung von Pferden kommt es immer wieder zu Situationen, die maximal modifiziert werden müssen. Hierzu gehört die Fluchtreaktion, die wir versuchen, dem Pferd möglichst abzutrainieren. Dem Pferd müssen dabei immer wieder deutliche Grenzen gesetzt werden. Gefährliches, aufdringliches und respektloses Verhalten gegenüber dem Menschen muss grundsätzlich konsequent unterbunden werden. Zudem sind einmal gesetzte, klare Grenzen sinnvoller und stressfreier zu akzeptieren, als endlose Diskussionen um unklare Grenzen. Auch Pferde setzen untereinander teils recht deutliche Grenzen. Pferde handeln dabei immer situationsangepasst. Verhält sich beispielsweise ein Jungtier respektlos gegenüber der Leitstute, wird diese zunächst drohen und dann, wenn eine angemessene Reaktion des Jungtieres ausbleibt, angreifen. Weicht das Jungtier und zeigt beispielsweise durch Senkrechtkauen seine Unterwürfigkeit an, beendet die Leitstute den Angriff typischerweise sofort und verhält sich dem Jungtier gegenüber wieder positiv.

Wichtig ist es, falsches Verhalten des Pferdes niemals zu moralisieren oder als persönlichen Angriff zu betrachten. Fehlverhalten sollte zeitlich angepasst, situationsangepasst, angemessen und konsequent unterbunden werden. Genauso sollte der/die Ausbilder*in direkt im Anschluss in der Lage sein, auf positives Verhalten des Pferdes wieder positiv zu reagieren. Anhaltende und nachtragende Emotionen sind bei der Arbeit mit Pferden fehl am Platz. Unangebracht in der Pferdeausbildung sind außerdem übertriebene und moralische Strafen. Strafen, die lange über die eigentliche Situation hinaus durchgeführt werden, führen zu einem Vertrauensverlust. Werden dem Pferd Handlungsalternativen aufgezeigt, kommt es zügig wieder zum Lob und damit zum Aufrechterhalt der Motivation. Noch einmal soll klar gestellt werden: der/die Ausbilder*in sollte jeder Zeit situationsangepasst, zeitlich angepasst und dem Pferdeverhalten angemessen und mit einem Verständnis für den Grund der Verhaltensweise reagieren. Die Fachkraft hat also immer ihr eigenes Verhalten zu reflektieren und sich bewusst zu sein, ob sie vielleicht einen „Fehler" in der Anleitung oder dem Handeling gemacht hat, ob das Pferd eventuell kein ausreichendes Vertrauen zum Menschen hat, Grundbedürfnisse nicht gestillt sind oder es an der Möglichkeit der Eigenregulation noch fehlt.

6.9.2 Konkrete Inhalte der Materialgewöhnung im dyadischen Training

In der Therapiepferdeausbildung gilt: An jedes Material, welches später eingesetzt wird, muss das Pferd vorab gewöhnt werden. Es dürfen keine ungewohnten Gegenstände im therapeutischen oder pädagogischen Setting zum Einsatz kommen. Natürlich ist es nicht möglich, alles zu trainieren, was vielleicht von Klient*innen mitgebracht wird und auch nicht auf alle aufkommenden Situationen oder Reaktionen, allerdings sollte so viel wie möglich an der Gelassenheit des Pferdes gearbeitet werden. So kann die Fachkraft darauf hinwirken, dass das Pferd auch mit neuen Reizen und Situationen umgehen kann und zumindest keine starken Überreaktion zeigt. Je mehr Situationen ein Pferd in seiner Ausbildung kennenlernt und einen guten Umgang damit gefunden hat, umso weniger Situationen werden im späteren Einsatz zur Gefahr für Mensch und Pferd. Jede Situation und jeder Gegenstand, die das zukünftige Therapiepferd in Aufregung versetzen, sollten genutzt werden, um an genau dieser Gelassenheit des Pferdes zu arbeiten.

Dabei ist es wichtig, dem Pferd jedes Material von allen Seiten zu zeigen. Wie bereits im Kapitel zum Lernverhalten bei Pferden ausgeführt wurde, gibt es bei vielen Pferde eine Priorisierung des linken Auges, um sich mit neuen und beängstigenden Reizen auseinander zu setzen. Zudem ist ein Übertrag auf die andere Körperseite nur bedingt möglich und vor allem müssen unterschiedliche Winkel, in der der Reiz gesehen wird, Beachtung finden. Pferde können besonders vor Dingen erschrecken, die sich plötzlich von außen vor ihre Vorderbeine bewegen, also in den toten Winkel ihres Sehfeldes. Es ist völlig sinnvoll vom Pferd, dort keine fremden Gegenstände zu tolerieren, da sie gefährlich werden könnten. Daher wird das Pferd ganz natürlich nach hinten weichen oder zur Seite springen. Sich in solchen Siuationen am Menschen zu orientieren und vertrauensvoll stehen zu bleiben, stellt ein wichtiges Lernfeld für das zukünftige Therapiepferd dar.

Bei der Materialgewöhnung ist daran zu denken, dass für den Menschen ein kleiner, roter Ball und ein großer, grüner Gymnastikball im Allgemeinen der Kategorie „Ball" zugehören. Anders ist dies beim Pferd, denn dem Pferd fehlt anfangs die Fähigkeit zur Kategorisierung. Wenn bereits eine Gewöhnung an den kleinen, roten Ball stattgefunden hat, kann nicht davon ausgegangen werden, dass der große, grüne Ball von jetzt an dem Pferd auch keine Angst mehr machen wird. Denn die beiden Bälle sehen anders aus, riechen anders, rollen anders und machen verschiedene Geräusche. Erst die Auseinandersetzung mit vielen verschiedenen Bällen und anderen runden oder eckigen Dingen, die fliegen können, wird zu einer wirklichen Verarbeitung führen für alles, was sich um das Pferd herum durch Werfen in den Luft bewegt und dann entweder gefangen wird, rollt oder mit einem Geräusch auf den Boden aufkommt.

Wenn viel Zeit in die Materialgewöhnung des Pferdes investiert wird, nimmt nach und nach die „Aversion" gegen neue Gegenstände ab. Dies liegt daran, dass das Pferd immer öfter erfährt, dass von den Gegenständen keine Gefahr ausgeht und ihm in bestimmten Situationen nichts passiert (Hanggi, E.B., 2005).

Noch als weiterer Tipp für die Materialgewöhnung: Eine gute Möglichkeit, dem Fluchttier Pferd die Angst zu nehmen, liegt darin, es das angsteinflößende Objekt verfolgen zu lassen. So findet quasi eine kognitive Umstrukturierung statt: das Pferd lernt, dass es nicht verfolgt wird, sondern dass es selbst verfolgt (Welz, H., 2003)!

Zu den wichtigsten Materialien und Situationen, an die das Pferd gewöhnt werden muss gehören: Ringe, Tücher, Plastiktüten, Planen, Tücher und Schwungtücher, Wasserschlauch, Wasserflasche, Kerzen und Fackeln, Arbeit im Dunkeln und der Umgang mit Licht und Schatten, Gegenstände, die Geräusche verursachen (Rasseln, Musikanlage, Musikinstrumente), Poolnudeln, Regenschirm, Fahnen, Flatterbänder, Taschenlampen, Wunderkerzen, Duftöle und diverse Spielmaterialien.

Abb. 19 Das Pferd „verfolgt" das angstmachende Material - das Gegenteil von Flucht reduziert so den Angstreiz.

Mit den Materialien, mit denen das Pferd im Rahmen des Einsatzes konfrontiert sein wird, sollte das Pferd am gesamten Körper berührt werden können. Zudem sollte es daran gewöhnt sein, dass das Material sich unter ihm, zwischen seinen Beinen, hinter oder über ihm befindet. Es sollte auch tolerieren, dass das Material zu Boden fällt, gerollt oder kräftig geschmissen wird oder wenn es, zum Beispiel dadurch, dass es gegen eine Wand geworfen wird, ein Geräusch verursacht. Der Phantasie sind hier keine Grenzen gesetzt, denn grundsätzlich gilt: je mehr das Pferd kennt, desto weniger muss es sich ängstigen. Auch Materialien, die nicht planmäßig eingesetzt werden, sollten verwendet werden, um die Gelassenheit des Pferdes zu fördern und so Gefahrensituationen vorzubeugen.

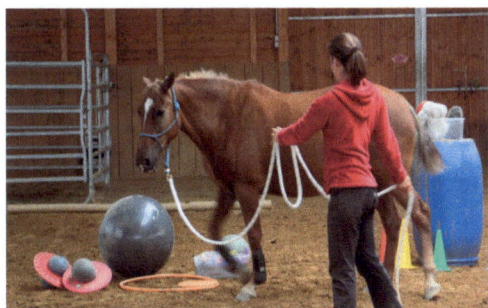
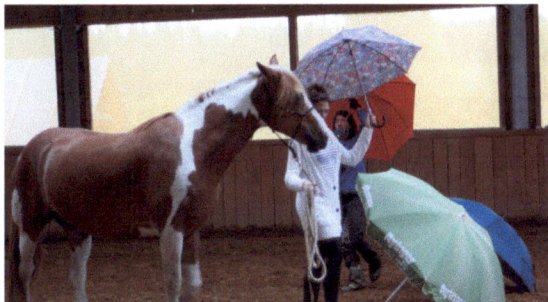

Abb. 20 Gewöhnung an diverse Materialien und Umgang mit herausfordernden Situationen

Zudem werden in therapeutischen und pädagogischen Settings vielfältige Hilfs-mittel verwendet. Zur Anwendung kommen zum Beispiel spezielle Gurte, Sättel,

Zügel oder Halsringe. Bevor diese Materialien beim Einsatz mit Klienten verwendet werden können, muss das Pferd auch daran ausgiebig gewöhnt werden, sodass es später keine unerwünschten Reaktionen auf diese Materialien zeigt. Das Pferd sollte unter anderem auch daran gewöhnt werden, auf unterschiedliche Arten und an unterschiedlichen Orten gesattelt zu werden und sich davon nicht irritieren zu lassen. Damit später der/die Klient*in auch das Kopfstück am Pferd anbringen kann, ist es von Vorteil, wenn das Pferd beim Anlegen des Kopfstücks vertrauensvoll den Kopf senkt und ruhig abwartet, bis dieses verschnallt ist, auch wenn es etwas länger dauert als gewöhnlich.

Außerdem muss das Pferd an Hilfsmittel der Klient*innen gewöhnt werden, wie zum Beispiel Rollstühle und Gehhilfen. Hierzu sollten auch wieder verschiedene Rollstühle und Gehhilfen verwendet werden, denn auch diese riechen unterschiedlich, sehen unterschiedlich aus und hören sich unterschiedlich an. Vor allem sollte das Pferd auch an das Motorengeräusch elektrischer Rollstühle gewöhnt werden und sich nicht vor umfallenden Gehhilfen erschrecken, auch wenn diese z.B. unter seinem Bauch landen.

Das Pferd muss durch das dyadischen Training an verschiedene Aufstiegshilfen gewöhnt sein. Hierzu gehören Treppen und Rampen, ggf. Lifte (in der Regel nur in der Hippotherapie eingesetzt). Das Pferd sollte lernen, vertrauensvoll an diese Aufstiegshilfen heranzutreten und ruhig abzuwarten. Wichtig ist hierbei auch, die Situation in allen möglichen Variationen zu üben: von beiden Seiten an die Aufstiegstreppe herantreten, die Position durch Rückwärtsrichten und Seitwärtstreten korrigieren und auf das Kommando zum Antreten warten können.

KAPITEL 7

7. Triadisches Training - Vertiefte Schulung für den therapeutischen und pädagogischen Einsatz

Wie in Kapitel drei bereits beschrieben wurde, haben Pferde ein deutliches Interesse an interspezifischer Interaktionen. Sie sind interessiert an anderen Lebewesen und wenden sich ihnen in der Regel zu. Die **Auseinandersetzung mit einem anderen Lebewesen** kann als erster Schritt für ein triadisches Training genutzt werden. Hierbei ist für diesen Aspekt von Bedeutung, dass das Pferd sich zwar mit den anderen Tieren beschäftigt, jedoch bei der Fachkraft verbleibt und sich auf die Anweisungen der Fachkraft ausrichtet sowie sich von ihr regulieren lässt. Es kann der Kontakt mit anderen Hoftiere genutzt werden wie Eseln, Ziegen oder Schafen. Falls Hunde begleitend zur Pferdegestützten Intervention eingesetzt werden, ist dies selbstverständlich auch ein Übungsfeld. Das angehende Therapiepferd wird zum anderen Tier geführt, wird unterstützt, langsam und vorsichtig zu schnuppern und Kontakt aufzunehmen. Macht das andere Tiere eine Bewegung oder zeigt Reaktionen und das Pferd erschrickt oder weicht zurück, kann es beruhigt werden und erneut mit dem anderen Tier konfrontiert werden. Auch Kinder oder Erwachsene mit starken intellektuellen Beeinträchtigungen werden im späteren Einsatz mit verschiedenen starken Verhaltensweisen auf Kontaktaufnahmen reagieren. Das Pferd lernt, dass die Fachkraft jederzeit Hilfestellung für die Regulation bietet und vorsichtige und vertrauensvolle Begegnungen im überartlichen Kontext möglich sind.

Abb. 21 Überartliche Interaktion mit anderen Lebewesen als Schulungsmöglichkeit. Bindet sich die Fachkraft mit ein, wird auch hier in der Triade interagiert.

Die ersten zwei Stufen der Ausbildung von Therapiepferden nach Zink (2011) wurden bereits beschrieben. Diese waren der Selbstwahrnehmung des Pferdes und Kommunikation mit dem Menschen gewidmet. In der zweiten Phasen lernt das Pferd, eine Bezugsperson in allen ihren Verhaltensweisen und auch emotionalen Lagen kennen. Am Ende dieser Phase, so beschreibt es Zink, soll ein zweiter Mensch hinzu genommen werden, damit das Pferd eine weitere Person „lesen" lernt. Danach werden weitere Menschen mit eingebunden und das Pferd lernt, seine Konzentrationsspanne auf den Menschen zu verlängern. Wichtig ist am Ende des dyadischen Trainings in jedem Fall, dass nicht nur die Hauptbezugsperson mit dem Pferd arbeitet, sondern das eine zweite oder ggf. auch dritte Person sich mit den gleichen Inhalten mit dem Pferd beschäftigt.

Erst wenn die Ausbildungsbestandteile im dyadischen Training sicher erarbeitet und gefestigt wurden, kann in das triadische Training übergegangen werden. Das bedeutet, dass **neben einer Bezugsperson (Fachkraft), eine weitere Person zum Pferd hinzu kommt** und dass das Pferd sich zum einen bei der Bezugsperson lernt zurück zu versichern, wenn es unsicher wird, jedoch seinen Hauptfokus auf den „neuen" Menschen ausrichtet. Zink (2011) beschreibt das triadische Training unter ihrer Phase drei und vier, in denen das Therapiepferd sich innerhalb der Triade befindet und mit unterschiedlichen Personen, auch solchen mit Einschränkungen, Behinderungen und veränderten Bewegungsmustern und Verhaltensweisen auseinandersetzt.

Abb. 22 Das Pferd lernt die triadische Arbeit mit Hilfe einer Hilfsperson kennen. Die Konzentration richtet sich auf die Person auf dem Pferd, die dem Pferd weniger gut bekannt ist. Die Fachkraft hält die „sichere Basis" zum Pferd aufrecht.

Pferde scheinen ein Grundinteresse an anderen, ihnen noch unbekannten Lebewesen zu haben - somit auch an ihnen unbekannten Menschen. Eine mögliche Erklärung ist, dass jeder neue Mensch ein potentiell neues „Herdenmitglied" darstellt. Eine andere Möglichkeit wäre, dass das Pferd als Beutetier sein Gegenüber „untersucht" und daraufhin entscheidet, ob es ihm freundlich oder feindlich erscheint. So oder so, das natürliche Grundinteresse dient als Grundlage dafür, das das spätere Therapiepferd sich immer wieder interessiert den Klient*innen zuwendet und weniger Interesse an der bereits bekannten Bezugsperson zeigt. Diese Tendenz gilt es im triadischen Training zu unterstützen.

Wichtig ist darauf zu achten, dass das angehende Therapiepferd sich tatsächlich aus dem Grundinteresse am Menschen heraus zuwendet und nicht, weil es Leckerlis oder Futter erwartet. Besonders in Willkommenssituationen sollten auf den Einsatz von Lerckerlis verzichtet werden. Im triadischen Training sollten keine Leckerlis eingesetzt werden! Leckerlis lösen Speichelfluss aus, es kommt zum Kauen und Lecken und dies in antrainierten Situationen, wenn das Pferd mehrfach in diesen mit Futter belohnt wurde. Es ist schwierig, die natürlichen Verarbeitungsreaktionen des Pferdes einzuschätzen, da diese von den konditionierten Reaktionen überlagert sind. Das ist weder im dyadischen noch im triadischen Training sinnvoll. Die Fachkraft möchte einschätzen können, wann das Pferd Eigenregulation zeigt, sie möchte sehen, ob die Regulation von außen wirkt und im späteren triadischen Kontakt möchte sie durch die Reaktionen des Pferdes einen Hinweis auf Befindlichkeiten des/der Klient*in erhalten.

7.1 Erarbeitung der Triade

Dem triadischen Arbeiten kommt in der Therapiepferdeausbildung ein besonderer Stellenwert zu, denn das bisher hauptsächlich in der dyadischen Arbeit sozialisierte Pferd muss daran gewöhnt werden, in einer Triade zu arbeiten. Außerdem muss das Pferd an Situationen gewöhnt werden, die durch besondere Verhaltensweisen der Klient*innen hervorgerufen werden. Häufig wird in der therapeutischen und pädagogischen Arbeit mit Menschen gearbeitet, die für das Pferd ungewohnte Verhaltensweisen zeigen oder starke emotionale Befindlichkeiten mitbringen.

Für die Gewöhnung an diese Klient*innen wird das sogenannte „Dummy"-Training genutzt. Als „Dummy" wird eine pferdeerfahrene Person bezeichnet, die Verhaltensweisen imitiert, die im späteren Einsatz auftreten können. Dazu gehören zum Beispiel: ein instabiler Sitz, Hin- und Herrutschen auf dem Pferderücken, Hyper- und Hypotonie, extreme Langsamkeit und Inaktivität, unkontrollierte Bewegungen, Klatschen, Lautieren, sich plötzlich vom Pferd rutschen lassen, neben dem Pferd auf den Boden fallen, unkontrolliertes Streicheln an verschiedenen Körperstellen, etc. Grundsätzlich sollte das Therapiepferd im Rahmen der Ausbildung lernen, im Zweifelsfall eher stehen zu bleiben, als sich durch Flucht aus der möglicherweise unangenehmen Situation zu entziehen.

Die Fachkraft sollte in diesen Situationen immer als verlässliche/r Partner*in für das Pferd zur Verfügung stehen und einschätzen, ob sie das Pferd aus der Situation entfernen sollte, um es zu schützen. Wichtig hierbei ist, dass das Pferd lernt, mit solchen Situationen sicher und angstfrei umgehen zu können, und durch das Training nicht sein Vertrauen zum Menschen zu verlieren. Im Gegenteil, es ist besonders wichtig, dass das Pferd sich gerade in solchen Situationen an der Fachkraft orientieren kann, um eine spätere Überforderung des Pferdes im Setting zu vermeiden. Das Pferd lernt, dass es durch die Fachkraft geschützt wird und diese auch besonders unangenehme Zustände stoppen kann. Dafür ist eine große Vertrauensbasis zwischen Pferd und Fachkraft sowie eine umfassende Gewöhnung an derartige Situationen unabdingbar.

Abb. 23 Transfer auf das Pferd und ungewöhnliches Absteigen müssen geübt werden.

Neben den benannten Verhaltensweisen, die der „Dummy" nachahmen kann, wird besonders auch der Transfer einer Person über eine Aufstiegshilfe in der triadischen Arbeit geübt: Das Pferd lernt verschiedene Arten des Aufsitzens zu tolerieren und auch längere Zeit abzuwarten, bevor sich der/die Klient*in hinsetzt. Es lernt, auf das Kommando zum Antreten zu warten, auch wenn beispielsweise eine angespannte Person auf ihm sitzt oder laute Geräusche von sich gegeben werden. Wichtig ist, dass das Pferd nicht losläuft, wenn es schnalzende Geräusche hört oder treibende Impulse mit den Beinen gegeben werden – viele Klient*innen kennen diese „Kommandos", um das Pferd in Bewegung zu setzen. Wichtig ist aber, dass das Pferd erst losläuft, wenn auch die Fachkraft einen Impuls zum Antreiben gibt – so können gefährliche Situationen vermieden werden. Weiterhin sollte das Pferd auch auf hektische Bewegungen von Personen auf der Aufstiegshilfe mit Gelassenheit reagieren und einen Helfer beim Aufsteigen tolerieren.

Wichtig ist, dass im tatsächlichen Einsatz eine Kombination aus verschiedenen Stresssituationen auftreten kann und das Pferd systematisch durch das umfassende Training darauf vorbereitet wird, auch in einer solchen Situation ruhig bleiben zu können. Denn wenn eine Situation chaotisch wird, dann kommen meist mehrere Dinge zusammen.

Wir sind mit unserem Klienten auf dem Reitplatz, es ist heiß und uns piesacken die nervigen Insekten. Da fährt der Bauer mit dem Mähdrescher vorbei. Die Pferde auf der Wiese erschrecken sich und galoppieren am Zaun entlang Richtung Stall. Unser Klient freut sich über die rennenden Pferde und klatscht erfreut in die Hände.

Unser Pferd hat hier eine enorm große Aufgabe zu bewältigen und muss eigene, natürliche Impulse kontrollieren. Das kann es nicht einfach so - es muss durch monatelanges, intensives Training mit viel Geduld dorthin geführt werden.

Im triadischen Training werden die bereits im dyadischen Training eingeübten Führpositionen mit einer/m „Dummy"-Reiter*in noch einmal vertieft. Es kann als Grundsatz mit dem Pferd geübt werden, dass es immer auf das Signal der Fachkraft wartet, bevor es auf eine Reaktion des/der Klient*in reagiert. So hat es sich bewährt, dass die Fachkraft vom Boden aus die Hilfen immer bekräftigt und zusammen mit dem/der Klient*in ans Pferd weitergibt. Es wird gemeinsam eingeatmet und sich aufgerichtet beim Losgehen, es wird gemeinsam ausgeatmet beim Anhalten. Bei einer Kurve positioniert sich die Fachkraft an der richtigen Stelle und gibt dem Pferd ebenfalls ein Signal zum Abwenden. Dies gilt für das geführte Arbeiten am Führstrick ebenso wie an der Longe.

Das eigenständigere Reiten des/der Klient*in wird auch im triadischen Training geübt. Bleibt die Fachkraft in einigen Metern Entfernung stehen und kein Strick und keine Longe wird als Verbindung eingesetzt, soll das Pferd maßgeblich auf die Signale der reitenden Person hören.

Im triadischen Training wird bereits darauf geachtet, was später auch in der Intervention wichtig ist. Das Pferd soll sich vorrangig auf die Befindlichkeit und das Verhalten des/der Klient*in ausrichten. Das bedeutet, dass von der Fachkraft eine Balance gefunden wird zwischen dem Geben von Signalen an das Pferd, damit es Sicherheit und „Rahmung" erlebt, und zugleich den freien Raum zu geben, dass das Pferd auf den/die Klient*in reagiert. Beispielsweise sollen Pferd und Klient*in gemeinsam ihre Geschwindigkeit im Schritt und Trab finden, diese sollte nicht vorrangig durch die Fachkraft bestimmt sein. Auch kann das Pferd plötzlich stehen bleiben, da es Angst, Unsicherheit oder Verspannungen bei dem /der Klient*in wahrgenommen hat. Im „Dummy"-Training sollten solche Impulse des Pferdes aufgegriffen und verstärkt werden, um sein „Mitdenken" und Interagieren zu fördern. Hier gilt es, die richtige Balance zu finden - das Pferd darf nicht zu ungezogenem Verhalten animiert werden und sich nicht systematisch über die Hilfen der Fachkraft hinweg sezten. Da es sich um eine „Übungs"-Situation handelt, kann sich die Fachkraft in diesem Trainingsstadium gegenüber dem Pferd mit deutlichen Signalen durchsetzen, wenn sie merkt, dass das Pferd respektlos wird. In der späteren realen Arbeit mit den Klient*innen sollte von jeglicher Diskussion mit dem Pferd Abstand genommen werden, um dem/der Klient*in keine Angst zu machen oder sie zu verunsichern. Diese „Diskussionen" zwischen Fachkraft und Pferd gehören in das dyadische und triadische Training und nicht in die Interventionssituationen. Die Einsatzfähigkeit des Pferdes muss in diesem Fall überdacht werden. Gegebenenfalls müssen Trainingsschritte aus dem dyadischen Training wiederholt und etabliert werden, bevor weiter mit Klient*innen gearbeitet werden kann.

7.2 Hilfspersonen im Setting

Im triadischen Training wird auch das Arbeiten mit einer Pferdeführerin oder anderen Hilfsperson eingeübt. In manchen Situationen muss mit eine/r Pferdeführer*in gearbeitet werden, da die Fachkraft ihre volle Konzentration auf den/die Klient*in richten muss. Der/die Pferdeführer*in kann dabei ebenfalls mehrere Führpositionen einnehmen. Mit dem Pferd muss erarbeitet werden, dass es auch in der Anwesenheit einer oder mehrerer anderer Personen konzentriert bleibt. Es ist dabei besonders wichtig, die Signale gut abzustimmen. Bestenfalls gibt nur eine Person

Signale an das Pferd in einer solchen Situation, damit es nicht verunsichert wird. Für die Interventionssituation ist es von Vorteil, wenn Hilfspersonen den/die Klient*in sichern und die Fachkraft selbst das Pferd führt. So kann die klassische Triade am Besten aufrechterhalten werden. Dann wird die Hilfsperson auf der entgegengesetzten Seite der Fachkraft neben den/die Klient*in positioniert, um diese dort zu sichern.

7.3 Triadische freie Kontakte und dyadische Kontakte durch die Klient*innen

Das freie Interagieren eines/r Klient*in mit dem Pferd ist von besonderer Herausforderung in der späteren Arbeit und kann ebenfalls im triadischen Training vorbereitet werden. Die „Zielperson" nähert sich selbstständig dem Pferd und die Fachkraft bleibt seitlich versetzt dabei oder bleibt ein wenig dahinter. Das Pferd muss lernen, dass es sich langsam an die neue Person annähert, lieber stehen bleibt und eher den Kopf nach vorne streckt, als dieser unkontrolliert zu nahe zu kommen. Die Fachkraft kann im triadischen Training diese Nähe und Distanz mit kontrollieren und mit dem Pferd üben, bei der Annäherung an den/die Klient*in auf bremsende und animierende Hilfen der Fachkraft zu achten.

Abb. 24 Das Kind darf sich frei um das Pferd bewegen und Kontakt eigenständig aufnehmen. Das Pferd muss so geschult werden, dass es in diesen freien Kontakten auf das Kind aufpasst und im Kontakt mit dem Kind verbleibt. Stark protektiven Tieren (insbesondere Stuten) fällt es oft leichter und sie passen sich willig von selbst den Kindern an.

Freie Kontakte sollten im Stall und auf der Weide geübt werden. Weiterhin kann auch die Freiarbeit im Roundpen ein Inhalt sein. Das Gefühl, das vermittelt werden kann, wenn das Pferd durch scheinbar „unsichtbare" Hilfen auf den Menschen reagiert, kann ein sehr besonderes und tief berührendes sein. Dieses Gefühl auch für Klient*innen erlebbar zu machen, ist ein nachvollziehbares Anliegen. Es sollte mit Bedacht eingesetzt werden. Die Steuerung und Regulierung dieses freien Kontakts kann vorbereitet werden, so dass das Pferd lernt, auf die Fachkraft zu reagieren, falls sie sich „einmischt" und dass es sich auf die andere Person und ihre Reaktionen fokussieren soll, solange die Fachkraft sich „ruhig" hinter dem/der Klient*in verhält.

Abb. 25 Freiarbeit im Roundpen mit Interaktionsperson und Trainer als Hilfestellung im Hintergrund zur Vorbereitung einer Freiarbeit mit Klient*innen.

KAPITEL 8

8. Therapiepferde bei der Arbeit

Wenn ein Pferd die beschriebenen Schulungsmaßnahmen durchlaufen hat, stellt sich die Frage: **Wann ist ein Pferd bereit für den therapeutischen und pädagogischen Einsatz?**

Zuerst einmal gelten die Vorgaben, die die Tierärztliche Vereinigung für Tierschutz e.V. (TVT) in ihrem Merkblatt für Tiere im sozialen Einsatz Nummer 131.9 für Pferde veröffentlich hat. Ebenso sollten die Leitlinien, die der Berufsverband für Fachkräfte Pferdegestützter Interventionen e.V. (Berufsverband PI) und auch andere Institutionen (z.B. Qualitätsmerkmale des Instituts für Pferdegestützte Therapie) formuliert haben, berücksichtigt werden. Diese sind wie folgt:

- Pferde werden erst ab einem Alter von mindestens 6 Jahren in Interventionen eingebunden, ein Volleinsatz mit hoher Auslastung sollte vor dem Alter von 8 Jahren nicht erfolgen. Hinzu kommt eine Verminderung der Auslastung und Einsatzzeiten ab einem Alter von 20 Jahren. Je nach Rasse und erwartetem Lebensalter sollten Therapiepferde in „Rente" gehen dürfen, in der Regel mit etwa 25 Jahren. In Einzelfällen dürfen Pferde über dieses Alter hinaus eingesetzt werden. Ist ein Pferd physisch oder psychisch nicht mehr ausreichend belastbar, kann es auch schon weit vorher aus dem Betrieb entlassen werden. Dies muss individuell durch die Fachkraft entschieden werden.
- Nur gesunde Tiere mit guter Konstitution und Kondition, selbstverständlich schmerzfrei, dürfen eingesetzt werden.
- Einsatzbereit ist nur ein entspanntes und aufmerksames Tier, welches sich dem Menschen zuwendet.
- Es werden nur Pferde eingesetzt, die ein umfassendes Training durchlaufen haben und auf ihre Aufgabe ausreichend vorbereitet sind.

Es hat sich gezeigt, dass für einen sicheren und erfolgreichen Einsatz von Pferde zudem folgende Punkte erfüllt sein sollten:

- Eine ausreichend lange Zeit als Eingewöhnung auf dem Hof und in der Pferdegruppe sollte gewährleistet sein – eine Eingewöhnungszeit von einem Jahr mit parallel stattfindendem Training und Vorbereitung für den Einsatz ist vorteilhaft.
- Das Pferd sollte in einer stabilen Herde leben und sich am Durchführungsort sicher fühlen.

- Die Ausbildungszeit im dyadischen und triadischen Training kann auf mindestens 3-6 Monate angesetzt werden, in der Regel dauert sie deutlich länger. Selbstverständlich ist die Grundkonstitution und der vorherige Ausbildungsstand entscheidend. Erst nach abgeschlossenem Training kann ein Einsatz erfolgen.

Ein zu schnelles Einsetzen des Pferdes schadet nicht nur dem Tier, das sich mit unterschiedlichen Situationen im Setting überfordert fühlen kann, sondern stellt ein Sicherheitsrisiko für Klient*innen dar.

Die solide und sichere Arbeitsbeziehung zwischen Fachkraft und Pferd ist noch einmal besonders hervorzuheben. Diese entwickelt sich nur über gemeinsame Zeit und intensives gemeinsames Training, wie in den vorherigen Kapiteln dargestellt. Es ist nicht möglich, ein fertiges Therapiepferd „einzukaufen" und direkt in den Einsatz zu bringen. Dies ist im Hinblick auf die ethische Grundhaltung dem Pferd gegenüber ebenso wie auf den Sicherheitsanspruch in der Intervention nicht tolerierbar.

Wie sehen die Rahmenbedingungen für den Einsatz eines Therapiepferdes aus?

Durch die TVT ebenso wie durch den Berufsverband PI werden die Rahmenbedingungen für einen Einsatz von Therapiepferde formuliert. Im Merkblatt der TVT ist zu lesen:

„Bei jeglicher Art von Einsatz eines Tieres im sozialen Bereich sollte die Intensität der Belastung in Bezug auf Einsatzform, Häufigkeit und Gesamtzeit des Einsatzes mit der individuellen Belastbarkeit (z. B. Alter, Konstitution, charakterliche Veranlagung) in einem ausgewogenen Verhältnis stehen. Dies setzt genaueste Beobachtung und Erkennen individueller Verhaltensweisen, die auf Überlastung hindeuten können, voraus. Für das Pferd können folgende Richtwerte als Anhalt dienen: 2 – 3 Einsätze pro Tag an 3 – 5 Tagen/ Woche. Dazwischen ausreichende Ruhepausen, ggf. auch Bewegungsangebote, möglichst im Sozialverband. Gesamtzeit des Einsatzes pro Tag ca. 2 – 3 Std. (zuzüglich Transport). Bei heilpädagogischen Voltigiergruppen wegen der besonders hohen physischen und psychischen Beanspruchung möglichst nur 1 Einsatz pro Tag, max. 2 Std. (inkl. Pausen) an max. 4 Tagen pro Woche. Im Einsatz an der Longe ist in regelmäßigen Zeitabständen (alle 10 – 15 Min.) ein Handwechsel vorzunehmen."

Die Einsatzhäufigkeit wir ebenfalls durch den Berufsverband PI in ähnlicher Form definiert. Unter Fachpersonen wird von 2-3 „Klient*innenkontakten" gesprochen, da der Kontakt mit den einzelnen Menschen, die Beziehungsgestaltung und Konzentration auf eine fremde Person, die Herausforderung in der Arbeit ausmacht. Hierbei ist als wichtiger Punkt anzumerken, dass es sich bereits um einen Klient*innen-Kontakt handelt, wenn Personen z.B. in Heimeinrichtungen bei den Pferden im Stall sind, um zu misten oder die Pferde zu putzen. Je nach Störungsbild oder Behinderung kann dies für Pferde eine Herausforderung bis hin zur Belastung darstellen. Daher sollte diskutiert werden, ob und in welchem Rahmen Menschen mit Handycaps oder psychischen Erkrankungen als „Helfer*innen" in Interventionen einbezogen werden, da eine weitere Person anwesend ist, auf die vom Pferd aus gesehen geachtet und Rücksicht genommen werden muss.

Als weiterer wichtiger Punkt in der **Einsatzhäufigkeit** gilt:
- Pferde in Therapie und Pädagogik mit regelmäßigen wöchentlichen Klient*innen-Kontakten sollten mindestens einmal pro Jahr für zusammenhängend mindestens 4 Wochen eine Therapiepause erhalten. In dieser Zeit können sie entweder gänzlich vom Menschen „frei" bekommen oder nur von wenigen, ihnen bekannten Personen Kontakt und Training erhalten.
- Einsatzfreie Zeiten von mehreren Tagen am Stück sollten zudem noch über das Jahr verteilt werden. So kann einem „Burn Out" bei Therapiepferden vorgebeugt werden.
- Die Einsatzhäufigkeit sollte angepasst werden an die individuellen Bedingungen des Pferdes. Die maximale Auslastung für ein voll ausgebildetes Pferd mit 10-15 Einheiten pro Woche benötigt eine gute Planung und genaues Beobachten des Pferdes bezüglich Stressbelastungen.
- Es zeigt sich in der Praxis immer wieder, dass der Kontakt zu Menschen mit starken psychischen Erkrankungen sowie starken Entwicklungsdefiziten mit hoher innerer Spannung und Unruhe, für Pferde sehr belastend sein können. Sie zeigen bei diesen Menschen zwar in hohem Maße protektives Verhalten, müssen dabei jedoch viele affektive / emotionale Zustände regulieren. Je nach Schweregrad der Erkrankung sollte das Therapiepferd in nur einem Klient*innen-Kontakt pro Tag arbeiten, und es ist auf ausreichend Zeit mit den Artgenossen im Rahmen der natürlichen Funktionskreisläufe zu achten.
- Menschengruppen (ob Erwachsene oder Kinder) sind für Pferde in der Regel anstrengender, als 1- zu- 1- Kontakte zusammen mit der Fachkraft in der Triade.

Daher ist auf die Häufigkeit des Einsatzes in Gruppen im Besonderen zu achten.

Individuell kann der Einsatzbereich des Therapiepferdes von der Fachkraft im Blick behalten werden. Kein Pferd kann in allen Ausbildungsbereichen zu einhundert Prozent perfekt geschult sein. Die zuständige Fachkraft muss für den/die jeweilige/n Klient*in und die individuelle Situation das passende Therapiepferd mit Fachkunde auswählen und dabei um die individuellen Stärken und Schwächen des jeweiligen Therapiepferdes wissen.

8.1 Bedingungen für einen guten Interventionseinsatz

Ein Therapiepferd kann dann in den Einsatz gebracht werden, wenn seine Funktionskreisläufe ausreichend bedient wurden und seine Grundbedürfnisse dadurch gestillt sind. Wiederholend sind diese: freies Zusammensein mit anderen Pferden in der Gruppe, gemeinsames Vorwärtsschreiten und Fressen in der Herde, gemeinsame Rauhfutteraufnahme, Komfortverhalten wie Scheuern, Wälzen und Fellpflege, Erkunden und Spielen ebenso wie ausreichend Ruhephasen.

*Beispiel 1: Ein Bedürfnis von Pferden ist das Wälzen. Sand wird bevorzugt. Daher kann es sein, dass ein Pferd in der Intervention mit Klient*in und Fachkraft auf den Sandplatz kommt und vehement versucht, sich erst einmal zu wälzen. Wäre eine Wälzmöglichkeit am Morgen oder vor der Einheit gegeben worden, wäre dieses Bedürfnis beim Pferd bereits befriedigt. Ist die Fachkraft sicher, dass das Pferd, wie immer am Morgen, sich auf dem Sandplatz oder auf der Weide gewälzt hat und dieses Bedürfnis dann in der Regel nicht mehr am Mittag zeigt, kann es zwar immer noch mit den Tagesbedingungen (z.B. Stiche im Sommer oder Fliegenplage) zusammenhängen, es kann aber auch mit der Interventionssituation zu tun haben. Vielleicht war die Putz- und Vorbereitungssequenz besonders anstrengend und das Pferd sucht einen Ausweg und zeigt das Wälzen quasi als „Übersprungshandlung" oder zur Eigenregulation.*

Beispiel 2: Der Sommer ist heiß und die Pferde sind geplagt von den Mücken, Bremsen und Fliegen. Im Offenstall sind nicht genügend Möglichkeiten, diesem Insektendruck zu entkommen, das Pferd wirkt gestresst und kann sich in der Intervention nicht ausreichend konzentrieren. Es gibt verschiedene Möglichkeiten, die Situation für das Pferd zu verbessern. Als eine Option wird das Pferd in eine Box eingestallt und nur noch nachts zur Herde mit auf die Weide gestellt. Dadurch verliert es seine Stellung in der Herde, da es nur noch die Nächte gemeinsam mit den anderen Pferden verbringt und ist durch die Situation vermehrt gestresst und in der Intervention nicht aufmerksam. Hinzu kommt, dass es durch die nächtliche Zeit auf der Weide seinen Schlafrhythmus umstellt und nun morgens schläft, wenn es in die Box kommt. Es ist so müde und schläfrig, dass Interventionseinheiten am Vormittag nicht durchgeführt werden können. Als weitere Option wird das Pferd rund um die Uhr komplett mit einer Fliegendecke eingedeckt. Allerdings ändert sich dadurch der Umgang der anderen Pferde mit ihm. Einzelne Pferde meiden das Gruppenmitglied, andere kommen zwar zu ihm, machen aber aufgrund der Decke keine Fellpflege mehr. So wird ein Teil des Sozial- und Komfortverhaltens eingeschränkt und das Pferd fühlt sich sichtlich unwohler in seiner Gruppe. Keine leichte Situation, um dem Pferd die nötigen Bedingungen zur Erfüllung seiner Funktionskreisläufe zu ermöglichen.

Nur bei gestillten Grundbedürfnissen können Therapiepferde die wesentliche Aufgaben in der Tätigkeit ausreichend erfüllen:
- Eigenregulation und Fremdregulation
- Spiegelung und angemessene Reaktionen auf den Klienten
- affektives Mitschwingen
- besondere Aufmerksamkeitslenkung auf die Intervention und den/die Klient*in
- Protektion

8.2 Aufmerksamkeit einfordern und halten

Wie im dyadischen und triadischen Training beschrieben, ist eines der Hauptmerkmale eines guten Therapiepferdes, sich in der Situation auf den Menschen einlassen und konzentrieren zu können ebenso wie auf die Geschehnisse im Verlauf der Einheit. Ist ein Pferd im triadischen Training in gewisse wiederkehrende Abläufe gut eingeführt, dann weiß es in der Intervention bereits, was auf es zukommt. Häufig wird beobachtet, dass Pferde in der Interventionsstunde Inhalte vorwegnehmen.Sie wissen, nach wieviel Runden in etwa gehalten wird, sie regen einen Seitenwechsel an oder suchen eine Spielstation auf. Dieses Mitdenken der Pferde und das Halten der Aufmerksamkeit im Prozess sollte immer unterstützt und gelobt werden. Dabei ist es wichtig, dass die Pferde nicht abstumpfen, indem jede Interventionsstunde im gleichen Ablauf umgesetzt wird. Die individuelle Gestaltung der Intervention ermöglicht dem Pferd, wach und aufmerksam mit der Fachkraft mitzuarbeiten. Zu große Routinen sollten vermieden werden, damit das Pferd weiterhin mitdenken muss.

Falls Umfeldbedingungn die Aufmerksamkeit des Pferdes auf sich ziehen, wird das Pferd freundlich rückorientiert. Dies kann durch ein leichtes Zupfen am Strick, einer kurzen verbalen Ansprache oder einer Körperberührung hergestellt werden. Wie bereits im dyadischen Training beschrieben, ist die Schulung der Aufmerksamkeit ein sehr langer Prozess und auch in der ersten Zeit des Einsatzes von Therapiepferden sicherlich immer wieder aktiv einzufordern. Wichtig ist hierbei, dass das Pferd, auch wenn es daran „erinnert" werden muss, sich auf den Menschen und die Situation zu konzentrieren, nicht dagegen geht und sich vehement wieder nach außen orientiert. Wäre das der Fall, müsste die Aufmerksamkeitslenkung im dyadischen und triadischen Training nochmals vertieft werden.

8.3 Spiegelung, affektives Mitschwingen und Regulation erkennen und fördern

In der Therapie ist es wichtig, dass das Therapiepferd auf Klient*innen sensibel reagiert und Prozesse, welche im Inneren des/der Klient*in ablaufen, widerspiegelt. Gleichzeitig soll das Pferd sich sicher gebunden fühlen an die anleitenden Fachkraft und sich in Extremsituationen an dieser orientieren und durch sie regulieren lassen. Dies ist eine enorm komplexe Aufgabe für das Therapiepferd, auf die es mit intensivem Training vor den ersten Einsätzen vorbereitet wurde. Während der Intervention werden die Fähigkeiten weiter ausgearbeitet und das Pferd lernt über Erfahrung, immer besser in den Situationen mitzuarbeiten.
Um innere Prozesse der Klient*innen widerspiegeln zu können, muss das Pferd in der Lage sein, überhaupt die Emotionen des Menschen wahrnehmen zu können. Wie bereits beschrieben zeigen Studien, dass Pferde menschliche Gesichtsausdrücke erkennen und zwischen positiven und negativem Ausdruck unterscheiden. Auf wütende Gesichtsausdrücke reagierten die untersuchten Pferde mit einem Anstieg der Herzfrequenz und mit eher vermeidendem Verhalten (Smith, et al., 2015). Darüber hinaus können Pferde nicht nur Gesichtsausdrücke, sondern auch den emotionalen Gehalt von menschlichen Stimmen wahrnehmen und anhand von Gerüchen positive und negative Emotionen beim Menschen unterscheiden. Auch Marlitt Wendt (2014) beschreibt die Fähigkeit des Pferdes, emotionale Zustände des Menschen an kleinsten Hinweisen zu erkennen und zu spiegeln. Erkennen kann das Pferd, laut Wendt, sogar kleinste Änderungen im Schalldruckspiegel des menschli-

chen Brustkorbs oder der Herzrate.

Wendt ist in ihren Ausführungen der Ansicht, dass das Pferd besonders die emotionalen Zustände von Personen spiegelt, die es gut kennt. In den Pferdegestützten Interventionen wird zwar auch davon ausgegangen, dass das Therapiepferd seine Bezugsperson gut kennt und auf sie reagiert, jedoch in seinen Verhaltensweisen in der Intervention mehr auf die „neue Person" (den/die Klient*in) ausgerichtet ist. Es wird davon ausgegangen, dass das Pferd über die ausgiebige Zeit, die es mit der Fachkraft im Training verbringt, diese gut lesen und einordnen kan. Aus dieser sicheren Basis heraus kann es sich der „neuen" Person zuwenden und mit dieser vermehrt mitschwingen. Diese Ansicht wird in der Untersuchung von Gansterer et al. (2011) gestützt, welche freie Interaktionssituationen analysierten, in denen sich die Fachkraft eher moderierend verhielt und die direkten Interaktionen von dem/der Klient*in ausgingen, die Pferde also auf die Klient*innen direkt reagierten. Gansterer und Kolleginnen schreiben in Bezug auf die Fachkraft: „Anhand der Aufnahmen ist zu erkennen, dass die Therapeutin eine dominante Position gegenüber dem Pferd einnimmt und eine wichtige Bezugsperson darstellt. (…) hier lassen sich inhaltlich zwei Themen bestimmen, einerseits die Vermittlung von Sicherheit, andererseits das Ermöglichen oder Begünstigen der Interaktion zwischen Klient/ Klientin und Pferd." Die Praxiserfahrung zeigt, dass ausgebildete Therapiepferde sich den Klient*innen zuwenden und auf sie reagieren, als wenn sie „wüssten", um wen es geht. In der Intervention wird von Fachkräften davon ausgegangen, dass Reaktionen, die das Pferd zeigt, eher mit der „neuen" Person zu tun haben, wenn im alltäglichen Umgang zwischen Fachkraft und Pferd diese Verhaltensweisen nicht regelmäßig auftreten. Es wird also nach einem „besonderen" Verhalten des Pferdes geschaut, welches im Training oder täglichen Umgang eher nicht gezeigt wird. So kann es dann in der Hypothesenbildung auf die Situation mit der/dem Klient*in assoziiert werden. Eine wissenschaftliche Annäherung an dies Konzepte wären hilfreich und würde der Evidenzbasierung der Pferdegestützten Interventionen sehr dienen.

In der Pferdegestützten Intervention wird demnach gewünscht, dass das Therapiepferd mit dem/der Klient*in affektiv mitschwingt. In der „Untersuchung nonverbaler Kommunikationsmuster zwischen Pferd und Mensch mittels Videoanalyse" von Gansterer et al. (2011) wird dargelegt, dass das Pferd in freien Interaktionssequenzen im Round Pen nicht vorrangig auf die Art der Bewegungen des/der Klient*in reagiert, sondern mehr auf den emotionalen Zustand, mit denen die Bewegungen ausgeführt werden. Dieses „Mitschwingen" kann nur bedingt vor dem ersten Einsatz in der Intervention geübt werden. Im triadischen Training kann damit begonnen werden, dem Pferd zu vermitteln, dass es Zustände, die es in der Person „liest", ausdrücken darf. Allerdings wird es erst in der realen Arbeit mit Menschen mit Beeinträchtigungen oder psychischen Belastungen sichtbar, wie sehr das einzelne Pferd auf gewisse Zustände reagiert. Daher kann das Therapiepferd in diesen Aspekten erst in der realen Therapiesituation weiter geschult werden. Das Pferd lernt in dem Zusammensein mit dem/der Klient*in und der Fachkraft, dass es „spiegeln darf", also mitgehen darf mit emotionalen Zuständen und auf diese Zustände auch Reaktionen zeigen darf.

Beispiel: Eine etwa 40jährige Klientin befindet sich aufgrund von Ängsten und depressiven Zuständen in Psychotherapie und kommt begleitend in die Reittherapie. Sie hat eine hohe Motivation und äußert, sich schon immer gewünscht zu haben, mit Pferden zusammen zu sein, was ihr in der Kindheit und Jugend jedoch nicht möglich war. Sie ist offen und freudig im Erstkontakt mit den Pferden und benennt keine Angst oder Sorge. Sie sucht sich einen ruhigen und freundlichen Wallach in der Herde aus. Sie möchte ihn aus dem Stall holen. Der Wallach ist der Frau sehr positiv zugewandt, schnuppert lange an ihrer Jacke und lässt sich problemlos aufhalftern. Die Klientin möchte alles am liebsten direkt selbst machen, sie wirkt fröhlich und aufgeregt. Sie möchte das Pferd gern selbständig aus dem Stall führen. Die Fachkraft positioniert sich auf die andere Seite am Pferd, so dass sie jederzeit das Tempo kontrollieren und auch eingreifen könnte. Die Fachkraft gibt zusammen mit der Klientin das Kommando zum Losgehen. Der Wallach, der in der Regel sehr kooperativ mit aus dem Stall kommt, bleibt jedoch stehen. Er wendet sich dabei nicht ab, sondern bleibt im Kontakt mit der Klientin. Diese versucht es mit der Fachkraft zusammen noch weitere drei Male. Das Pferd reagiert auch nicht, als die Fachkraft durch deutliches Einatmen das Losgehen unterstützt. Auf die Nachfrage, wie es der Klientin gehe, fängt diese plötzlich an zu weinen. Sie berichtet von Insuffizienzgefühlen. Der Wallach steht die gesamte Zeit ruhig neben der Frau, so dass sie sich an ihn anlehnen kann. Sie streichelt die gesamte Zeit des Sprechens über sein Fell. Im Anschluss an den affektiven Ausbruch kann die Klientin formulieren, dass etwas von ihr abgefallen sei. Sie probiert noch einmal mit einem Einatmen und kleinem „Schnalzer" mit dem Pferd loszugehen. Der Wallach reagiert prompt und läuft mit ihr aus dem Stall. Das Pferd scheint darauf reagiert zu haben, dass die Klientin zwar freudig, aber innerlich angespannt war und hat darauf ebenfalls mit „Starre" reagiert. Dadurch, dass die Fachkraft das Pferd nicht noch vehementer aufgefordert hat, loszulaufen, konnte das mögliche „Spiegeln" des Pferdes genutzt werden für einen wesentlichen therapeutischen Schritt. Das Pferd wurde sozusagen im „Ungehorsam" unterstützt. Nur so konnte die Klientin zu ihrer Erkenntnis und der emotionalen Lernsituation kommen.

In pädagogischen und therapeutischen Interventionen mit Pferden sollen diese auf psychische Zustände der Klient*innen eingehen. Dazu gehört nicht nur, sie zu spiegeln, sondern den Menschen als aktiven Interaktionspartner wahrzunehmen und auf seine Zustände zu reagieren. Hier kommt dem Pferd als interspezifischer Sozialpartner Bedeutung zu, der Interesse an der Interaktion mit dem Menschen mitbringt und aktiv kommuniziert. So zeigt das Pferd dann nicht zwingend spiegelnd oder affektiv mitschwingend einen Zustand an, sondern es nimmt den Zustand wahr und versucht, eine Veränderung beim Interaktionspartner zu initiieren. Es wird beobachtet, dass dieses Verhalten im Laufe der Entwicklung beim Pferd innerhalb der Herde und später auch im Kontakt mit dem Menschen gezeigt wird.

Als hypothtisches Modell zur Einordnung der besonderen Fähigkeiten, die Therapiepferde für ihre Arbeit benötigen, soll ein „**3-Stufen-Modell**" dienen, welches das gemeinsame affektiven Schwingen in der Beziehung zwischen Mensch und Pferd verdeutlicht:
Die erste Stufe ist demnach die **Spiegelung** – Jungpferde sind darin besonders gut, sie reagieren direkt mit **Affektübersprüngen** auf Ruhe- und Unruhezustände bei anderen Pferden und in der Regel auch interspezifisch mit anderen Lebewesen.
In der zweiten Stufe nimmt das Pferd die Stimmung eines anderen Pferdes oder auch eines anderen Lebewesens wahr, bleibt jedoch in der Konzentration bei sich und der eigenen Wahrnehmung und **reguliert sich selbst**, indem es zum Beispiel bei Unruhe nur mit ein paar Schritten oder einem Seufzen oder Ähnlichem reagiert und sich nicht in vollem Ausmaß affektiv anstecken lässt.
Werden Pferde älter und übernehmen verschiedene Aufgaben in einer Pferdegruppe, beginnen sie vermehrt, **sich gegenseitig** zu **regulieren**. Es wurde Beschwichtigungsverhalten berichtet (siehe Kapitel 2), ausgleichendes Verhalten, Schutz rangniedrigerer Tiere durch ranghöhere und „Trösten". Hört man in Lauf- und Offenställen genau hin, ist immer wieder Schnauben zu hören, welches von einem Gruppenmitglied zeitlich passend mit einer gewissen „Stresssituation" in der Gruppe zu tun haben kann. Pferde scheinen sich in der Gruppe gegenseitig zu regulieren und da sie eine starke interspezifische Kommunikation zeigen, kann auch von einer Regulation des menschlichen Interaktionspartners ausgegangen werden.

Dies ist dann die dritte Stufe der Entwicklung zum guten Therapiepferd. Das Pferd interagiert mit dem Sozialpartner Mensch und macht ihm Regulationsangebote.

Ein Beispiel soll dies verdeutlichen: Die 18jährige Stute kommt in der Intervention zusammen mit einem 9-jährigen Jungen mit einer Autismus-Spektrum-Störung. Er spricht nur wenig und ist sehr schüchtern und nach innen orientiert. Das Pferd interessiert ihn nur bedingt, auch wenn er es immer deutlich im Augenwinkel zu beobachten scheint. Das Pferd steht in der großen Stallgasse und wird von einer Helferin am lockeren Strick gehalten. Das Kind spielt mit verschiedenen Spielmaterialien. Die Fachkraft versucht sich in das Spiel einzubinden, was ihr nicht gelingt. Der Junge möchte nicht, dass die Fachkraft sich ihm nähert, so dass eine Wechselseitigkeit entstehen kann. Er wird dann jedes Mal sehr ungehalten und schreit, wenn sie sich ihm nähert. Dann nimmt sich der Junge ein buntes Spielzeug mit flackernden Lichtreizen und stimuliert sich damit, indem er es vor seinen Augen hin und her dreht. So hockt er auf dem Boden. Die Situation ist für die Fachkraft schwierig, da sie den Jungen nicht stressen möchte, jedoch aus dem repetetiven Zustand gerne herauslösen möchte. In dem Moment setzt sich die Stute langsam in Bewegung und geht auf das Kind zu. Die Helferin gewährt der Stute die Eigenaktivität auf Zeichen der Fachkraft hin. Die Stute geht mit gesenktem Kopf direkt auf den Jungen zu. Dieser scheint zuerst nicht darauf zu reagieren. Die Stute bleibt stehen und streckt ihren Kopf lang zum Jungen und seinem Spielzeug hin. Der Junge schaut das Pferd an, schaut dann wieder auf sein Spielzeug und dann wieder zum Pferd. Die Stute kommt noch etwas näher, der Junge steht auf. Die Fachkraft nimmt den Impuls auf, nähert sich mit einem ähnlichen Spielzeug dem Jungen und dem Pferd und zeigt dem Pferd das Spielzeug. Sie schnuppert interessiert daran. Der Junge beobachtet die Szene. Danach tauscht die Fachkraft ihr Spielzeug mit dem Jungen. Der Junge setzt sich einen Meter weiter weg wieder auf den Boden. Die Fachkraft kann sich daneben setzen und mit ihm mehrmals hintereinander Spielzeuge austauschen. Als Erklärung für das Verhalten des Pferdes kann es sein, dass es den Jungen aus seinem starren und repetetiven Zustand herauslösen wollte, oder es hat den ebenfalls angespannten und eventuell starren inneren Zustand der Fachkraft bemerkt und hat daraufhin einen Impuls zur Bewegung initiiert. Dabei hat es sich protektiv und sehr angepasst an den Jungen verhalten und es hat nicht die Fachkraft, also die ihm bekannte Bezugsperson versucht zu regulieren, sondern den „Auslöser". Es scheint in der Situation erkannt zu haben, von wem in der Interaktion das „dysfunktionale Verhalten" ausgeht. Das eigenbestimmte Verhalten des Pferdes zu unterstützen und nicht das Pferd nur als Kommando-Empfänger auf Anweisung des Menschen einzusetzen, hat hier wesentlich zur Veränderung der Situation beigetragen. Durch die lange Schulungsphase und die große Erfahrung der Fachkraft zusammen mit der Stute sowie der klaren Beobachtung, dass die Stute hoch konzentriert die Gesamtsituation verfolgt, kann die Fachkraft auf das Verhalten vertrauen und die Impulse des Pferdes und die Eigenentscheidung für ein Verhalten unterstützten.

In einer Trainingssituation würde eine Fachkraft ein eigenständiges Loslaufen, ein plötzliches Stehen bleiben, eine eigenständige Tempoverlangsamung oder -erhöhung oder andere Verhaltensweisen eines Pferdes bedingt tolerieren. Das Pferd würde korrigiert und weiter daran gearbeitet, dass das Pferd erst auf die klar Aufforderung des Menschen warten soll, bevor es losgeht. In der Interventionssituation darf das Pferd, in der Konzentration der Gesamtsituation stehend, eigene Impulse umsetzen. In der Regel tut es dies, der Erfahrung nach, langsam und mit Bedacht. Es ist wichtig, in der Interventionssituation dieses interspezifische Kommunizieren zu erkennen und dadurch zu verstärken, dass das Pferd Verhalten zeigen darf, also eigenbestimmt und selbst entscheidend eine Interaktion mit dem Sozialpartner Mensch beginnt und damit eine Veränderung bei der/dem Klient*in bewirkt.

Auf verschiedene Verhaltensweisen des Pferdes kann in der Interventionssituation geachtet und diesen Raum gegeben werden.
Die Pferde zeigen **Spiegeln** bzw. **affektives Mitwschwingen**, indem sie durch (kleine) Zeichen im Ausdrucksverhalten eine Situation „kommentieren". Sie zeigen einen Zustand an, den sie wahrnehmen. Als Zeichen sind zu erkennen:
- erhöhte Körperspannung
- Verspannung im Kieferbereich
- Faltenbildung über den Nüstern und im gesamten Maul- und Gesichtsbereich.
Im Weiteren resultiert ein **Regulationsverhalten**, welches durch die Fachkraft eingeleitet werden kann oder vom Pferd zur Eigenregulation genutzt wird (Resultat des dyadischen und triadischen Trainings):
- das Pferd kaut leer
- es seufzt
- es leckt
- es schnaubt (in verschiedenen Varianten)
- es bewegt sich - oder im Gegensatz dazu - es bleibt stehen
- es gähnt.

Das **Leerkauen** wird besonders häufig gezeigt. Das Pferd kaut bei geschlossenem Maul, ohne dass es etwas frisst. Das Leerkauen wird in der Ausbildung von Pferden gern als Zeichen interpretiert, dass das Pferd über das nachdenkt, was es gerade gelernt hat. Es wird auch als Akzeptanz- oder Unterwerfungsgeste gedeutet. In einer Untersuchung von Wickert (2012) wurde festgestellt, dass das Kauen und Lecken immer dann auftritt, wenn sich das Pferd nach einem (auch nur leichten oder inneren) Erregungszustand wieder beruhigt, also in einen entspannteren Zustand reguliert.

Abb. 26 Gähnen zur Eigenregulation und als Signal für einen Anstrengungs-Zustand beim Kind?

Zur Interpretation dieser Situation sollte der Gesamtkontext einbezogen werden. Hier wurde mit dem Kind mit Entwicklungsverzögerung und Traumafolgesymptomatik am Selbstwertgefühl gearbeitet. Es wollte so stark sein, wie Pipi Langstrumpf und das Pferd hochheben. Die innere Belastung des Kindes oder das innere Gefühl, viel tragen zu müssen und es nicht zu schaffen, könnte zum Verhalten des Pferdes beigetragen haben. Es kann auch insgesamt der Anstrengungszustand, mit dem Jungen eine Therapieeinheit durchzuführen, das Gähnen auslösen. Das Pferd reagiert in der „Abschlusspose" der Einheit deutlich mit dem Bedürfnis nach Regulation und, so wird es bei diesem Pferd eingestuft, auch als sozialer Hinweis an die menschlichen Partner*innen, dass es eine anstrengende Situation ist.

Zum **Gähnen** ist noch eine Anmerkung von Bedeutung, um auf eine möglichst korrekte Interpretation des Verhaltens zu kommen. Gähnen ist dazu da, Sauerstoffmangel im Gehirn zu beheben, das bedeutet, dass Gähnen bei der Überwindung von Müdigkeit hilft. Gegähnt wird jedoch auch bei Stress (Szantyr, 2017). Alle Wirbeltiere gähnen, ebenso Amphibien, Fische und Vögel. Gähnen ist „ansteckend", möglicherweise auch über Artgrenzen hinweg. Innerhalb von Pferdeherden konnte gemeinsames Gähnen beobachtet werden, es ist damit eine Eigenregulation und auch ein soziales Zeichen. Gähnen hat neben der Funktion des „Aufmerksam Machens" auch den der Entspannung. Das Pferd streckt bei entspannendem Gähnen seinen Hals nach vorn. Die Gesichtsmuskeln werden gedehnt und das Kiefergelenk durch Vorschieben des Unterkiefers gelockert. Nicht zuletzt kann Gähnen auch ein Zeichen von Schmerzen sein. Das Gähnen sollte in jedem Fall vom sogenannten „Spannungssperren" unterschieden werden (ebd.). Das Sperren hebt sich im Ausdruck vom Gähnen wie folgt ab: Beim Gähnen sind die Maulwinkel entspannt, die Augen schließen sich, das Kiefergelenk ist entspannt und die Zunge liegt ruhig im Maul oder wird gerade herausgestreckt. Beim Sperren sind die Maulwinkel und auch das Kiefergelenk angespannt, die Augen bleiben offen und die Zunge wird zurückgezogen, angespannt seitlich herausgestreckt oder vom Zungenboden angehoben. Beim Sperren wird der Kopf in der Regel nicht nach vorne gestreckt.

Es können auch **Übersprunghandlungen** vom Pferd in Interventionssituationen gezeigt werden, dann ist eine Regulation zu einem früheren Zeitpunkt gegebenenfalls „verpasst" worden, so dass dies nötig wird. Eine typische Übersprungshandlung beim Pferd sind Scharren, sich intensiv mit den Zähnen kratzen, die Zunge seitlich aus dem Maul heraus strecken oder sich am Vorderbein kratzen. Es ist wichtig, die Situation für das Pferd baldmöglichst aufzulösen und ihm wieder Sicherheit in der Situation zu vermitteln.

Bestimmte Verhaltensweisen des Pferdes zielen vermutlich direkt auf die **Regulation des menschlichen Sozialpartners** ab. Dies können sein:
• das Pferd sucht die Nähe zur Person
• es stupst den/die Klient*in an
• es hält das Maul an den Bauch oder ein anderes Körperteil der Person
• es brummelt
Dies sind bedeutsame Verhaltensweisen, die häufig in der Praxis gezeigt werden. Sicherlich gibt es noch weitere individuelle Verhaltensweisen und diese können noch differenzierter analysiert werden. Aus der Praxis mit vielen Therapiepferden wird deutlich, dass die einzelnen Tiere bevorzugte Verhaltensweisen zeigen. Eventuell sind diese mit ihrem sozialen Status, Alter und Geschlecht ebenso wie Lernvorerfahrungen in Verbindung zu bringen. Jedes Pferd benötigt daher eine individuelle Analyse.

Wenn ein Spannungszustand beim Pferd im Rahmen des affektiven Mitschwingens gezeigt wird, sollte dies von der Fachkraft aufgenommen werden und kann als Biofeedback-Möglichkeit genutzt werden. In dem Moment muss die Fachkraft entscheiden, ob sie den Zustand beim Pferd versucht aktiv aufzulösen, also das Pferd in Regulation zu bringen, oder ob sie auf die Eigenregulation des Pferdes wartet. Es kann sein, dass aus kleinen „Vorwarnzeichen" später deutlichere Befindlichkeitsanzeichen werden. Daraus können wiederum Übersprungshandlungen entstehen oder auch massivere Regulationsverhaltensweisen (z.B. einen Reiz aufnehmen und wegspringen, sich der Situation vehement entziehen wollen oder sich zur Wehr setzen gegen den Menschen). Ein frühes Wahrnehmen der Spiegelung und ebenfalls der Regulation des Pferdes ist nicht nur für die Intervention interessant, sondern sollte zur Reflexion der Situation bei der Fachkraft führen und ggf. zu einer Unterstützung des Pferdes. Anderenfalls kann es zu massiven Reaktionen des Pferdes führen. Es kommen Verhaltensweisen wie schnappen und beißen bei Pferden in Therapiesituationen vor, wenn sie sich bedrängt oder bedroht fühlen. Dies sollte aus Sicherheitsgründen selbstverständlich vermieden werden, damit der/die Klient*in keinen Schaden nimmt. Aus Tierschutzgesichtspunkten heraus sollte auch für das Pferd diese Art von Stresssituation vermieden werden.

8.4 Exkurs und Vertiefung: Synchronisation zwischen Fachkraft, Pferd und Klient*in

(Gastbeitrag von Stella Wienhold, Universität Konstanz, Arbeitsgruppe Neuropsychologie)

In den letzten Jahren hat sich die biopsychologische Forschung vermehrt der physiologischen Synchronisation zwischen Mensch und Pferd genähert. An der Universität Konstanz untersucht eine Arbeitsgruppe die Herzratenvariabilität (HRV) als möglichen Mechanismus für die Wirksamkeit der Pferdegestützten Intervention. Diese birgt spannende Einblicke in die Interaktion der therapeutischen Triade, bestehend aus Klient*in, Fachkraft und Therapiepferd.

HRV als Marker für Entspannung und Synchronisation

Die HRV beschreibt die Anpassungsfähigkeit des autonomen Nervensystems an Umweltreize. Eine hohe HRV wird mit Entspannung und psychischer sowie physischer Gesundheit assoziiert, während eine niedrige HRV häufig bei chronischem

Stress oder psychischen Erkrankungen zu finden ist (Thayler, 2010; Ramesh, 2023). Die Forschung zeigt, dass sich die HRV zwischen Mensch und Pferd während der Therapieeinheit synchronisiert, also aneinander anpassen kann (Wienhold, 2024). Besonders in ruhigen Interventionselementen, wie z.B. dem Liegen auf dem Pferderücken, wurde eine starke Synchronisation der HRV zwischen Pferd und Klient*in beobachtet. Diese Synchronisation kann als objektiver Marker für die Bindung und das wechselseitige Vertrauen zwischen Mensch und Pferd dienen, da sie eine physiologische Verbindung widerspiegelt, die zur emotionalen und körperlichen Regulation mit beitragen kann.

Einflussfaktoren auf die HRV-Synchronisation - Die Rolle der Dyade als sichere Basis

Die Zusammenstellung der Dyade von Therapiepferd und Fachkraft spielt eine wesentliche Rolle in der Synchronisation. Die Untersuchungen der Forschungsgruppe der Universität Konstanz ergaben, dass eine hohe HRV-Synchronisation zwischen der Fachkraft und dem Therapiepferd mit einer hohen HRV-Synchronisation zwischen Pferd und Klientin sowie zwischen Fachkraft und Klientin zusammenhing. Die Daten wurden an gesunden Probandinnen ebenso wie an Frauen mit psychischen Erkrankungen erhoben. Dies unterstreicht die Bedeutung der Beziehung zwischen Fachkraft und Pferd als Brücke für die gesamte Triade. Eine ausgeglichene und vertrauensvolle Interaktion zwischen Fachkraft und Pferd scheint demnach eine zentrale Rolle für den Erfolg der Intervention zu spielen.

Ein überraschendes Ergebnis in der Studie war, dass eine starke Präferenz der Fachkräfte für ein bestimmtes Pferd mit einer geringeren HRV-Synchronisation in dieser Dyade einherging. Dies widerspricht der Annahme, dass die bevorzugte Wahl automatisch zu einer höheren Synchronisation führt. Eine mögliche Erklärung dafür ist die veränderte Interaktionsdynamik, da die Fachkraft bewusste oder unbewusste Erwartungen in die Interaktion einbringen könnte, die das Verhalten des Pferdes beeinflussen. Wenn bereits eine starke Bindung zwischen Fachkraft und Pferd besteht, ist die kontinuierliche physiologische Synchronisation möglicherweise auch nicht mehr erforderlich, da die Beziehung weniger kontinuierliche Aufmerksamkeit aller Beteiligten benötigt. Dies könnte zu geringeren momentanen Synchronisationswerten führen, die jedoch nicht zwangsläufig auf eine schlechtere Verbindung hindeuten. Stattdessen könnte dies darauf hinweisen, dass die Interaktion so gefestigt ist, dass akute Synchronisation nicht mehr erforderlich ist, da sich die Partner intuitiv aufeinander einstellen. Dadurch kann sich das Pferd womöglich besser auf den/die Klient*in konzentrieren, indem es dessen emotionale und physiologische Signale unmittelbarer aufnimmt und darauf reagiert.

Einfluss von frühkindlicher Belastung (Early Life Adversity, ELA)
Ein weiterer zentraler Faktor für Synchronisationsprozesse ist die frühkindliche Belastung der Klient*innen. Frühkindliche Traumata können langfristige Auswirkungen auf das autonome Nervensystem haben und beeinflussen so auch die HRV-Synchronisation. Die Forschungsstudie zeigt, dass weibliche Personen mit hoher ELA eine geringere HRV-Synchronisation mit der Fachkraft aufweisen, jedoch nicht mit dem Therapiepferd. Dies deutet darauf hin, dass Pferde als wertvolle, nicht wertende Bindungspartner fungieren können und möglicherweise eine Brücke für den Aufbau zwischenmenschlicher Bindungen bieten.

Die Ergebnisse verdeutlichen insgesamt, dass es in Pferdegestützte Intervention keine einfache lineare Interaktion gibt, sondern es sich um einen dynamischen Prozess handelt, bei dem sich alle beteiligten Faktoren gegenseitig beeinflussen. Das Zusammenspiel von therapeutischer Bindung, emotionaler Resonanz und physiologischer Anpassung kann variieren und ist von individuellen sowie situativen Faktoren abhängig.

8.5 Vorlieben und Verhaltensweisen erkennen und fördern

Im Einsatz von Pferden in verschiedenen Interventionskontexten wird nach und nach deutlich, was die Schwerpunkte in der Arbeit der einzelnen Tiere sein können. Es gibt Pferde, die besonders positiv auf den Kontakt mit kleinen Kinder reagieren. Sie zeigen dabei hohes Protektionsverhalten und ganz wenig Stressanzeichen. Sie scheinen extrem viel zu tolerieren und wirken auch am Ende der Einheiten noch interessiert zugewandt. Andere Pferde sind schnell gestresst, wenn sie unkontrolliert berührt werden oder wenn Klient*innen sehr unruhig agieren. Manche Pferde suchen sich gezielt Klient*innen aus und es scheint so, als würden sie auch gewisse Zielgruppen „anziehen" und von diesen vermehrt ausgesucht.
Gruppeninterventionen scheinen für alle Pferde anstrengender zu sein, als triadische Situationen, jedoch gibt es auch hier Pferde, die kaum Stressanzeichen oder Missmut in Menschengruppen zeigen oder sogar, bei angenehmen Gruppenkonstellationen, es in der „Menschenherde" genießen.

Manche Pferde finden den Einsatz von Spielmaterialien spannend. Sie beißen gerne in Kegel hinein, tragen Dinge von einem zum anderen Ort und lassen sich in Spielsequenzen aktiv mit einbeziehen. Dies ist häufiger bei Wallachen zu beobachten. Stuten übernehmen eher die Aufgabe, einer Situation beobachtend beizuwohnen und Acht zu geben. Manche Pferde sind lieber aktiv im Gelände unterwegs, andere haben keine Schwierigkeiten, auch mal 20 Minuten still zu stehen und eine therapeutische Gesprächssituation „zu rahmen" oder auch intensiv in dieser „mitzuschwingen".
Manche Pferde sind gerne in der klaren Führung durch die Fachkraft, andere interagieren gerne eigenständig mit den Klient*innen und laufen kooperativ frei mit diesen mit.

Es ist also nicht nur vom Trainingsstand oder Exterieurbedingungen abhängig, wie und wann ein Pferd in die Intervention eingesetzt wird, sondern es kann und sollte auch auf seine Vorlieben geachtet werden. Weiterhin hat sich in der Praxis gezeigt, dass eine Mischung unterschiedlicher Klient*innen mit verschiedenen Handycaps und Störungshintergründen von Vorteil ist, ebenso wie eine Mischung von Kindern und Erwachsenen als Klient*innen. Eine einseitige „Konfrontation" mit Menschen, die täglich ähnliche Befindlichkeiten und Symptomatiken mitbringen, kann ein Pferd überfordern.

Besonders bei Klient*innen mit deutlichen inneren Erregungszuständen bei unterschiedlichen Störungsbildern und Handycaps, muss besonders darauf geachtet werden, was das Pferd kommuniziert. Hier sind nicht nur kleine affektive Spiegelungs- und Mitschwingungsanzeichen wichtig, sondern auch Verhaltensweisen der Vermeidung wie: Kopf deutlich zur Seite abwenden, um dem Kontakt zu entgehen (nicht zu verwechseln mit dem freundlichen Wahren des Raums des Menschen durch ein ruhiges nach Außenstellen des Kopfes), ständiges Weichen bei Annäherung der Person und Abwehrreaktionen zur Distanzierung. In diesen Fällen hat die Fachkraft zu entscheiden, wie sie fachlich korrekt mit dieser Situation in Anerkennung der Befindlichkeit des Pferdes und dem/der Klient*in reagiert.

8.6   Befindlichkeit beim Therapiepferd einschätzen

In den vorausgegangenen Kapiteln wurde erläutert, wie das affektive Mitschwingen, die Eigenregulation des Pferdes und seine individuellen Vorlieben und Stärken unterstützt werden können und auch auf Abwehr und Ablehnung geachtet und darauf reagiert werden muss. Es wurde bereits auf Befindlichkeiten beim Therapiepferd eingegangen, auf die geachtet werden sollte aufgrund einer ethischen Grundhaltung dem Tier gegenüber ebenso wie aufgrund von Sicherheitsbedingungen für Klient*innen.

Zur Einschätzung von Befindlichkeiten der Pferde in der Intervention kann das Verhaltensdisplays nach Bohnet (2007) umgesetzt in Beobachtungstabellen nach Meinzer (2009) sinnvoll dienen. Die Tabellen finden sich im Anhang des Buchs. Sie enthalten folgende **Displays**:

1. Display „Neutral": neutrale Stellung des Kopfes (in Relation zum Körper beträgt der Winkel zwischen Hals und Brust 90 Grad oder etwas mehr), Vorwärtslaufen in normalem Tempo, neutrale Grundstellung des Schweifes (lockeres Herunterhängen), Neutrale Stellung der Ohren (Ohren ohne Anspannung aufgerichtet, wobei die Ohrmuscheln nach vorn und außen weisen, neutrale Grundstellung des Mauls (Mund locker geschlossen), keine Lautäußerung

2. Display „Aufmerksamkeit beim Klienten": Kopf zum Klienten gedreht, ein Ohr oder beide Ohren auf den Klienten gerichtet

3. Display „Aufmerksamkeit bei der Umwelt, beim der Fachkraft, bei den Hilfspersonen": Kopf zum Gegenstand oder der Person des Interesses gedreht, Ohren auf den Gegenstand oder die Person des Interesses gerichtet, beknabbern/anstupsen eines Gegenstandes oder der Fachkraft bzw. einer Hilfsperson

4. Display „Unzufriedenheit": Kopfschlagen, unwillig stehen bleiben, Schweif peitschen, Ohren anlegen, Beißdrohen oder Beißen

5. Display „Entspannung": Kopf hängt entspannt herab (Winkel zwischen Hals und Brust ist kleiner als 90 Grad), „Flügelohren" (Ohrenstellung in seitlicher Position und etwas abgesenkt), Abschnauben

6. Display „Erregung/Angst": Kopf nach oben gerissen (Winkel zwischen Hals und Brust fast 180 Grad), plötzliches Schnellerlaufen, Tänzeln, Durchgehen oder Einfrieren (Erstarren wenn Flucht nicht möglich), Schweifwurzel versteift, Schnorcheln

Meinzer (2009) hat in einer umfassenden Untersuchung die Befindlichkeiten von Pferden in Interventionen per Videoanalyse untersucht. Es wurden 24 Pferden (Stuten und Wallache) in insgesamt 80 Therapieeinheiten mit Klient*innen unterschiedlicher Behinderungen und Auffälligkeiten im Hinblick auf Stressanzeichen und Entspannungsfaktoren ausgewertet. Insgesamt wurde von den Pferden in geringer Ausprägung Stress gezeigt und dies mehr beim selbstständigen Reiten, als beim geführten Reiten. Bei Personen mit intellektuellen Beeinträchtigungen, die zumeist ruhig auf den Pferden saßen, zeigten die Pferde am meisten Entspannung, in Anspannung waren sie eher bei unruhigen Kindern.

Die Befindlichkeit des Pferdes in der Intervention einzuschätzen, ist eine wesentliche Aufgabe für die Fachkraft. Es ist wichtig, sich mit den kurzfristigen Stresszeichen im Setting und nach der Interventionseinheit zu befassen. Das Thema Stress ist somit ein wesentlicher Punkt für die Beurteilung der Befindlichkeit bei Therapiepferden und soll daher im nächsten Unterkapitel genau beleuchtet werden.

8.7 Stressbelastung bei Therapiepferden erkennen und damit umgehen

Wer Pferde in therapeutischen und pädagogischen Settings einsetzen möchte, muss sich zwangsläufig intensiv mit dem Thema Stress auseinandersetzen, denn einerseits ist die Fachkraft für das Wohlergehen des Therapiepferdes und andererseits für die Sicherheit des/der Klient*in verantwortlich.

„Das Leben an sich bedeutet Stress" und Stress sollte, auch beim Pferd, zunächst einmal nicht als negativ oder positiv bewertet werden, sondern als ein Auslöser für körperliche Reaktionen (Wendt, 2015). Ein Pferd in Freiheit lebend wäre auch täglich Stresssituationen ausgesetzt. Bei Pferden in menschlicher Umgebung sind die Stressbelastungen andere, als in der freien Wildbahn. Es sind Stressfaktoren aufgrund einer Haltung, die ihren Bedürfnissen nicht entspricht oder einer Nutzung durch den Menschen, der ihre körperlichen oder in der Regel eher mentalen Bedingungen überfordert. Dabei kommt es natürlich auf die Häufigkeit der Stressbelastung an. Eine kurzfristig stressbehaftete Situation im Alltag versetzt das Pferd zwar in Alarmbereitschaft, schadet ihm aber nicht dauerhaft, wenn es sich mit der Situation auseinandersetzen oder sich ihr entziehen kann. Langfristig anhaltende, oder immer wieder auftretende Stresssituationen, denen das Pferd nicht entgehen kann, können das Pferd jedoch überfordern und dauerhaft schädigen.

Aus der täglichen Arbeit mit Klient*innen berichten Fachkräfte immer wieder, dass Pferde deutlich gestresst sein können und besonders nach den Einheiten durch Müdigkeit oder gestresstes Wälzen zeigen, dass die Einheit anstrengend war. Dies scheint der Erfahrung nach auch mit der Art der Umsetzung und der Inhalte zu tun zu haben, ob in der Einheit eher problemfokussiert gearbeitet wurde oder ablenkend und im Hinblick auf Entspannung und Steigerung des Wohlbefindens. Es liegen zum jetzigen Zeitpunkt keine Studien vor, die sich dieser Differenzierung angenähert haben. Den bisher durchgeführten Studien ist gemein, dass sie in der Regel nicht näher erhoben haben, was genau in den Einheiten inhaltlich stattfand und bei den einbezogenen Klient*innen individuell bearbeitet wurde und kein standardisierter Ablauf vorlag.

Die bisherigen Untersuchungen zeigen keine Anhaltspunkte für starke Stressbelastung bei Therapiepferden. Die meisten Studien kommen zu dem Fazit, dass Interventionssituationen wenig Stressbelastung für Pferde mit sich bringen, zumindest was die deutlichen Stressanzeichen im Rahmen der Befindlichkeitserhebung angeht. Eine in 2006 erschienene Studie von Kaiser et al. zeigte im Hinblick auf die deutlichen Stressanzeichen wie Schweifschlagen und klare Abwehrreaktionen, dass das reguläre Reiten in der Halle signifikant mehr Abwehr- und Stressanzeichen beim Pferd hervorbrachte als Therapieeinheiten.
Bei den Stressanzeichen von Pferden in der Interaktion mit Menschen mit Traumafolgestörung im Vergleich zu gesunden Personen waren keine Unterschiede zu finden (Merkies et al., 2018). In dieser Studie wurde geschlussfolgert, dass die Pferde eher auf die physischen als die psychischen Bedingungen der Personen reagierten. Auch McKinney et al. (2015) kommen zu dem Schluss, dass Pferdegestützte Therapie keinen negativen Effekt auf Pferde hat. In einer vergleichsweise aktuellen Erhebung von Medonca et al. (2019) wurden 58 Pferd-Mensch-Paare in verschiedenen therapeutischen Settings in eine Studie einbezogen. Es wurden Verhaltensweisen beim Pferd während einer Putz- und Vorbereitungssequenz und in einer Bodenarbeits- bzw. Reitsequenz analysiert. Die Pferde zeigten nur bei Menschen mit psychischen Erkrankungen eine leichte Erhöhung der Kopfbewegung, welche als gewisses Stressanzeichen gedeutet, aber auch als Neugierverhalten gewertet werden kann. Keine anderen Stessanzeichen konnten gemessen werden, hier wurden Ohrenspiel, Schnauben und Kot ablassen erhoben. Weiterhin wurde die Herzratenvariabilität gemessen, welche keine Auffälligkeiten aufwiesen, die auf eine emotional positive oder negative Situation für das Pferd schließen lassen. Es

wird als Fazit gezogen, dass eine Pferdegestützte Therapie für die Pferde eher eine neutrale Situation darstellt.

Dennoch soll im nachfolgenden weiter auf Stress beim Pferd eingegangen werden, da eventuell feinere Anzeichen erkannt und verstanden werden sollten, auch wenn sie keinen deutlichen Stressanzeichen wie Kotabsetzen, Schweifschlagen oder Abwehrreaktionen zur Folge haben.

8.7.1 Stresstypen

Wann Stress zum Problem wird, hängt von vielen Faktoren ab – vor allem von der individuellen Stresstoleranz des jeweiligen Pferdes. Es gibt sehr stresstolerante Pferde, die auch bei großen Veränderungen, wie einem Stallwechsel, nur kurzfristig gestresst wirken und wiederum andere, die von kleinsten Änderungen im Alltag, wie der Verwendung einer neuer Aufstiegstreppe, völlig entwurzelt scheinen. Hierbei ist es wichtig zu berücksichtigen, dass ein ruhig wirkendes Pferd keinesfalls auch innerlich ruhig sein und ein nervös tänzelndes nicht zwangsläufig im nächsten Moment in Aufregung davon stürmen muss. Wie gestresst ein Pferd ist, kann nicht immer an generellen Anzeichen festgemacht werden, vielmehr ist es wichtig, den individuellen Stresstyp des Pferdes zu (er-)kennen und auf die Anzeichen des Pferdes zu reagieren.

Wendt (2015) unterscheidet zwischen **externalisierenden** und **internalisierenden Stresstypen**, auf die im Folgenden näher eingegangen werden soll.

Internalisierende Stresstypen zeigen ihr Stresserleben häufig weniger deutlich nach außen und ihre Anzeichen für Unwohlsein sind daher auch von Fachkräften häufig nicht so leicht zu bemerken. In starken Belastungssituationen erscheinen diese Pferde leichter händelbar, und es scheint von ihnen ein geringeres Gefahrenpotential auszugehen.

Externalisierende Stresstypen hingegen zeigen ihr Stresserleben deutlich sichtbarer, sodass dies selbst von ungeschulten Beobachtern meist leichter zu identifizieren ist. In Belastungssituationen zeigen diese Pferde ihr Unwohlsein durch deutliche Reaktionen, wie z.B. Ohrenanlegen, Stampfen oder nervöses Tänzeln. Allein durch den häufig vergrößerten Bewegungsradius solcher Pferde in Belastungssituationen geht von ihnen im Umgang ein höheres Gefahrenpotential aus, als von Vertretern des internalisierenden Stresstyps. Nicht verwunderlich ist es, dass für therapeutische und pädagogische Settings daher häufig eher internalisierende

Stresstypen gewählt werden. Gerade für diese Pferde gelten jedoch viele der „generellen" Stressanzeichen nicht, obwohl sie genauso intensiv Stress erleben, wie die eher externalisierenden Stresstypen. Für ein langfristig sicheres, die mentale und physische Gesundheit förderndes Arbeiten mit solchen Pferden ist es daher unerlässlich, andere Wege zu finden, das Stresslevel dieser Pferde zu erfassen.

8.7.2 Stressanzeichen und physiologische Marker beim Pferden

Grundsätzlich gilt: Zeigt das normalerweise kooperativ und freundlich wirkende Pferd mit der Zeit Verhaltensauffälligkeiten und können körperliche Schmerzen oder andere Erkrankungen als Ursache hierfür ausgeschlossen werden, liegt möglicherweise eine chronifizierte Stressbelastung vor. Dies kann sich zum Beispiel durch widerständiges Verhalten bei der Arbeit, erhöhte Nervosität, eine angespannte oder veränderte Muskulatur oder auch Drohen und Schnappen zeigen. Werden solche Verhaltensveränderungen gezeigt, liegt, bei internalisierenden Stresstypen, meist schon eine starke Stressbelastung vor, und das Wohlergehen des Pferdes sowie die Sicherheit des/der Klient*in sind durch möglicherweise unvorhersehbare Reaktionen des Pferdes sind bereits gefährdet.

Pferde, die unter Stress stehen, können auch **kleinste Veränderungen** im Ausdruck ihrer Augen oder Nüstern zeigen. So kann ein hektisches Blinzeln oder das Weiten oder Rümpfen der Nüstern ein Indikator für Anspannung sein. Auch diese Anzeichen sind individuell sehr unterschiedlich zu bewerten, jedoch können sie gerade in der Analyse des Stressbelastungsniveaus eher introvertierter Stresstypen sehr aufschlussreich sein. In einer Vielzahl von Studien wurden Mimik-Veränderungen als Stressmarker bei Pferden untersucht und mit anderen physiologischen Stressmarkern wie Cortisol und Herzratenvariabilität (HRV) korreliert. Hierbei konnte z.B. die „Spannungsfalte" an den Augen, sowie eine Erweiterung der Pupillen als Stressmarker benannt werden (Ödberg et al., 2016). Auch ein vermehrtes Blinzeln oder Sperren der Nüstern zählt zu den mimischen Veränderungen, die auf Stresserleben beim Pferd hinweisen (Dalla Costa et al., 2014), sowie eine hohe Ohrbewegungsrate. Ein starrer, in sich gekehrter Blick kann ebenso ein Anzeichen für Stress sein wie ein ständiges „Abchecken" der Umgebung (Wendt, 2015).

Als kurzfristige Stresszeichen in und nach einer Interventionsstunde sind zu beachten:
- „gestresstes" Wälzen nach den Therapieeinheiten
- Einfrieren / Freezing in Situationen
- Sperren (spanniges Öffnen des Mauls) oder übermäßiges Gähnen
- Starke Spannigkeit oder fluchtartiger Bewegungsdrang

Als langfristige Anzeichen von Überforderung können benannt werden:
- Rückenprobleme und Blockaden
- Starke Faltenbildung am Maul
- Abwendung vom Menschen bei Kontaktaufnahme bis hin zur deutlichen Abwehr
- Appetitlosigkeit
- Müdigkeit und Mattheit
- Veränderungen im körperlichen Zustand (z.B. Fellveränderung)

Wünschenswert wäre eine frühzeitige Analyse des Stresserlebens des Therapiepferdes, unabhängig vom Stresstyp und behavioralen Stressanzeichen. Hierfür eignen sich physiologische Marker besser, die das Stresslevel genauer bestimmen und sichtbar machen können.

In den meisten Studien zur Erkennung der Stressbelastung bei Pferden werden Cortisol und die Herzratenvariabilität (HRV) als physiologische Marker für Stress herangezogen, welche daher näher beschrieben werden sollten.

Cortisol

Cortisol gilt als das bedeutsamste Stresshormon und tritt als Endprodukt der Hypothalamus-Hypophysen-Nebennierenrinden-Achse auf. Es reguliert den Stoffwechsel und ist insbesondere für die kurzfristige Leistungssteigerung wichtig. Auch hier gilt: kurzfristige Erhöhung des Cortisolspiegels ist eine gesunde und wichtige Reaktion des Körpers, wohingegen eine chronische Erhöhung des Cortisolspiegels zu ernsthaften gesundheitlichen Problemen führen kann (Wendt, 2015).

Es gibt eine Vielzahl von Studien, die den Zusammenhang zwischen Stress und dem Cortisolspiegel bei Pferden untersucht und sich dabei sowohl auf die kurzfristigen als auch die langfristigen Auswirkungen von Stress für das Pferd fokussiert haben. Besonders relevant in Bezug auf den Einsatz von Pferden für Therapie und Pädagogik scheinen hier die Ergebnisse einer Studie von Visser et al. (2002). Sie stellten deutliche interindividuelle Unterschiede in der Erhöhung des Cortisolspiegels bei

Pferden nach der Isolation von ihrer Herde und der Konfrontation mit unbekannten Geräuschen fest. In einer Studie von Lewinski et al. (2013) konnte gezeigt werden, dass der Cortisolspiegel sowohl bei der Trennung von Pferden von ihren Gruppenmitgliedern als auch bei der Integration neuer Pferde in eine bestehende Gruppe signifikant ansteigt, besonders stark bei der Gruppenintegration. Diese Ergebnisse zeigen, dass soziale Veränderungen und Unsicherheiten erhebliche Stressoren für Pferde darstellen können.

In einer weiteren Studie konnte festgestellt werden, dass intensives Training zu einer Erhöhung der Cortisolwerte führte – insbesondere bei weniger erfahrenen und jungen Pferden. Erfahrenere und ältere Pferde zeigten eine geringere „Cortisolantwort" auf die gleichen Reize, was die Bedeutung von regelmäßigem Training und Gewöhnung auf die Stressbelastung von Pferden unterstreicht (Aurich et al., 2015). Die Messung von Speichelcortisol beim Pferd stellt eine nicht-invasive Methode dar, die sich zunehmend insbesondere in der Tiermedizin etabliert hat. Für den Praktiker in Pferdegestützten Interventionen ist diese Methode, um die Stressbelastung des Therapiepferdes in seiner Umgebung und während seines Einsatzes zu messen, jedoch unter Umständen im Alltag eher schwierig integrierbar. Insbesondere die Speichelprobenentnahme und auch die Lagerung der Proben sind aufwändig und die Auswertung der Proben muss im Labor geschehen.

Eine in den Alltag besser zu integrierende Methode stellt die Messung der Herzratenvariabilität des Pferdes dar, auf die im Folgenden näher eingegangen wird.

Herzratenvariabilität (HRV) (Gastbeitrag von Stella Wienhold)
Die Herzratenvariabilität (HRV) ist ein Marker für die Anpassungsfähigkeit des autonomen Nervensystems, bestehend aus Parasympathikus und Sympathikus. Anhand der Aktivität des Sympathikus, die über die HRV analysierbar ist, können Rückschlüsse auf den Stresszustand des Pferdes gezogen werden, der das Gleichgewicht zwischen dem sympathischen und parasympathischen Nervensystem widerspiegelt. Bei einem gestressten Pferd wird das parasympathische System (verantwortlich für Ruhe und Erholung) unterdrückt, während das sympathische System dominant ist. Die HRV kann sowohl beim Menschen als auch beim Pferd durch Messungen mit Herzfrequenz-Brustgurten erfasst werden. Eine geringe HRV ist ein klares Zeichen für eine Stressbelastung (Shaffer & Ginsberg, 2017). In vielen Studien wird die Auswirkung von unterschiedlichen Stressoren auf die HRV beim Pferd beschrieben, wie zum Beispiel beim Turniersport und damit verbundenen

stressbelastenden Situationen wie dem Transport des Pferdes im Pferdeanhänger oder im Training (Lewinski et al., 2013; Ille et al., 2014). Diese Ergebnisse zeigen, dass die Messung der Herzratenvariabilität bei Pferden mittels Brustgurt, wie auch beim Menschen, eine zuverlässige Methode darstellt, um Stress des Pferdes physiologisch zu messen und auf diese Weise Einblick in die Stressbewältigungskompetenzen und das Wohlergehen des Pferdes zu erhalten. Die Messung der HRV stellt dabei ebenso wie die Cortisolmessung eine nicht-invasive Methode dar, die jedoch in der therapeutischen und pädagogischen Arbeit mit dem Pferd deutlich leichter angewendet werden kann.

In einer Einzelfalluntersuchung wurde die HRV eines Therapiepferdes untersucht (Zirpel & Wienhold, 2024). Das einbezogene Fjordpferd ist dem eher internalisierenden Stresstyp zuzuordnen. Er ist ein 15-jähriges, erfahrenes Therapiepferd, welches im Laufstall in einer stabilen Gruppe mit täglichem Weidegang und stabilen Bezugspersonen lebt. Sein Stresserleben zeigt es verhalten, in der Regel hält er viele Situationen aus, seufzt und schnaubt. Bei starker Unruhe von Kindern, kann es auch Meidungsverhalten zeigen.
Die Einzelfallanalyse basiert auf einmaligen HRV-Messungen des Pferdes in verschiedenen Situationen. Zwar sind diese Ergebnisse mit Vorsicht zu interpretieren und nicht ohne Weiteres verallgemeinerbar, doch sie liefern erste Indizien dafür, wie sensibel das Pferd auf unterschiedliche soziale Kontexte reagiert. Sie zeigen auch, dass seine Bezugsperson eine bedeutende Rolle für sein Wohlbefinden spielt.

In der Einzelfalluntersuchung wurde die HRV des Therapiepferdes in einer Therapiesituation mit einem Jungen mit einer stark ausgeprägten Autismus-Spektrum Störung gemessen, der trotz medikamentöser Einstellung häufig starke innere Unruhe und Impulsivität zeigt. In der Einheit wurde der Junge mit dem Pferd vom Boden aus in Kontakt gebracht und danach folgte eine Reiteinheit im Gelände. Zum Schluss wurde das Pferd verabschiedet. Als Kontrollbedingung wurde die HRV des Pferdes gemessen, während es ausschließlich mit der Fachkraft in der Dyade zusammen die gleichen Aktivitäten unternahm, wie in der Therapiesituation.

In der Analyse der Stressbelastung mittels HRV-Messung beim Therapiepferd zeigt sich, dass er eine deutlich niedrigere HRV aufweist bei einer „realen" reittherapeutischen Sitzung mit einem autistischen Klienten als in einer „gespielten" reittherapeutischen Sitzung ohne Klient (Abb. 27). Die Bedingungen in beiden Situationen sind ansonsten die gleichen – der gleiche Ort, das gleiche Bewegungspensum, die gleichen Therapiematerialien. Dies weist darauf hin, dass das Pferd in der darge-stellten Einheit deutlich gestresst war, was ihm jedoch von außen betrachtet auch von einer Fachperson beobachtet, nicht anzusehen war.

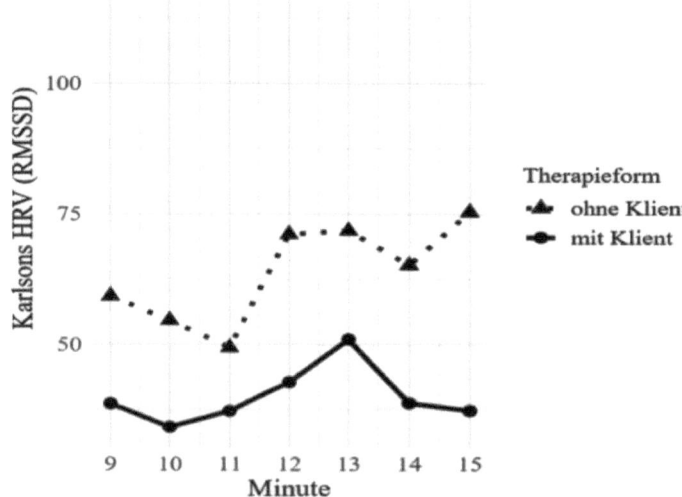

Abb. 27 HRV des Pferdes während einer Interventionseinheit im Vergleich mit und ohne Klient

Hierbei ist es wichtig noch einmal darauf hinzuweisen, dass das Erleben von Stress nicht grundsätzlich problematisch ist, sondern insbesondere dann zu einem Pro-blem werden kann, wenn es nicht zu einer Bewältigung des Stresses kommt. Die folgende Abbildung zeigt, wie die HRV des Pferde sich im Anschluss an die Inter-ventionseinheit entwickelt.

Hier zeigte sich, dass sich die HRV des Pferdes im Anschluss an die beiden Bedin-gungen (mit Klient vs ohne Klient) schnell wieder normalisiert (Abb. 28), was darauf hindeutet, dass es zwar während der Interventionseinheit mit einem autistischen Kind mehr Stress erlebt als in der Kontrollbedingung ohne Klient, dass sich dieses Erleben aber nicht chronisch auswirkt.

Zusätzlich wurde gemessen, wie sich die HRV des Pferdes verändert, wenn die In-terventionseinheit anstatt mit einem Klienten mit einer gesunden, dem Pferd gut vertrauter Bezugsperson plus Fachkraft in der Triade stattfindet. Hierbei zeigte sich, dass die HRV des Pferdes bei dieser Bedingung im Vergleich zu den Bedingungen mit und ohne Klient am höchsten war, was darauf hindeutet, dass es sich in dieser Situation am wohlsten gefühlt haben könnte.

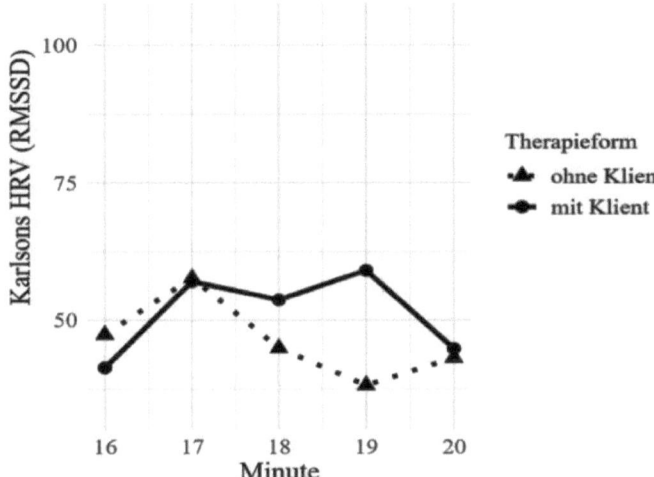

Abb. 28 Entwicklung der HRV des Therapiepferdes im Anschluss an die Therapieeinheiten

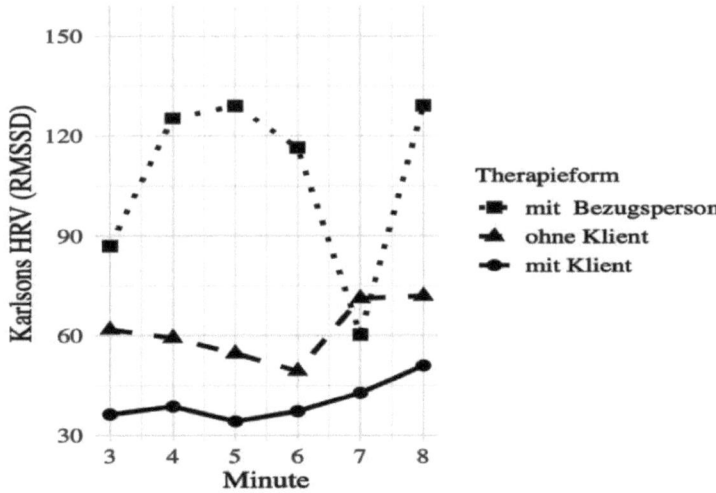

Abb. 29 Bedeutsamkeit von Bezugspersonen: HRV des Pferdes im Vergleich mit Klient, ohne Klient und mit vertrauter Bezugsperson

Diese Ergebnisse weisen darauf hin, wie deutlich das Pferd die Anwesenheit und das Verhalten verschiedener Personen wahrnimmt und wie sensibel es auf unterschiedliche soziale Situationen reagiert. Zudem unterstreichen sie die Bedeutsamkeit des dyadischen Trainings und der Etablierung einer tragfähigen Beziehung zwischen Fachkraft und Pferd.

8.7.3   Umgang mit Stress

Wie bereits beschrieben, gehört Stress zum Leben eines Therapiepferdes dazu und ist an sich nicht per se schädlich – erst durch dauerhaftes, chronifiziertes Stresserleben wird Stress zum Problem. Daher sollte zunächst den Faktoren Bedeutung zugemessen werden, die dauerhaft auf das Pferd einwirken, wie z.B. Haltungsbedingungen, soziale Faktoren wie die Gruppenzusammensetzung und auch die Fütterung. Eine gut passende und das Pferd nicht behindernde Ausrüstung sind ebenso wichtig, da beispielsweise zu eng anliegendes oder verdrecktes Material dem Pferd auch Stress bereiten kann (Wendt, 2015). Die Haltungsbedingungen und Herdenzusammensetzung spielen für das Wohlergehen des Therapiepferdes eine zentrale Rolle (siehe Kapitel 5). Grundsätzlich lässt sich daraus zusammenfassen, dass eine gut funktionierende Gruppenzusammensetzung und den individuellen Bedürfnissen jedes Pferdes angepasste Haltungsbedingungen von enormer Wichtigkeit sind für einen gesunden Umgang des Pferdes mit Stress. Daneben zählen gezielte Entspannungstechniken zu geeigneten Interventionen, um das Pferd in seiner Entspannungs- und Entstressungsfähigkeit zu unterstützen.

Hierzu gehört vor allem das gezielte Absenken des Kopfes, was sich aktivierend auf das parasympathische System des Pferdes auswirkt und ihm somit zu Entspannung verhilft (Kaiser et al., 2006). Auch Visser et al. (2003) assoziieren eine tiefe Kopfhaltung mit vermehrten, physiologischen Entspannungszeichen beim Pferd wie ein Absinken der Herzrate und eine Erhöhung der Herzratenvariabilität. Weiterhin gehört auch das sanfte Kraulen zu den Möglichkeiten, dem Pferd aktiv zu Entspannung zu verhelfen (Wendt, 2015). Hierbei ist es unerlässlich, zunächst die bevorzugten Körperpartien des Pferdes zu identifizieren, und das Kraulen als Entstressungstechnik zunächst in entspannten Situationen zu etablieren. Die Etablierung von Entspannungsritualen durch bestimmte Berührungsreize, zu dem sowohl das Kraulen als auch das Kopfabsenken zuzuordnen sind, benötigt viel Zeit und sollten geduldig aufgebaut werden.

Weiterhin sind Pausen, sowohl beim Training, als auch im Einsatz, wichtig für das Pferd, um zur Entspannung zurückzufinden. Pausen unterbrechen auch möglicherweise monotone Abläufe, die das Pferd nachweislich stressen können (Wendt, 2015).

Die Technik des „Schnaubens" als Zeichen der Entspannung sollte beim Therapiepferd gezielt gefördert werden. Indem die Fachkraft das Schnauben des Pferdes nachahmt, unterstützt sie es in seiner natürlichen Entspannungsreaktion. Wichtig ist zur Unterstützung des Schnaubens, dass jeglicher Druck und Anforderung aus einer Situation genommen wird, in der das Pferd schnaubt. Durch diese negative Verstärkung im Sinne der Konditionierung (Herausnahme eines negativen Reizes) wird das Schnauben als Verhaltensweise häufiger gezeigt. Das Mit- und auch Vorschnauben für das Pferd kann zudem dazu führen, dass das Pferd dies als Kommunikationsmittel gegenüber dem Menschen vermehrt nutzt und sich auch durch den Menschen von außen durch Schnauben regulieren lässt.

Wie bereits mehrfach betont wurde, nehmen Pferde die Emotionen des Menschen sehr feinfühlig und sensibel wahr. Besonders wichtig für ein ruhiges, ausgeglichenes und entspanntes Therapiepferd ist es daher, im Umgang mit dem Pferd stets möglichst ruhig und achtsam zu sein. Dem Pferd sollten immer wieder positive Beziehungsangebote gemacht werden, da eine gute Bindung zum Pferd dessen Stressresistenz erhöht. Zudem weisen die ersten Ergebnisse zu überartlichen Synchronisationsprozessen zwischen Pferd und Mensch daraufhin, dass es bei der Interaktion von Mensch und Pferd zu einer wechselseitigen Beeinflussung der physiologischen Zustände in Form einer Synchronisierung der Herzratenvariabilität kommt. Daher sollte die Fachkraft sowohl im Training als auch im Einsatz im Kontakt mit dem Pferd einen möglichst ausgeglichenen Zustand anvisieren. Weiterhin ist es wichtig, dem Pferd genügend Möglichkeiten zu bieten, in denen es sich nach dem Einsatz regenerieren und regulieren kann, damit sich kein Fehlverhalten etabliert und die Gesunderhaltung des Pferdes gewährleistet werden kann. Nach einer belastenden Sitzung sollte das Pferd im besten Fall sich mit Sozialkontakt zu bekannten Artgenossen frei bewegen können, z.B. auf einer Wiese, um so Stress, den es in der Interventionssitzung erlebt hat, aber nicht abbauen konnte, anschließend abbauen zu können. Wird dem Pferd nicht die Möglichkeit gegeben, seinen erlebten Stress auf gesunde Art und Weise abzubauen, kann es langfristig zu gesundheitsschädlichem Fehlverhalten (z.B. Koppen) kommen (Briefer Freiymond et al., 2015).

KAPITEL 9

9. Aufrechterhaltendes Training und Ausgleichsarbeit für Therapiepferde

In den letzten Kapiteln wurde bereits ersichtlich, dass Pferde, die in Therapie und Pädagogik eingesetzt werden, wie alle anderen Pferde in Freizeit und Sport auch, stetig weiter lernen und dauerhaft trainiert werden müssen, damit sie körperlich und psychisch fit bleiben. In der Regel bestehen auch nach Beginn des Einsatzes immer noch Ausbildungsziele auf körperlicher und kognitiver Ebene. Fachkraft und Pferd sind in einem steten Prozess des sich Entwickelns und der Veränderung. Allein das Älter Werden der Pferde bringt angepasste Trainingsinhalte mit sich. Jüngere Pferde, die ihre ersten Einsatzjahre haben, benötigen eine recht hoch frequente Begleitung und zeigen immer wieder im Arbeitsalltag Trainingsinhalte auf. Ältere Pferde, die viele Jahre im Einsatz sind, werden gelassener und erfahren im Umgang mit Klient*innen auf der anderen Seite, brauchen jedoch auf körperlicher Ebene mehr Unterstützung und sollten vor möglichem „Burn Out" durch gute Trainingsinhalte geschützt werden. Belastungsreaktionen aufgrund von Stress müssen fortlaufend beachtet werden, so dass neben längeren Pausen auch die Ausgleichsarbeit besonders wichtig ist, um das Pferd immer wieder im Zusammensein mit dem Menschen zu motivieren. Pferde benötigen ihre eigene „Supervision". Nicht nur, dass die Fachkraft sie stetig im Auge behält, auch von außen sollten kontinuierlich andere Mitglieder des Teams und gegebenenfalls auch externe Trainer*innen einen umfassenden Blick auf die Tiere werfen. An „Supervisionstrainings" kann angefangen von der Roundpen-Arbeit, über Bodenarbeit bis hin zum Reiten alle Bereiche angeschaut und Defizite oder Problematiken heraus- und Lösungen erarbeitet werden.

Beim Einsatz von Pferden in therapeutischen sowie pädagogischen Interventionen wird mit Klient*innen gearbeitet, die zumeist keine Pferdeerfahrung haben. Häufig wird mit Personen gearbeitet, die ein verändertes Empfinden für ihre eigenen Grenzen aufweisen oder Schwierigkeiten haben, die Grenzen anderer zu erkennen oder zu wahren. Kinder wirken schon allein aufgrund ihrer Körpergröße anders auf das Pferd als Erwachsene. Mit welchem Klientel unser auszubildendes Pferd schwerpunktmäßig eingesetzt werden soll, hat also entscheidenden Einfluss auf die Form des aufrechterhaltenden Trainings. Zudem ist es natürlich auch wichtig, das jeweilige Pferd in seinem individuellen Einsatz zu beobachten und daran angepasst Schwerpunkte im aufrechterhaltenden Training für den Einsatz in Therapie und Pädagogik zu setzen.

Beispiel 1:

Der 9-jährige Connemara Wallach wird nach einer umfassenden Materialgewöhnung sowie ausführlichem dyadischen und triadischen Training zunehmend auch in der Therapie bei Kindern und jungen Erwachsenen eingesetzt. Zudem hatte er erste Einsätze im pädagogischen Setting in Form eines Zirkusprojekts mit einer Kindergruppe. Er zeigt sich hier sehr motiviert und insbesondere den Kindern und Jugendlichen sehr zugewandt. Aufgrund der umfassenden Materialgewöhnung wirkt er fast so souverän wie die anderen erfahrenen Therapiepferde der Herde: Fliegende Bälle, schwingende Tücher und hüpfende Kinder bringen ihn nicht aus der Ruhe.

Während des dreitägigen Zirkusprojekts wird jedoch deutlich, dass Forest zwar schon sehr souverän auftritt, er jedoch insbesondere bei körpernahen Übungen wie dem Führen unvorsichtiger und distanzlos wird. Er drängt die Personen leicht nach innen ab, schnappt immer wieder in den Strick und auch mal Richtung des Menschen. Hier wird die Notwendigkeit des aufrechterhaltenden Trainings deutlich - Kinder treten im Umgang mit dem Pferd natürlicherweise noch nicht so sicher, klar und konsequent auf. Begleitend zum Einsatz ist daher konsequentes Führtraining nötig, in dem ihm immer wieder klar und ruhig deutlich gemacht wird, dass er einen respektvollen Abstand zum Führenden zu halten hat. Den individuellen Raum des Menschen zu wahren und diesen respektvoll zu betreten, muss bei einem jungen, noch nicht so in sich ruhenden Pferd wie Forest immer begleitend geübt werden, insbesondere wenn mit Menschen gearbeitet wird, die im Umgang mit Pferden ungeschult sind und daher das „Austesten" von Grenzen durch das Pferd möglicherweise nicht bemerken und daher auch nicht korrigieren können. In der „Supervision" mit einem Trainer wird zudem deutlich, dass er im Roundpen immer wieder nach der Führungsqualität fragt und sein Vertrauen in den Menschen noch nicht umfassend gefestigt ist. So wird mit ihm über einige Wochen hinweg wieder vermehrt im Roundpen am Vertrauen zum Menschen gearbeitet sowie im Führtraining an den Grenzen. Im triadischen Training wird noch einmal geübt, dass er sich durch die Fachkraft auch auf Abstand besser korrigieren lässt.

Beispiel 2

In der reittherapeutischen Einzelbegleitung eines autistischen Mädchens mit einer 19-jährigen Criollostute stehen Helfer und Pferd bereits an der Aufstiegstreppe bereit. Das Mädchen soll zum ersten Mal auf das Pferd aufsteigen und wird engmaschig von der Fachkraft begleitet. Der Übergang vom Boden auf das Pferd stellt für das Mädchen eine sehr große Herausforderung dar, es zeigt zunächst starke Abwehrreaktionen. Nachdem die Fachkraft dem Mädchen vorführt, wie man auf das Pferd aufsteigt, wird es mutiger und versucht es auch. Da der Bewegungsablauf für das Mädchen noch ungewohnt ist, und es in dem Moment, in dem es sich am Therapiegurt festhält, um sich auf das Pferd zu setzen, zudem sehr verkrampft, ist der Prozess für das Pferd unangenehm – sie verspannt sich und schlägt unwillig mit dem Kopf. Ein Erfolg für das Mädchen, das zum ersten Mal auf das Pferd aufgestiegen ist, aber eine ungünstige Situation für das eingesetzte Pferd. Hier zeigt sich ein ganz anderer Ansatzpunkt für das aufrechterhaltende Training: Damit die Stute zukünftig wieder entspannt und locker an der Aufstiegstreppe warten kann, wird am Folgetag ein Aufstiegstraining durchgeführt, in dem der Fokus darauf gelegt wird, die Aufstiegstreppe für das Pferd wieder positiv zu besetzen. Hierzu gehört, sanft aufzusteigen, Abwehrreaktionen des Pferdes zu vermeiden, sie zu loben und Entspannung im Pferd fördern.

Als Ausgleichsarbeit für interessante und erlebnisreiche Impulse und zugleich für das Training der körperlichen Fitness zählt das regelmäßige Ausreiten. Wünschenswert sind **Geländeritte** zwei bis dreimal Mal pro Woche. Sinnvoll sind ausgedehnte Strecken durch die Landschaft. Neue Wege fördern die Auseinandersetzung des Pferdes mit vielen Naturreizen. Das Pferd als Fluchttier braucht nicht nur eine ruhige und ausgeglichene Umgebung, es benötigt Schrecksituationen, kleine reale „Gefahren", vor denen es auch mal zur Seite springen kann. Dies kann natürlich auch auf der Weide passieren, doch haben die meisten Höfe keine so großen Auslaufflächen in natürlicher Umgebung (Bäume, Büsche, Wasser etc.), um dem Pferd diese Reize allein ohne den Menschen zur Verfügung zu stellen. Daher sind Ausritte immer **Erlebnisausflüge** für die Pferde, die ihrer Natur entsprechend eine Auseinandersetzung mit Wald, Feld, Wiesen, Wasservögeln oder Rehen erhalten können. Das hält sich wach, aufmerksam und trittsicher und sie können zufrieden in ihren ruhigen und behüteten Stallbereich zurückkehren. Selbstverständlich können die Geländeausflüge auch nicht-reitend geschehen, sondern mit dem Menschen am Boden. Pferde können mit zum Joggen genommen werden, dies kann zwischen dem Mensch und dem Pferd eine besondere Verbindung schaffen, da es hier im Rhythmus des Laufens und der Atmung zur Synchronisation kommen kann. Auch Kutsche fahren ist eine spannende Möglichkeit des Trainings und wunderbar für die Rücken- und Brustmuskulatur des Pferdes. Wichtig ist hierbei ebenfalls, die individuellen Präferenzen des eingesetzten Pferdes zu kennen, um das Training möglichst angepasst auf die Bedürfnisse des Pferdes planen zu können.

Im Einsatz laufen die Pferde vorwiegend im Schritt und Trab, seltener im Galopp.

Zudem sind die Klienten, die auf ihnen sitzen, reiterlich meistens ungeschult. Sie sitzen aufgrund von körperlichen Beeinträchtigungen eher unausbalanciert oder aufgrund von Ängsten zunächst eher verkrampft. Neben dem Ausgleich und Training im Gelände steht die **gymnastizierende Arbeit** reiterlich, vom Boden oder an der Longe auf dem Plan, um grundsätzlich den Zustand der Rittigkeit aufrecht zu erhalten und dazu noch besondere Belastungen durch Klient*innen auszugleichen. Jeden zweiten bis dritten Tag muss gymnastizierende Arbeit erfolgen, damit Muskulatur erhalten bleibt, ebenso wie Biegsamkeit und Durchlässigkeit. Für das körperliche Training eines Therapiepferdes kann jedwede Form aktivierender und gymnastizierender Übungen unter dem Sattel sowie vom Boden aus genutzt werden. Grundlage sollte immer ein pferdefreundlicher, motivierender und gewaltfreier Trainingsansatz sein. Hierzu gibt es umfassende Darstellungen verschiedener Ansätze und Ideen, sodass an dieser Stelle nicht weiter darauf eingegangen wird. Jede Fachkraft kann sich für das körperlichen Training und bei reiterlichen Ausbildungsinhalten die Unterstützung eines Pferdetrainers oder -trainerin holen oder ein Pferd in Beritt geben.

Die **Gesunderhaltung** der Pferde ist oberstes Ziel, daher sind regelmäßige Veterinär-Checks selbstverständlich und eine sofortige und dauerhaft gute tierärztliche Versorgung von Therapiepferden ohne Kompromisse. Pferde in Therapie und Pädagogik, besonders die, die von Menschen mit Handycaps und erwachsenen Klient*innen geritten werden, sollten zudem regelmäßig physiotherapeutisch oder osteopathisch befundet und behandelt werden, so dass Verspannungen und Fehlbelastungen erkannt und verändert werden können.

Spezifisch für Therapiepferde ist hinzukommend das **aufrechterhaltende Training**. Die darin befindlichen Inhalte können auch mit der oben benannten Ausgleichsarbeit kombiniert beziehungsweise in diese Zeiten mit eingebunden werden. Da die Fachkraft jeden Tag vor Beginn der therapeutischen oder pädagogischen Arbeit eine Einschätzung des Pferdes vornehmen sollte, kann, je nach Abläufen am Hof, vor Beginn der Interventionen eine Trainingseinheit stattfinden. Bei Einheiten speziell auf die Intervention vorbereitend reichen 20 Minuten Trainingszeit in der Regel aus.
Im Fokus dieser speziellen **Trainingsinhalte** des aufrechterhaltenden Trainings stehen (Gomolla, 2016):
- Beweglichkeit und Koordination des Pferdes verbessern

- Aufmerksamkeit des Pferdes weiter schulen
- Interaktionsfähigkeit mit dem Menschen ausbauen und aufrechterhalten und die feine Abstimmung in der Kommunikation aufbauen (Sensibilisierung)
- Vertrauen zwischen Pferd und Mensch fördern
- die Rückmeldungen durch das Pferd unterstützen und gleichzeitig am Grundgehorsam arbeiten
- Materialgewöhnung aufrecht erhalten und neue Materialien einführen (Desensibilisierung).

Es wird ersichtlich, dass Themen aus dem dyadischen Training immer wieder aufgegriffen und vertieft werden können. Pferde, die mehr als zehn Jahre bereits kontinuierlich eingesetzt werden, haben wahrscheinlich beim Thema Aufmerksamkeit keine Schwierigkeiten mehr, jedoch kann es sein, dass sie in der Feinheit der Interaktion „abstumpfen" und wieder Sensibilisierungsübungen benötigen, um feiner auf Hilfen zu reagieren. Das das Vertrauen zum Menschen vom Pferd aus immer wieder hinterfragt wird, ist eine kontinuierliche, gute Roundpen-Arbeit sinnvoll. Eine aufrechterhaltende Materialgewöhnung ist nötig, da es immer wieder neue Materialien im Einsatz mit Klient*innen gibt und diese dem Pferd zuvor gezeigt werden müssen - das gilt auch bei erfahrenen Pferden.

Aus dem bereits beschriebenen dyadischen Training werden im aufrechterhaltenden Training als **Grundsätze** übernommen (ebd.):
- Immer loben und motivieren, Strafe vermeiden
- Regulation (z.B. Abschnauben, Lecken etc.) des Pferdes als Spannungsabbau unterstützten durch Nachlassen oder Wegnahme von Druck
- die aktive Koppelung zwischen Mensch und Pferd in der Regulation (z.B. gemeinsames Atmen und Schnauben)
- das Pferd von außen regulieren und Ruhe- und Entspannungsphasen ins Training einbauen
- Übungsphasen an die Aufmerksamkeitsspanne des Pferdes anpassen, diese zwar einfordern, jedoch nicht überfordern
- keine Langeweile aufkommen lassen ebenso wie keine völlige Reizüberflutung
- eine gute Zeit haben mit dem Entdecken von spannenden Dingen ebenso wie Fellpflege

Die etwa zwanzigminütigen Trainingssequenzen können in **4 Phasen** unterteilt werden (ebd.).

- In Phase 1 wird die Konzentration aufgebaut und der Kontakt zwischen Fachkraft und Pferd hergestellt.
- In Phase 2 geht es um Aktivierung und Spannungsabbau – es ist die Lösungsphase. Das Pferd kann sich locker neben der Fachkraft in Schritt-Trab-Übergängen bewegen, über Stangen treten, mögliche körperliche Anspannungen los werden.
- In Phase 3, der Hauptphase, wird an der Interaktion und den feinen Hilfen gearbeitet, neue Materialien geübt etc.
- In Phase 4 geht es um Entspannung. Das Pferd darf zu Ruhe kommen und die Einheit wird zum Beispiel mit einer kleinen Massage oder einem genüsslichen Wälzen im Zusammensein mit dem Menschen beendet.

Die Darstellung des aufrechterhaltenden Trainings zeigt, dass die Fachkraft und das Pferd die gemeinsame Lebensaufgabe bewältigen, in einem stetigen Entwicklungsprozess in Verbindung zu bleiben. Eine wunderbare Herausforderung für das menschliche und nicht-menschliche Tier. Wie zu Beginn des Buchs formuliert: Lebewesen treffen aufeinander und verändern sich gegenseitig.
Viel Kraft und Geduld für alle, die diesen weg beschreiten!

Literatur

Aguilar, A. (2004). Wie Pferde lernen wollen: Bodenarbeit, Erziehung und Reiten (1. Aufl.). Kosmos.

Andrea, D. (2013). Horse - Wie das Pferd neue Maßstäbe in der Therapie setzt. Universum Magazin, 32–46.

Arrazola, A., & Merkies, K. (2020). Effect of human attachment style on horse behaviour and physiology during equine-assisted activities-A pilot study. Animals: An Open Access Journal from MDPI, 10(7), 1156. https://doi.org/10.3390/ani10071156

Asendorpf, J. B., & Neyer, F. J. (2012). Psychologie der Persönlichkeit. Springer Berlin Heidelberg.

Aurich, J., Wulf, M., Ille, N., Erber, R., von Lewinski, M., Palme, R., & Aurich, C. (2015). Effects of season, age, sex, and housing on salivary cortisol concentrations in horses. Domestic Animal Endocrinology, 52, 11–16. https://doi.org/10.1016/j.domaniend.2015.01.003

Baragli, P., Paoletti, E., Papi, F., Gazzano, A., & Sighieri, C. (2011). Detour behavior with asymmetric obstacle in horses. Journal of Veterinary Behavior: Clinical Applications and Research: Official Journal of: Australian Veterinary Behaviour Interest Group, International Working Dog Breeding Association, 6(5), 290. https://doi.org/10.1016/j.jveb.2011.05.003

Baragli, Paolo, Scopa, C., Felici, M., & Reddon, A. R. (2021). Horses show individual level lateralisation when inspecting an unfamiliar and unexpected stimulus. PloS One, 16(8), e0255688. https://doi.org/10.1371/journal.pone.0255688

Baragli, Paolo, Scopa, C., Maglieri, V., & Palagi, E. (2021). If horses had toes: demonstrating mirror self recognition at group level in Equus caballus. Animal Cognition, 24(5), 1099–1108. https://doi.org/10.1007/s10071-021-01502-7

Barrett, L. F., Lewis, M., & Haviland-Jones, J. M. (Hrsg.). (2016). Handbook of emotions (4. Aufl.). Guilford Publications.

Bergmüller, R., & Taborsky, M. (2010). Animal personality due to social niche specialisation. Trends in Ecology & Evolution, 25(9), 504–511. https://doi.org/10.1016/j.tree.2010.06.012

Bertenshaw, C., Rowlinson, P., & Ness, M. (2001). A survey to investigate the level of commercial human-animal interaction during rearing and fear of humans in commercial dairy heifers. Proceedings of the British Society of Animal Science, 2001, PC8–PC8. https://doi.org/10.1017/s1752756200006529

Bohnet, W. (2007). Expressive behaviour to assess the emotional states in horses. DTW. Deutsche tierarztliche Wochenschrift, 114(3), 91–97.

Borkenau, P., & Ostendorf, F. (1989). Descriptive consistency and social desirability in self□ and peer reports. European Journal of Personality, 3(1), 31–45. https://doi.org/10.1002/per.2410030105

Briard, L., Deneubourg, J.-L., & Petit, O. (2017). How stallions influence the dynamic of collective movements in two groups of domestic horses, from departure to arrival. Behavioural Processes, 142, 56–63. https://doi.org/10.1016/j.beproc.2017.05.014

Briefer, E. F., Maigrot, A.-L., Mandel, R., Freymond, S. B., Bachmann, I., & Hillmann, E. (2015). Segregation of information about emotional arousal and valence in horse whinnies. Scientific Reports, 4, 9989. https://doi.org/10.1038/srep09989

Brubaker, L., & Udell, M. (2016). Cognition and learning in horses: what we know and why we should ask more. Behavioral Processes, 126, 121–131.

Brucks, D., Härterich, A., & König von Borstel, U. (2022). Horses wait for more and better rewards in a delay of gratification paradigm. Frontiers in Psychology, 13, 954472. https://doi.org/10.3389/fpsyg.2022.954472

Cameron, E. Z., & Linklater, W. L. (2000). Individual mares bias investment in sons and daughters in relation to their condition. Animal Behaviour, 60(3), 359–367. https://doi.org/10.1006/anbe.2000.1480

Choi, Y., & Yoon, M. (2023). Efficacy of androstenone in reducing stress- or fear-related responses of horses during riding. Journal of Veterinary Behavior: Clinical Applications and Research: Official Journal of: Australian Veterinary Behaviour Interest Group, International Working Dog Breeding Association, 69–70, 19–23. https://doi.org/10.1016/j.jveb.2023.10.002

Christensen, J. W., Søndergaard, E., Thodberg, K., & Halekoh, U. (2011). Effects of repeated regrouping on horse behaviour and injuries. Applied Animal Behaviour Science, 133(3–4), 199–206. https://doi.org/10.1016/j.applanim.2011.05.013

Cohn, J. F., Ambadar, Z., & Ekman, P. (2007). Observer-based measurement of Facial expression with the Facial action coding system. In Handbook of Emotion Elicitation and Assessment (S. 203–221). Oxford University PressNew York, NY.

Crowell-Davis, S., & Houpt, K. A. (1985). The ontogeny of flehmen in horses. Animal Behaviour, 33(3), 739–745. https://doi.org/10.1016/s0003-3472(85)80005-1

Crowell-Davis, S. L. (1985). Nursing behaviour and maternal aggression among Welsh ponies (Equus caballus). Applied Animal Behaviour Science, 14(1), 11–25. https://doi.org/10.1016/0168-1591(85)90034-6

Crowell-Davis, S. L., Houpt, K. A., & Burnham, J. S. (1985). Snapping by foals of Equus caballus. Zeitschrift Für Tierpsychologie, 69(1), 42–54. https://doi.org/10.1111/j.1439-0310.1985.tb00755.x

Dalla Costa, E., Minero, M., Lebelt, D., Stucke, D., Canali, E., & Leach, M. C. (2014). Development of the Horse Grimace Scale (HGS) as a pain assessment tool in horses undergoing routine castration. PloS One, 9(3), e92281. https://doi.org/10.1371/journal.pone.0092281

Eisenberg, N. (2000). Emotion, regulation, and moral development. Annual Review of Psychology, 51(1), 665–697. https://doi.org/10.1146/annurev.psych.51.1.665

Esch, L.C.. (2020). Untersuchung zum innovativen Verhalten domestizierter Pferde. Dissertation, Ludwig-Maximilians-Universität, München.

Feh, C. (1999). Alliances and reproductive success in Camargue stallions. Animal Behaviour, 57(3), 705–713. https://doi.org/10.1006/anbe.1998.1009

Flack, J. C., de Waal, F. B. M., & Krakauer, D. C. (2005). Social structure, robustness, and policing cost in a cognitively sophisticated species. The American Naturalist, 165(5), E126-39.
https://doi.org/10.1086/429277

Flack, J. C., Girvan, M., de Waal, F. B. M., & Krakauer, D. C. (2006). Policing stabilizes cons-
truction of social niches in primates. Nature, 439(7075), 426–429. https://doi.org/10.1038/
nature04326

Flamand, A., Robinet, L., Raskin, A., & Petit, O. (2025). The social dimension of equine welfare: social contact positively affects the emotional state of stalled horses. Animal Behavior,
123055.

Flauger, B. (2021). The introduction of horses into new social groups with special regard to
their stress level. Dissertation. Universität Regensburg. Regensburg.

Fuchs, K., Götz, K., Manschel, K., Pohl, L., Preisendanz, L., Weil, S. et al. (2013). Vergleich
der Interaktionen von Pferden in Boxenhaltung mit Weidegang und Pferden in Offenstallhaltung. Göttinger Pferdetage, 13 (65).

Fureix, C., Jego, P., Henry, S., Lansade, L., & Hausberger, M. (2012). Towards an ethological animal model of depression? A study on horses. PloS One, 7(6), e39280. https://doi.org/10.1371/
journal.pone.0039280

Gabor, V., & Gerken, M. (2014). Shetland ponies (Equus caballus) show quantity discrimi-
nation in a matching-to-sample design. Animal Cognition, 17(6), 1233–1243. https://doi.
org/10.1007/s10071-014-0753-0

Gansterer, D. (2011). Equotherapie und Mentalisierung: Analogien frühkindlicher und equo-
therapeutischer nonverbaler Interaktionsprozesse. Diplomarbeit. Universität Wien.

Gomolla, A., Mair, K. (2015). Gebissloses Führen und Reiten in der Pferdegestützten Therapie
und Pädagogik, IPTh Magazin, 20-25.

Gomolla, A. (2016). Ideen für ein regelmäßiges Therapiepferdetraining. mensch und pferd
international, 4, 164-167.

Granquist, S. M., Thorhallsdottir, A. G., & Sigurjonsdottir, H. (2012). The effect of stallions on social interactions in domestic and semi feral harems. Applied Animal Behaviour Science, 141(1–2), 49–56. https://doi.org/10.1016/j.applanim.2012.07.001

Guilt in young children: development, determinants, and relations with a broader system of standards. (2002). Child Development, 73, 461–482.

Hama, H., Yogo, M., & Matsuyama, Y. (1996). Effects of stroking horses on both humans' and horses' heart rate responses1. The Japanese Psychological Research, 38(2), 66–73. https://doi.org/10.1111/j.1468-5884.1996.tb00009.x

Hanggi, E. B. (2001). Can horses recognize pictures? In Proceedings of the third international conference of cognitive science.

Hanggi, Evelyn B. (2005). The thinking horse: Cognition and Reception reviewed. AAEP Proceedings, 51, 246–255.

Hanggi, Evelyn B., & Ingersoll, J. F. (2009). Long-term memory for categories and concepts in horses (Equus caballus). Animal Cognition, 12(3), 451–462. https://doi.org/10.1007/s10071-008-0205-9

Heitor, F., & Vicente, L. (2007). Learning about horses: what is equine learning all about? Behavioural Processes, 76(1), 34–36; discussion 57-60. https://doi.org/10.1016/j.beproc.2006.07.006

Hemsworth, L. M., Jongman, E., & Coleman, G. J. (2015). Recreational horse welfare: The relationships between recreational horse owner attributes and recreational horse welfare. Applied Animal Behaviour Science, 165, 1–16. https://doi.org/10.1016/j.applanim.2014.11.019

Houpt, K. A. (2003). The welfare of horses edited by N waran (2002). Published by Kluwer academic publishers, P O box 17, 3300 AA dordrecht, the Netherlands, or 101 Philip drive, Norwell, MA 02061, USA. 225pp. Hardback (ISBN 1 4020 0766 3). Animal Welfare (South Mimms, England), 12(2), 298–299. https://doi.org/10.1017/s0962728600025781

Ijichi, C., Tunstall, S., Putt, E., & Squibb, K. (2018). Dually Noted: The effects of a pressure headcollar on compliance, discomfort and stress in horses during handling. Applied Animal Behaviour Science, 205, 68–73. https://doi.org/10.1016/j.applanim.2018.05.011

Izard, C. E. (2009). Emotion theory and research: highlights, unanswered questions, and emerging issues. Annual Review of Psychology, 60(1), 1–25. https://doi.org/10.1146/annurev. psych.60.110707.163539

Jardat, P., Destrez. A., Damon, F., Menard-Peroy, Z., Barrière, P., Keller, M., Calandreau, L., Lansade, L., Horses discriminate human body odors between fear and joy contexts in a habituation-discrimination protocol, nature. (2023). nature, Scientific Reports, 13.

Jones, L. (2012). Pferde ausbilden mit dem Tellington-Training: TTouch.

Juarbe-Díaz, S. V., Houpt, K. A., & Kusunose, R. (1998). Prevalence and characteristics of foal rejection in Arabian mares. Equine Veterinary Journal, 30(5), 424–428. https://doi.org/10.1111/j.2042-3306.1998.tb04513.x

Julius, H., Beetz, A., Kotrschal, K., Turner, D. C., & Unväs-Moberg, K. (2014). Bindung zu Tieren: Psychologische und neurobiologische Grundlagen tiergestützter Interventionen (1. Aufl.). Hogrefe Verlag.

Kaiser, L., Heleski, C. R., Siegford, J., & Smith, K. A. (2006). Stress-related behaviors among horses used in a therapeutic riding program. Journal of the American Veterinary Medical Association, 228(1), 39–45. https://doi.org/10.2460/javma.228.1.39

Kaminski, J., Riedel, J., Call, J., & Tomasello, M. (2005). Domestic goats, Capra hircus, follow gaze direction and use social cues in an object choice task. Animal Behaviour, 69(1), 11–18. https://doi.org/10.1016/j.anbehav.2004.05.008

Karr, S. M. (2015). Verbundenheit: Zum Wechselseitigen Bezogensein Von Menschen Und Tieren. Neofelis.

Keeling, L. J., Jonare, L., & Lanneborn, L. (2009). Investigating horse-human interactions: the effect of a nervous human. Veterinary Journal (London, England: 1997), 181(1), 70–71. https://doi.org/10.1016/j.tvjl.2009.03.013

Kiley-Worthington, M. (1977). Behavioural problems of farm animals. Oriel Press.

Kreinberg, P. (2007). The Gentle Touch: Die Methode für anspruchsvolles Freizeitreiten (1. Aufl.). Kosmos.

Kreinberg, P. (2013). Peter Kreinbergs Bodenschule: The Gentle Touch-Übungen für mehr Gelassenheit. Kosmos.

Krueger, K., Farmer, K., & Heinze, J. (2014). The effects of age, rank and neophobia on social learning in horses. Animal Cognition, 17(3), 645–655. https://doi.org/10.1007/s10071-013-0696-x

Krueger, K., & Flauger, B. (2011). Olfactory recognition of individual competitors by means of faeces in horse (Equus caballus). Animal Cognition, 14(2), 245–257. https://doi.org/10.1007/s10071-010-0358-1

Krueger, K., Flauger, B., Farmer, K., & Maros, K. (2011). Horses (Equus caballus) use human local enhancement cues and adjust to human attention. Animal Cognition, 14(2), 187–201. https://doi.org/10.1007/s10071-010-0352-7

Krueger, K., & Heinze, J. (2008). Horse sense: social status of horses (Equus caballus) affects their likelihood of copying other horses' behavior. Animal Cognition, 11(3), 431–439. https://doi.org/10.1007/s10071-007-0133-0

Krueger, K., Schneider, G., Flauger, B., & Heinze, J. (2015). Context-dependent third-party intervention in agonistic encounters of male Przewalski horses. Behavioural Processes, 121, 54–62. https://doi.org/10.1016/j.beproc.2015.10.009

Lampe, J. F., & Andre, J. (2012). Cross-modal recognition of human individuals in domestic horses (Equus caballus). Animal Cognition, 15(4), 623–630. https://doi.org/10.1007/s10071-012-0490-1

Lansade, L., Trösch, M., Parias, C., Blanchard, A., Gorosurreta, E., & Calandreau, L. (2021). Horses are sensitive to baby talk: pet-directed speech facilitates communication with humans in a pointing task and during grooming. Animal Cognition, 24(5), 999–1006. https://doi.org/10.1007/s10071-021-01487-3

Lehmann, K. (2000). Einfluss des Trainingszustandes auf die soziale Rangordnung bei Pfer-denEinfluss des Trainingszustandes auf die soziale Rangordnung bei Pferden. Tierärztliche Hochschule.

Lesimple, C., Sankey, C., Richard, M. A., & Hausberger, M. (2012). Do horses expect humans to solve their problems? Frontiers in Psychology, 3, 306. https://doi.org/10.3389/fpsyg.2012.00306

Librado, P., Khan, N., Fages, A., Kusliy, M. A., Suchan, T., Tonasso-Calvière, L., Schiavinato, S., Alioglu, D., Fromentier, A., Perdereau, A., Aury, J.-M., Gaunitz, C., Chauvey, L., Seguin-Orlando, A., Der Sarkissian, C., Southon, J., Shapiro, B., Tishkin, A. A., Kovalev, A. A., Orlando, L. (2021). The origins and spread of domestic horses from the Western Eurasian steppes. Nature, 598(7882), 634–640. https://doi.org/10.1038/s41586-021-04018-9

Linklater, W. L., & Cameron, E. Z. (2000). Tests for cooperative behaviour between stallions. Animal Behaviour, 60(6), 731–743. https://doi.org/10.1006/anbe.2000.1525

Lubetzki, M. (2019). Im Kreis der Herde: Von wilden Pferden lernen. Kosmos Verlag.

Lubetzki, M. (2022). Im Gespräch mit wilden Pferden: Natürlich kommunizieren – die Koniks machen es uns vor. Kosmos Verlag.

Lundberg, P., Hartmann, E., & Roth, L. S. V. (2020). Does training style affect the human-horse relationship? Asking the horse in a separation–reunion experiment with the owner and a stranger. Applied Animal Behaviour Science, 233(105144), 105144. https://doi.org/10.1016/j.applanim.2020.105144

Lundblad, J., Rashid, M., Rhodin, M., & Andersen, P. H. (2020). Facial expressions of emotional stress in horses. In bioRxiv. https://doi.org/10.1101/2020.10.19.345231

Malavasi, R., & Huber, L. (2016). Evidence of heterospecific referential communication from domestic horses (Equus caballus) to humans. Animal Cognition, 19(5), 899–909. https://doi.org/10.1007/s10071-016-0987-0

Maros, K., Gácsi, M., & Miklósi, A. (2008). Comprehension of human pointing gestures in horses (Equus caballus). Animal Cognition, 11(3), 457–466. https://doi.org/10.1007/s10071-008-0136-5

McGreevy, P. (2004). Equine behavior. Journal of Equine Veterinary Science, 24(9), 397–398. https://doi.org/10.1016/j.jevs.2004.08.003

McKinney, C., Mueller, M. K., & Frank, N. (2015). Effects of therapeutic riding on measures of stress in horses. Journal of equine veterinary science, 35(11–12), 922–928. https://doi.org/10.1016/j.jevs.2015.08.015

Meinzer, M. (2009). Therapeutisches Reiten aus Sicht der Pferde. mensch und pferd international, 1, 27–33.

Mejdell, C. M., Buvik, T., Jørgensen, G. H. M., & Bøe, K. E. (2016). Horses can learn to use symbols to communicate their preferences. Applied Animal Behaviour Science, 184, 66–73. https://doi.org/10.1016/j.applanim.2016.07.014

Mendonça, T., Bienboire-Frosini, C., Menuge, F., Leclercq, J., Lafont-Lecuelle, C., Arroub, S., & Pageat, P. (2019). The impact of equine-assisted therapy on equine behavioral and physiological responses. Animals: An Open Access Journal from MDPI, 9(7), 409. https://doi.org/10.3390/ani9070409

Merkies, K., & Franzin, O. (2021). Enhanced understanding of horse-human interactions to optimize welfare. Animals: An Open Access Journal from MDPI, 11(5), 1347. https://doi.org/10.3390/ani11051347

Merkies, K., McKechnie, M. J., & Zakrajsek, E. (2018). Behavioural and physiological responses of therapy horses to mentally traumatized humans. Applied Animal Behaviour Science, 205, 61–67. https://doi.org/10.1016/j.applanim.2018.05.019

Merkies, K., Sievers, A., Zakrajsek, E., MacGregor, H., Bergeron, R., & von Borstel, U. K. (2014). Preliminary results suggest an influence of psychological and physiological stress in humans on horse heart rate and behavior. Journal of Veterinary Behavior: Clinical Applications and Research: Official Journal of: Australian Veterinary Behaviour Interest Group, International Working Dog Breeding Association, 9(5), 242–247. https://doi.org/10.1016/j.jveb.2014.06.003

Miklo Si, A., Pongra Cz, P., Lakatos, G., Topa L, J., & Csa Nyi, V. (2005). A comparative study of the use of visual communicative signals in interactions between dogs (Canis familiaris) and humans and cats (Felis catus) and humans. J. Comp. Psychol, 119, 179–186.

Miller, F. P., Vandome, A. F., & McBrewster, J. (2009). Horse Grooming. Alphascript Publishing.

Miller, R. (2010). Male aggression, dominance and breeding behavior in Red Desert feral horses. Zeitschrift Für Tierpsychologie, 57(3–4), 340–351. https://doi.org/10.1111/j.1439-0310.1981.tb01930.x

Mills, D., & Nankervis, K. (2004). Pferdeverhalten erklärt: Mit neuesten wissenschaftlichen Erkenntnissen für die Praxis (1. Aufl.). Müller Rüschlikon.

Nagel, C., Erber, R., Ille, N., von Lewinski, M., Aurich, J., Möstl, E., & Aurich, C. (2014). Parturition in horses is dominated by parasympathetic activity of the autonomous nervous system. Theriogenology, 82(1), 160–168. https://doi.org/10.1016/j.theriogenology.2014.03.015

Odberg, F. O. (1987). Chronic stress in riding horses. Equine Veterinary Journal, 19(4), 268–269. https://doi.org/10.1111/j.2042-3306.1987.tb01402.x

Orlando, L., Ginolhac, A., Zhang, G., Froese, D., Albrechtsen, A., Stiller, M., Schubert, M., Cappellini, E., Petersen, B., Moltke, I., Johnson, P. L. F., Fumagalli, M., Vilstrup, J. T., Raghavan, M., Korneliussen, T., Malaspinas, A.-S., Vogt, J., Szklarczyk, D., Kelstrup, C. D., Willerslev, E. (2013). Recalibrating Equus evolution using the genome sequence of an early Middle Pleistocene horse. Nature, 499(7456), 74–78. https://doi.org/10.1038/nature12323

Outschar, M., Fuchs-Baumgartinger, A., & Nell, B. (2013). Retrospective study on clinical findings and apthohistology of corneal dieseases in horses. Pferdeheilkunde, 29(6), 745–752. https://doi.org/10.21836/pem20130609

Piaget. Ginsburg, Herbert and Opper, Sylvia. Piaget's theory of intellectual development. An introduction. Englewood Cliffs, N. J.: Prentice-Hall, 1969, 237.

Phillips, John L., Jr. The origins of intellect. Piaget's theory. San Francisco: W. H. Freeman and Company, 1969, 149 p. (1970). Psychology in the Schools, 7(2), 207–207. https://doi.org/10.1002/1520-6807(197004)7:2<207::aid-pits2310070221>3.0.co;2-5

Pirkelmann, H., Ahlswede, L., & Zeitler-Feicht, M. H. (2008). Pferdehaltung (3. Aufl.). Verlag

Eugen Ulmer.

Pluta, M., & Kędzierski, W. (2018). Emotional responses of horses to patients requiring therapy. Society & Animals: Social Scientific Studies of the Human Experience of Other Animals, 26(4), 426–436. https://doi.org/10.1163/15685306-12341559

Proops, L., Grounds, K., Smith, A. V., & McComb, K. (2018). Animals remember previous facial expressions that specific humans have exhibited. Current Biology: CB, 28(9), 1428-1432.e4. https://doi.org/10.1016/j.cub.2018.03.035

Proops, L., Walton, M., & McComb, K. (2010). The use of human-given cues by domestic horses, Equus caballus, during an object choice task. Animal Behaviour, 79(6), 1205–1209. https://doi.org/10.1016/j.anbehav.2010.02.015

Ramesh, A., Nayak, T., Beestrum, M., Quer, G., & Pandit, J. A. (2023). Heart Rate Variability in Psychiatric Disorders: A Systematic Review. Neuropsychiatric disease and treatment, 19, 2217–2239

Rivera, E., Benjamin, S., Nielsen, B., Shelle, J., & Zanella, A. J. (2002). Behavioral and physiological responses of horses to initial training: the comparison between pastured versus stalled horses. Applied Animal Behaviour Science, 78(2–4), 235–252. https://doi.org/10.1016/s0168-1591(02)00091-6

Rochais, C., Henry, S., Fureix, C., & Hausberger, M. (2016). Investigating attentional processes in depressive-like domestic horses (Equus caballus). Behavioural Processes, 124, 93–96. https://doi.org/10.1016/j.beproc.2015.12.010

Rubenstein, D. I. (1982). Reproductive value and behavioral strategies: Coming of age in monkeys and horses. In Ontogeny (S. 469–487). Springer US.

Sabiniewicz, A., Tarnowska, K., Świątek, R., Sorokowski, P., & Laska, M. (2020). Olfactory-based interspecific recognition of human emotions: Horses (Equus ferus caballus) can recognize fear and happiness body odour from humans (Homo sapiens). Applied Animal Behaviour Science, 230(105072), 105072. https://doi.org/10.1016/j.applanim.2020.105072

Šandlová, K., Komárková, M., & Ceacero, F. (2020). Daddy, daddy cool: stallion-foal relationships in a socially-natural herd of Exmoor ponies. Animal Cognition, 23(4), 781–793. https://doi.org/10.1007/s10071-020-01388-x

Sankey, C., Richard-Yris, M.-A., Leroy, H., Henry, S., & Hausberger, M. (2010). Positive interactions lead to lasting positive memories in horses, Equus caballus. Animal Behaviour, 79(4), 869–875. https://doi.org/10.1016/j.anbehav.2009.12.037

Sappok, T., & Zepperitz, S. (2019). Das Alter der Gefühle. Hogrefe.
Schlegel, M. (2013). Evolution der Empathie. Psychotherapie-Wissenschaft, 2, 90-102

Schmucker, S., Preisler, V., Marr, I., Krüger, K., & Stefanski, V. (2022). Single housing but not changes in group composition causes stress-related immunomodulations in horses. PloS One, 17(8), e0272445. https://doi.org/10.1371/journal.pone.0272445

Schuetz, K. (2016). Mammals. Blastoff! Readers.

Scopa, C., Palagi, E., Sighieri, C., & Baragli, P. (2018). Physiological outcomes of calming behaviors support the resilience hypothesis in horses. Scientific Reports, 8(1), 17501. https://doi.org/10.1038/s41598-018-35561-7

Shaffer, F., & Ginsberg, J. P. (2017). An overview of heart rate variability metrics and norms. Frontiers in Public Health, 5, 258. https://doi.org/10.3389/fpubh.2017.00258
Shultz, S., & Stanley, C. R. (2012). Mummy's boys: sex differential maternal-offspring bonds in semi-feral horses. Behaviour, 149(3–4), 251–274. https://doi.org/10.1163/156853912x636717

Sigurjónsdóttir, H., Snorrason, S., van Dierendonck, M., & Thórhallsdóttir, A. (2003). Social relationships in a group of horses without a mature stallion. Behaviour, 140(6), 783–804. https://doi.org/10.1163/156853903322370670

Smet, A. F., & Byrne, R. W. (2013). African elephants can use human pointing cues to find hidden food. Current Biology: CB, 23(20), 2033–2037. https://doi.org/10.1016/j.cub.2013.08.037

Smith, A. V., Proops, L., Grounds, K., Wathan, J., & McComb, K. (2016). Horses give functionally relevant responses to human facial expressions of emotion: a response to Schmoll (2016). Biology Letters, 12(9), 20160549. https://doi.org/10.1098/rsbl.2016.0549

Søndergaard, E., & Halekoh, U. (2003). Young horses' reactions to humans in relation to handling and social environment. Applied Animal Behaviour Science, 84(4), 265–280. https://doi.org/10.1016/j.applanim.2003.08.011

Søndergaard, E., & Jago, J. (2010). The effect of early handling of foals on their reaction to handling, humans and novelty, and the foal–mare relationship. Applied Animal Behaviour Science, 123(3–4), 93–100. https://doi.org/10.1016/j.applanim.2010.01.006

Stomp, M., d'Ingeo, S., Henry, S., Cousillas, H., & Hausberger, M. (2021). Brain activity reflects (chronic) welfare state: Evidence from individual electroencephalography profiles in an animal model. Applied Animal Behaviour Science, 236(105271), 105271. https://doi.org/10.1016/j.applanim.2021.105271

Stomp, Mathilde, Leroux, M., Cellier, M., Henry, S., Hausberger, M., & Lemasson, A. (2018). Snort acoustic structure codes for positive emotions in horses. The Science of Nature, 105(9–10), 57. https://doi.org/10.1007/s00114-018-1582-9

Stomp, Mathilde, Leroux, M., Cellier, M., Henry, S., Lemasson, A., & Hausberger, M. (2018). An unexpected acoustic indicator of positive emotions in horses. PloS One, 13(7), e0197898. https://doi.org/10.1371/journal.pone.0197898

Swift, S. (2017). Reiten aus der Körpermitte, Band 1: Pferd und Reiter im Gleichgewicht (4. Aufl.). Müller Rüschlikon.

Thayer, J. F., Åhs, F., Fredrikson, M., Sollers, J. J., & Wager, T. D. (2010). A meta-analysis of heart rate variability and neuroimaging studies: Implications for heart rate variability as a marker of stress and health. Neuroscience & Biobehavioral Reviews, 33(2), 81–88

Triana, E., & Pasnak, R. (1981). Object permanence on cats anddogs. Animal Learning & Behavior, 9, 135–139.

Ulrich, J., Sommer, M. (2020). Tiere und Emotionen. Tierstudien (17). Neofelis Verlag.

Visser, E. K., Van Reenen, C. G., Rundgren, M., Zetterqvist, M., Morgan, K., & Blokhuis, H. J. (2003). Responses of horses in behavioural tests correlate with temperament assessed by riders. Equine Veterinary Journal, 35(2), 176–183. https://doi.org/10.2746/042516403776114108

Visser, E. K., van Reenen, C. G., van der Werf, J. T. N., Schilder, M. B. H., Knaap, J. H., Barneveld, A., & Blokhuis, H. J. (2002). Heart rate and heart rate variability during a novel object test and a handling test in young horses. Physiology & Behavior, 76(2), 289–296. https://doi.org/10.1016/s0031-9384(02)00698-4

Visser, E. Kathalijne, Ellis, A. D., & Van Reenen, C. G. (2008). The effect of two different housing conditions on the welfare of young horses stabled for the first time. Applied Animal Behaviour Science, 114(3–4), 521–533. https://doi.org/10.1016/j.applanim.2008.03.003

von Lewinski, M., Biau, S., Erber, R., Ille, N., Aurich, J., Faure, J.-M., Möstl, E., & Aurich, C. (2013). Cortisol release, heart rate and heart rate variability in the horse and its rider: different responses to training and performance. Veterinary Journal (London, England: 1997), 197(2), 229–232. https://doi.org/10.1016/j.tvjl.2012.12.025

von Salisch, M., Wenn Kinder sich ärgern: Emotionsregulierung in der Entwicklung. (2000). Hogrefe Verlag.

Wathan, J., Burrows, A. M., Waller, B. M., & McComb, K. (2015). EquiFACS: The equine facial action coding system. PloS One, 10(8), e0131738. https://doi.org/10.1371/journal.pone.0131738

Watts, T. W., Duncan, G. J., & Quan, H. (2018). Revisiting the marshmallow test: A conceptual replication investigating links between early delay of gratification and later outcomes. Psychological Science, 29(7), 1159–1177. https://doi.org/10.1177/0956797618761661

Watzlawik, M., & Clodius, S. (2011). Interpersonal identity development in different groups of siblings: A longitudinal study. European Psychologist, 16(1), 43–47. https://doi.org/10.1027/1016-9040/a000030

Welz, H. (2002). Pferdeflüstern kann jeder lernen: die erfolgreichsten Joining-Techniken Schritt für Schritt. Kosmos.

Wendt, M. (2014). Die Intelligenz der Pferde: Ein kluger Kopf unter jedem Schopf. Cadmos Verlag.

Wendt, M. (2015). Stress lass nach!: Pferdetraining optimal gestalten. evipo Verlag.

Wickert, M. (2012). Die Bedeutung des Leerkauens bei Pferden aus Sicht der Physiologie und der Ethologie. Mensch & Buch.

Wienhold, S., Bär, L., Ringleb, Z., Zirpel, V., Gomolla, A., Denk, B. F., Volkmer, N., Gaertner, R. J., Klink, E. S. C., & Pruessner, J. C. (2024). The influence of physiological synchrony between therapy horse and riding therapist on the therapeutic triad in horse-assisted therapy. In Research Square. https://doi.org/10.21203/rs.3.rs-4724276/v1

Wilsie, S., & Vogel, G. (2017). Sprachkurs Pferd: Pferdesprache lernen in 12 Schritten. Kosmos.

Wolter, R., Stefanski, V., & Krueger, K. (2018). Parameters for the analysis of social bonds in horses. Animals: An Open Access Journal from MDPI, 8(11), 191. https://doi.org/10.3390/ani8110191

Zeitler-Feicht, M. H. (2015). Handbuch Pferdeverhalten: Ursache, Therapie und Prophylaxe von Problemverhalten (3. Aufl.). Verlag Eugen Ulmer.

Zink, R. (2011). Kommunikationsexperten auf vier Hufen. Pferderevue, 1, 23.

Zirpel, V., Wienhold, S., (2024). Einzelfalluntersuchung der HRV eines Therapiepferdes in der Intervention. Posterpräsentation.

Zhou, W., & Chen, D. (2011). Entangled chemosensory emotion and identity: familiarity enhances detection of chemosensorily encoded emotion. Social Neuroscience, 6(3), 270–276. https://doi.org/10.1080/17470919.2010.523537

Verhaltensbeobachtung Pferde

IPTh Information

www.ipth.de

Verhalten	Langweile	Entspannung	Neugier	Aufmerksamkeit	Freundliches Auffordern	Unruhe	Missmut
			Gemütszustand				
Körperspannung	Gelöst	Gelöst				Angespannt	Angespannt
Kopfhaltung	Gesenkt	Gesenkt	Schwuppernd	Erhaben		Erhaben	Schlagend
Ohren	Hängend	Hängend	nach vorn gerichtet	nach vorn gerichtet / nach vorn und hinten gerichtet	Anstupsen	nach vorn gerichtet	Angelegt
Schweif		Locker		Erhaben		Eingeklemmt	Schlagend
Bewegung	Verhalten	gelöst aber Verhalten		Raumgreifend		Tänzelnd	Steif
Beine im Stand	Scharren	Hinterbeine locker angestellt				Tänzeln	Hinterbein angehoben
Nüstern		Entspannt				Flatternd	Aufgebläht
Atmung		tief und ruhig	Schnuppernd			Tänzeln	schnell und flach
Lippen		Unterlippe hängend	Spielend	Kauend		Angespannt	Angespannt
Akustische Signale	Blasen	Abschnauben			Grummeln	Wiehern Blasen	Blasen

Für Ihre berufliche Zukunft mit dem Partner Pferd.

 **IPTh** Information | www.ipth.de

Bewertungsbogen: Verhalten mit zugehörigem Auslöser

VERHALTEN	AUSLÖSER
Körperspannung:	
Gelöst	
Angespannt	
Kopfhaltung:	
Gesenkt	
Am Boden schnuppernd	
Anstupsen	
Erhaben	
Schlagend	
Ohren:	
Hängend	
Nach vorn und hinten gerichtet	
Nach vorn gerichtet	
Spielend	
Angelegt	
Schweif:	
Locker	
Eingeklemmt	
Schlagend	
Bewegung:	
Verhalten	
Gelöst aber verhalten	
Raumgreifend	
Steif	
Tänzelnd	

VERHALTEN	AUSLÖSER
Beine im Stand:	
Scharren	
Hinterbein locker angesellt	
Hinterbein angehoben	
Nüstern:	
Entspannt	
Aufgebläht	
Atmung:	
Tief und ruhig	
Schnuppernd	
Schnell und flach	
Lippen:	
Spielend	
Unterlippe hängend	
Kauend	
Akustische Signale:	
Blasen	
Abschnauben	
Wiehern	
Grummeln	

© IPTh, Dr. Annette Gomolla, 2010

Für Ihre berufliche Zukunft mit dem Partner Pferd.

Information   www.ipth.de

Bewertungsbogen Verhalten und Gemütszustand

Körperspannung:

Gelöst	🟩🟨
Angespannt	⬛🟥

Kopfhaltung:

Gesenkt	🟩🟨
Am Boden schnuppernd	🟦
Anstupsen	⬜
Erhaben	🟥
Schlagend	⬛

Ohren:

Hängend	🟩🟨
Nach vorn und hinten gerichtet	🟦
Nach vorn gerichtet	🟦🟦🟥
Spielend	🟥
Angelegt	⬛

Schweif:

Locker	🟩🟨
Eingeklemmt	🟥
Schlagend	⬛

Bewegung:

Verhalten	🟨
Gelöst aber verhalten	🟩
Raumgreifend	🟦
Steif	⬛
Tänzelnd	🟥

Beine im Stand:

Scharren	🟨
Hinterbein locker angesellt	🟩
Hinterbein angehoben	⬛

Nüstern:

Entspannt	🟩
Aufgebläht	⬛🟥

Atmung:

Tief und ruhig	🟩
Schnuppernd	🟦
Schnell und flach	🟥

Lippen:

Spielend	🟦
Unterlippe hängend	🟩
Kauend	🟩

Akustische Signale:

Blasen	🟨⬛
Abschnauben	🟩
Wiehern	🟥
Grummeln	⬜

🟩	Entspannung	🟦	Aufmerksamkeit
🟨	Langeweile	🟥	Angst; Unruhe
⬜	freundliche Aufforderung	⬛	Missmut; Drohung
🟦	Neugier		

Für Ihre berufliche Zukunft mit dem Partner Pferd.

Autorinneninformation

Dr. Annette Gomolla

Dr. rer. nat. Annette Gomolla, Diplom Psychologin und M.A. Erwachsenenbildung, Geschäftsführung und Weiterbildungsleitung des Institutes für Pferdegestützte Therapie (IPTh), hauptberufliche Tätigkeit in der Pferdegestützten Intervention mit Tätigkeitsschwerpunkt Traumatisierung, Autismus und Aufmerksamkeitsdefizit-Störung (Therapiehof Hegau). Geschäftsführung des gemeinnützigen Forschungs-instituts German-Research Center for Euqine Assisted Therapie - GREAT gUG (haftungsbeschränkt), ehrenamtliche Tätigkeit im Vorstand des Berufsverbandes für Fachkräfte Pferdegestützter Interventionen, Mitglied im wissenschaftlichen Beirat der Fachzeitschrift Mensch und Pferd Interventional (ERV)

Victoria Zirpel

Psychologin (M.Sc.), Psychotherapeutin, TGT-Trainerin Bodenschule und Reittherapeutin (IPTh), hauptberufliche Tätigkeit in der Fort- und Weiterbildung von Fachkräften PI sowie in der psychologisch-therapeutischen Begleitung mit und ohne Pferd für psychisch erkrankte Kinder und Erwachsene

Weiterführende Informationen

Weiterbildungsmöglichkeiten
www.ipth.de

Forschungstätigkeiten
www.great-horses.org

Berufsverband für Pferdegestützte Interventionen e.V.
www.Berufsverband-PI.de